사랑해서
　　함께한
백두대간

사랑해서 함께한 백두대간

남난희 지음

57일간의 동행…

수문출판사

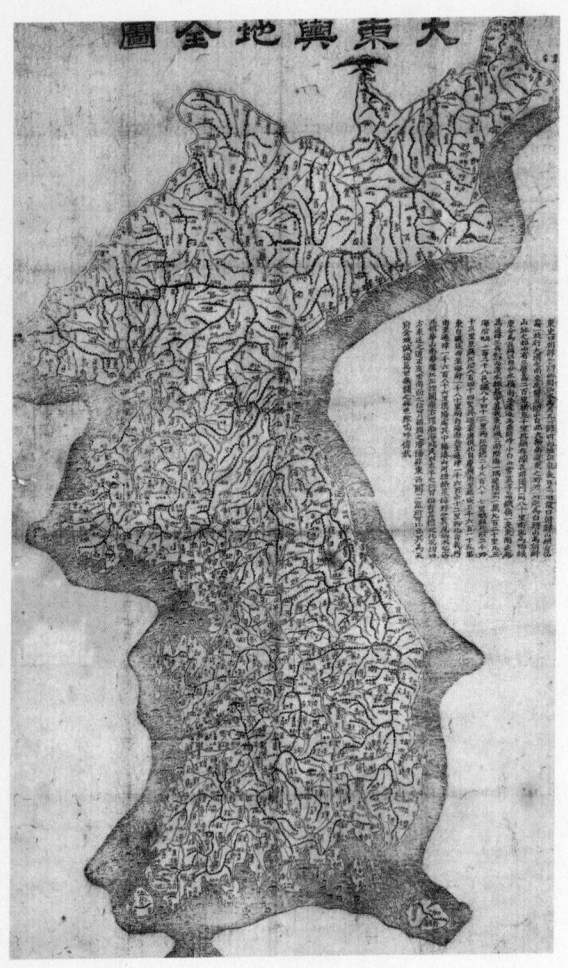
김정호가 그린 대동여지전도

■ 나의 백두대간

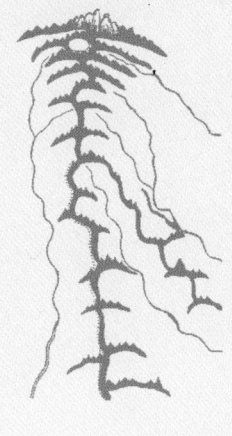

백두대간(白頭大幹)은 백두산에서 시작해 계곡이나 물줄기를 건너지 않고 산 능선만으로 지리산 천왕봉까지 이어지는 큰 산줄기를 말합니다.

즉, 백두대간은 우리 땅의 골간을 이루는 한반도의 등뼈로, 이 땅의 모든 산줄기가 백두산과 통한다는 개념은 우리의 전통적인 지리 인식 체계의 바탕이 되었습니다.

이는 우리 땅 전체가 남·북 하나의 대간으로 이어져 있음을 의미하기도 합니다.

곧 백두산은 한반도의 모든 산줄기와 통하는 근간이요, 우리 산의 시발점이요, 드넓은 만주 대륙으로 뻗어나가는 정점인 것입니다.

백두대간의 총 길이는 1,625여 킬로미터, 높이는 100미터에서 2,750미터까지 매우 다양합니다. 남한의 백두대간 길이는 지리산에서 향로봉까지 690여 킬로미터로, 지리산을 비롯해 덕유산, 속리산, 소백산, 태백산, 오대산, 설악산 등 우리나라의 이름난 산 대부분이 백두대간에 속해 있습니다.

1980년대 중반부터 알려지기 시작한 백두대간은, 이후 많은 사람들이 관심을 가지게 되면서 다양한 방법으로 백두대간에의 접근을 시도합니다. 백두대간의 생태는 물론 기후, 문화, 환경 등이 그것이지만 가장 많은 관심은 뭐니 뭐니 해도 백두대간 능선 종주였습니다.
백두대간 종주가 유행처럼 번지면서 전문 산악인뿐만 아니라 등산을 즐기는 일반인들까지 종주를 하자 '등산 상품'이라는 새로운 '등산 문화'가 생겨난 것도 오래된 이야기라고 합니다.

백두대간 종주 1세대인 나로서는 백두대간의 모든 것이 소중합니다.
백두대간과 함께한 날들 또 깨달음들….
백두대간이 있어 지금의 내가 있는 것이라 해도 과언이 아닙니다.

사람마다 어떤 사물에 대해 갖는 의미가 다를 것입니다. 백두대간은 내게 높이나 길이 같은 숫자나 학술적인 이론과는 전혀 다른 의미로, 조금은 특별합니다.

나는 자주 오르는 형제봉(1,115.2m)에서 백두대간 출발지인 지리산 천왕봉 등 여러 능선을 건너다보며 항상 백두대간 주主능선을 달린다.

백두대간은 내게 있어, 살아가는 하나의 방편이요, 살아가
는 기준입니다.
백두대간은 내게 있어, 거울이자 저울이며 무대입니다.
또한 나를 키우는 채찍이며 버팀목으로,
백두대간은 내게 있어, 산줄기 그 이상의 가치입니다.

지난 1984년, '백두대간'이라는 명칭이 세상에 알려지기
전에 '태백산맥 등반'을 한 적이 있습니다. 만약 그때 '백두
대간이라는 명칭을 알았더라면…' 하는 아쉬움이 남긴 하
지만 그 산행이 백두대간으로 불려도, 태백산맥으로 불려
도, 나는 아무래도 좋습니다.

그동안 함께해 온 백두대간도, 지난날 혼자 걸었던 태백산
맥도, 내겐 그저 좋은, 같은 의미의 '동의어'일 뿐입니다.

요즘 무수히 많은 사람들이 백두대간 종주에 그치지 않고
탐사, 연구, 분석까지 하는 세상이 왔습니다. 허나 개인적
인 생각으로는 백두대간의 학술적인 생태, 환경, 지질, 지
리 인식, 광물, 지형, 인문 지리, 역사 등은 각각 그 분야를
연구하는 분들의 몫이 아닐까 합니다.

나는 백두대간에 대해 잘 알지 못하므로 잘 모른다고 보아도 무방합니다.
이는 굳이 내 몫이 아니라기보다 내 영역이 아니라고 보기 때문입니다.

나는 백두대간 이론가가 아닙니다. 해설가도 아닙니다.
나는 백두대간 행동가입니다. 감성가입니다.

나는 한때 산의 높이와 수직을 따지는 움직이는 산악인이었고, 지금은 산에 의지하고 기대는 산 안에 사는 산사람입니다.

누구에게나 소중한 무엇인가 있듯, 나 역시 나만의 백두대간을 소중하게 생각하는 산사람입니다.

그 백두대간은 인문 지리와 무관한, 내가 들어가 움직인 후 내게 전해지던 교훈들, 내가 느꼈던 감정들, 내가 보낸 소중한 시간들, 그런 것들이 모인 나만의 백두대간입니다.

향로봉(1,296.3m)에서 금강산으로 내달리는 백두대간과 동해 바다.
향로봉의 정상에 서면 내 마음은 자꾸 북으로 달립니다.

백두대간은 여전히 나 자신을 바라보는 무대입니다.
백두대간이라는 커다란 무대에 나 자신을 올려놓고 내가 어디까지 갔고, 또 얼마만큼 열심히 생활하고 있는지.
내 모습 그대로가 보이는 적나라한 무대입니다.

백두대간은 여전히 나의 정신과 육신을 올려 보는 저울입니다.
백두대간에 올린 정신은 어디까지 갈 수 있고, 또 육신은 어디까지 견딜 수 있는지를 측정하는 저울입니다.

또한 백두대간은 내게 있어, 영원한 신입니다.
인생이 힘겨울 때 온몸으로 기대고, 온 마음으로 기도하는 신입니다.

내가 백두대간이고 백두대간이 나입니다.

차례

나의 백두대간 • 5

01 백두대간에 발을 내딛다 • 14
02 서로 알아 가기 • 60
03 고마운 사람들 • 122
04 몸의 신호 • 180
05 세월에 장사 없다 • 194
06 먹고 싶은 것 • 200
07 야영 생활 • 212
08 감사할 일, 욕할 일 • 232
09 산의 소리들 • 246
10 산의 거리, 인생의 거리 • 258
11 사람은 표지를 남긴다 • 264
12 백두대간의 수많은 생명들 • 278
13 스틱의 고마움 • 294
14 내 사랑 설악산 • 298
15 지리산에 안기다 • 320

01
백두대간에 발을 내딛다

　지난 2009년 9월에 시작하여 10월까지, 약 두 달간 아들과 함께 백두대간에 다녀왔습니다.
　지난날 홀로 걸었던 그 길을, 좋은 사람들과 함께했던 그 길을, 이제는 훌쩍 자라 어느새 나보다 키가 훨씬 커 버린 아들과 함께했던 첫 산행이었습니다.
　단 두 사람이 가족의 전부인 우리가 백두대간에 가서 땀 흘리며 걷는 동안, 또 다른 백두대간인 우리 집은 길을 떠난 모자를 기다리며 50여 일이나 비어 있었습니다. 그 대신 우리는 생존에 필요한 최소한의 짐을 배낭에 넣어 짊어지고 산으로 들어가 먹고, 자고, 걸으며 집에서와는 전혀 다른 생활을 했습니다.

내게는 20년 만이고, 아들 기범이에게는 첫 경험이었습니다.

사실 요즘의 백두대간 종주는 그리 대단한 이야깃거리도, 뉴스거리도 아닐 것입니다. 하지만 내게는 언제나 그랬듯 참 감개무량하고 소중하며 또 귀하디 귀한 50여 일이었습니다.

나에게는 이번이 세 번째 종주입니다.

20대에 한 번, 30대에 한 번, 40대에는 건너뛰고 지금, 50대에 한 번. 더 정확히 등반의 명칭을 말하자면, 우리나라 산줄기를 이어 걸었던 두 번은 백두대간이었고 한 번은 태백산맥이었습니다. 계절을 앞서가듯 시절도 앞서가고 싶었을까?

백두대간! 불행하게도 그 멋진 우리 고유 이름이 있는지 꿈에도 생각지 못하고 태백산맥을 끌어안고 몸부림을 쳤으니….

어쨌든 시작할 때마다 목적은 달랐으나, 느끼는 감정은 모두 비슷했습니다.

'힘들다, 배고프다, 춥다, 덥다, 갈증 난다, 어디가 아프다, 씻고 싶다…' 등 원초적 본능만이 마음을 지배했습니다. 그러나 앞선 두 차례의 산행과 마찬가지로 이번에도 많은 공부를 하고 돌아왔습니다. 아니, 어쩌면 지난날의 산행보다 더 많은 것을 배우고 돌아왔는지도 모릅니다. 예전의 나는 나만 챙기면 그만이었지만 아들과 함께했던 산행에서는 기쁨도, 괴로움도, 보람도, 힘든 것도

대문 위에 걸린 거대한 현판에서 보듯, 내 생활의 보금자리도 '백두대간'.

모두 두 배였습니다.

 그러고 보니 어느덧 내 나이도 첫 산행 때에 비해 거의 두 배가 되어 가고 있습니다.

 20대와 30대였을 때, 나는 열혈 알피니스트였습니다.
 세상에는 단지 올라야 하는 산만 존재하는 것처럼 산이 아닌 그 어떤 것도 안중에 없이 정말 열심히도 올랐습니다. 암벽 등반은 물론이고 빙벽 등반, 백두대간 종주 등반, 히말라야까지…. 당시 할 수 있는 모든 등반을 여성으로서 앞장섰습니다.

 내가 산에 빠져들었던 이유는 산이 좋았고, 산을 오를 때의 강렬한 몸놀림이 좋았고, 산에 오른 후 흘린 땀만큼 보람을 돌려주는 것이 좋았습니다. 아니, 그냥 이유 없이 좋았다는 말이 맞나 봅니다. 어쩌면 그냥 가만히 있는 산이 좋아서였을지도 모릅니다. 내가 어떤 기도를 해도 대답 없이 가만히 들어주시기만 하는 부처님이나 하느님처럼, 산 또한 묵묵히 그 자리를 지키며 가만히 있기만 하는, 그러면서도 편안함을 주는.
 그래서 산은 나에게 신神과 같은 의미입니다.

 그러던 어느 날, 백두대간에게 선택받았습니다.
 네, 선택받았다는 표현이 딱 맞을 것입니다.
 예전에 태백산맥의 긴긴 능선을 홀로 걸었던 적이 있습니다. 내가 시대를 앞선 탓인지 그 무렵에는 아직 백두대간 종주라는 말은 알려져 있지 않았습니다.

내가 부산 금정산에서 우리나라의 등뼈, 가장 긴 산맥인 태백산맥으로 출발한 것은 지난 1984년 1월 1일. 그리고 진부령에 도착한 것은 3월 16일, 무려 76일간의 긴 장정이었습니다. 그때의 나는 혈기 방자하고 열정이 넘치는 20대였습니다. 그 당시 알려졌던 '국토의 맥과 얼을 찾아서'와 같은 거창한 목적으로 시작한 등반은 결코 아니었습니다. 단순히 개인적인 방황 때문에 계획한 등반이었습니다. 나는 맥이나 얼 그리고 국토의 무언가를 찾아 길을 떠날 만큼 애국자도 아니었고, 그만큼 이론도 정리하지 못한 풋내기 산꾼이였기에, 무모한 용기와 열정 그리고 젊음으로 태백산맥이라는 이름을 빌려 나 자신에게 도전했던 것입니다.

유난히 내 몫의 외로움이 많았던 나는 그렇게 열심히 산에 오르면서도 마음은 왠지 방황의 연속이었습니다. 그래서 혼자만의 산행 계획을 세웠고, 혼자 하얀 산 능선에 서게 된 것입니다. 그때는 정말 몰랐습니다. 그 등반 계획이 얼마나 무모한 것이었는가를 말입니다.

무거운 짐을 지고 수십 일 동안 얼마만큼 산길을 걷는지, 산 능선을 얼마만큼 반복적으로 오르내려야 하는지, 길도 없는 산에서 오로지 지도와 나침반만 보며 얼마만큼의 길을 찾아야 하는지를… 그것이 얼마나 어려운 일인지를 그때는 정말 몰랐습니다.

나뭇가지들이 얼마나 성가시게 사람을 괴롭히는지를, 러셀이

1984년 새해 산행을 시작하며 바로 발을 다쳐
작대기에 의지하며 힘겨워하는 필자. 1
첫 백두대간 종주를 위해 출발하는 20대의 필자. 2
대간을 처음으로 종주한 국내 최초의 기록인 필자의
저서 『하얀 능선에 서면』 표지. 3

    그렇게 힘겨운지를, 수십 일을 혼자 텐트에서 자야 하는 것이 얼마나 추운지를, 매끼 눈을 녹여 마른 빵과 밍밍한 탈지분유 물을 마시는 것이 얼마나 고역인지 몰랐습니다.
    무엇보다 그 모든 것을 혼자 판단하고 결정해야 한다는 것.

모든 것을 혼자 생각하고, 혼자 먹고, 혼자 자고, 혼자 걷고, 혼자 울고, 혼자 길을 잃고 헤매며, 혼자 다시 길을 찾아야 하는 길고도 막막했던 날들의 연속이었습니다.

정신과 육신은 철저히 따로 존재했습니다.

그 많은 눈보라와 추위가 몰아치는 한겨울에도 땀으로 샤워하며 '힘들다'를 연방 되뇌는 낮에는, 정신은 어디 갔는지 없고 오로지 육신만이 힘겨워했고, 하루 일과를 끝내고 텐트 안에 들어앉는 그 순간부터는 정신이 힘겨워 했습니다.

해지기 전, 목적지에 도착해 텐트를 치고 주변에서 비교적 깨끗해 보이는 눈을 모아 버너 불에 녹여 대강 세수를 하고, 하루 종일 고생한 발도 닦고, 저녁으로 탈지분유와 빵을 먹고 나면, 일기 쓰고 엽서 몇 장 쓰는 것 외에는 할 일이 없습니다.

지금처럼 손전화가 있는 것도 아니고, 짐 때문에 라디오나 책은 생각도 못할 일이라 오로지 나에게 남겨진 것은 춥고도 막막한 시간뿐이었습니다.

혼자만의 산 위 겨울밤은 왜 그리 길기만 한지….

갑자기 머리카락 끝에서 시작해 온몸을 지나 손끝 발끝까지 마구 휘젓고 다니는 바람 같은, 아니 바늘 같기도 하고 불 같기도 한, 그 무엇과도 비교할 수 없는 묘한 그것.

간지러운 것 같기도 하고, 추운 것 같기도 하고, 배가 고픈 것 같기도 하고, 답답하기도 하고, 몹시 취한 것 같기도 하고, 불에 댄 것 같기도 하고, 터져 버릴 것 같기도 한….

그것은 도대체 무엇이었을까, 단지 외로움뿐이었을까?

지나고 생각해 보니 어쩌면 무리한 산행이 아니었나 하는 생각이 들기도 했습니다.

무리였지만 어쩌면 내게는 중간에 내려놓을 용기가 없어서 끝까지 나 자신과 대적한 것인지도 모릅니다. 떠날 용기는 있었으나 중간에 포기하는 용기는 없었나 봅니다.

그래서 울면서 했습니다. 그 겨울, 76일간을 울면서 겨우겨우 끝내고 돌아왔습니다.

그런데 두 달 반 동안 세상에는 무슨 일이 있었던 걸까?

혹 그 잠깐 동안 내가 변한 걸까?

산행을 마치고 내려와서 한참 동안 어리둥절했습니다. 사람들 사이에 들어가지 못하는 이방인이 된 것처럼 어색하기만 했습니다.

내가 산에 있을 때 영원히 봄이 올 것 같지 않던 산·능선과는 달리 산 아래는 이미 따뜻한 봄이 와 있었고, 따뜻한 세상 사람들이 나를 시끄럽게 맞아 주었습니다.

또한 결코 의도했던 것이 아닌데 그 일이 끝난 뒤, 세상은 내게 관심을 가졌고 내 이름 앞에 '산山' 자가 따라다니기 시작합니다. 산처녀, 산아가씨, 산녀山女, 산사람, 산악인, 산에 미친 여자, 악녀岳女, 철녀鐵女 등등.

이번에 산행을 하면서 재미있었던 것은 오가며 만난 사람들이 부르는 내 명칭이 다양하고 조금 우스웠다는 것입니다.

"어머! 산녀 아니세요?" "혹시 악녀 아닌가요?"를 비롯해서

"지리산 '된장녀' 죠?"(요즘에는 '된장녀'라는 말이 호화스럽고 사치스러운 여성에게 쓰인다고 하는데 내게 '된장녀'는 지리산에서 된장을 만든다고 붙여진 이름) 또 그 외에 이름뿐만 아니라, 나올 수 있는 모든 명칭으로 불렸습니다. 참! "산아가씨"로 알아보시는 분도 있었다는 사실!

많은 세월이 지난 후에도 그 옛날의 나를 알아봐 주시는 것이 신기하기도 하고 면구스럽기도 하고 조금은 우습기도 했습니다. 그렇게 한 번 불려진 이름이나 호칭은 꼬리표처럼 평생을 따라다니나 봅니다.

태백산맥에 다녀온 후에도 여전히 바위에 오르고, 얼음에 붙고, 히말라야로 달려가 '여성 세계 최초'라는 타이틀을 하나 더 만들며 숨 가쁜 오름짓은 계속됩니다. 아니 그전보다 오히려 더 열심히 산에 다녔습니다. 그러면서도 마음 한구석에는 태백산맥 등반 이후 우리나라 능선 종주는 더 이상 하지 않을 생각도 있었습니다.

그러던 1990년 10월, 월간〈사람과 산〉에서 창간 1주년을 기념해, '잊어버린 우리 산줄기를 찾아서, 백두대간을 따라 백두산까지 간다!'라는 슬로건으로 백두대간 산행을 시작한다는 이야기를 주간인 박인식 형에게 듣게 됩니다.

당시 남북 관계가 좋아지고 있었기에 희망을 갖고 방북 신청을 하면 되지 않겠냐는 것.

이는 백두대간을 따라 남한은 물론이고 북한까지 거쳐 백두산까지의 산행을 의미하는 것이었고, 산사람인 내게는 엄청난 유혹

'된장녀'라는 별명에 걸맞게 콩을 삶기 위한 준비를 하고 있는 저자.
이번 산행에 함께한 아들 기범이와 지리산 능선에서.

이었습니다.

하지만 긴긴 능선에서의 악몽이 채 가시기 전 인지라 정중히 사양했습니다.

그.러.나! 형이 말합니다.

"잘 생각해 봐, 등반도 할 수 있고 글도 쓸 수 있는 사람은 너뿐이야, 너밖에 없어!"

나는 그때 깨달았습니다. '너뿐이야!'라는 그 말이 얼마나 무서운 말인지를, 얼마나 강력한 힘을 지녔는지를 말입니다.

형은 계속 은근한 목소리로, 하지만 무심한 듯, 일 년 동안 한 달에 한 번 일주일씩 산행을 하고, 산행기를 〈사람과 산〉에 연재하고, 그 후에는 단행본으로까지 내겠다는 것이었습니다.

결국 그렇게 '너뿐이야!'라는 말 한마디에 엮여서 백두대간 능선에 다시 서게 되었습니다. 그동안 애써 잊고 싶었던 태백산맥이 백두대간이라는 이름을 되찾아 다시 나를 부른 것입니다.

당시에는 백두대간이 서서히 알려지기 시작했던 때로, 시기도 좋았습니다. 지리산에서 출발해 진부령을 지나, 금강산을 거쳐 북한 땅의 백두대간을 직접 밟으며 백두산까지 올라가는, 정말 제대로 백두대간 줄기를 따라 능선을 이어 나가는 대장정이었습니다.

처음 계획은 그랬습니다.

부산의 권경업 선배와 부산의 사진가 이성덕 씨가 동행했고, 두 달 후부터는 〈사람과 산〉의 심병우 사진 기자가 함께했습니다.

당시 나는 서울 신월동에서 〈샘물서점〉을 운영하고 있어, 한 달에 일주일씩이나 시간을 내는 것이 쉽지 않았지만, 산행 날이 잡히면 이웃에 사는 언니한테 서점을 맡기고 도망치듯 동네를 빠져나오곤 했습니다.

일단 산에만 들어가면 산 아래에서의 모든 일은 생각나지도, 생각하지도 않았습니다. 그저 오로지 산만 생각하고 산에서의 생활에만 적응할 따름이었습니다. 이런 별난 동생을 둔 탓에 그 언니는 어린 조카들과 고생 좀 했습니다.

등반 본대인 우리 말고도 별동대가 더 있었는데, 그들은 대간의 동서를 넘나들면서 주변의 환경과 문화, 인문 지리, 백두대간에 기대고 사는 사람들까지 두루 만나고 취재를 했습니다. 덕분에 그들과의 동행은 대간 종주뿐만 아니라 그 자락까지 짚어 볼 수 있었던 소중한 날들이었습니다. 대간을 북상하며 지역 산꾼들과 산길을 동행하기도 하고, 백두대간 주변 이야기들까지 덤으로 듣는 행운도 얻었습니다. 또 일제 강점기 때 바뀐 산 이름과 그 산에 얽힌 전설, 사연들을 듣기도 하고, 지역의 맛있는 음식까지 대접받으며 의미 있는 산행을 했습니다. 대학 산악부 친구들이 짐도 나눠 지며 함께 산행을 했고, 가끔 우리 산악 회원들이나 주변 친구들도 함께 했으며, 성터를 처음 발견하기도 했고, 없는 지형 이름을 찾아내면 지어서 부르기도 했습니다. 그런데 이번에 아들과 세 번째 산행을 하다 예전에 우리가 명명했던 지역의 명칭이 이제는 고유 명사로 자리 잡은 것을 확인했을 땐 신기하기도 했습니다.

봄, 여름, 가을, 겨울의 1년이란 시간은 이 땅의 산천을 보고 느끼고 직접 발로 밟으며, 내 땅의 아름다움에 감탄하기에는 어쩌면 모자란 시간일지도 모릅니다.

때론 망가지고 있는 자연 때문에 울분을 토하기도 했고, 더 이상 다가설 수 없음에 자리를 뜨지 못하고 아련한 눈길로 한참을 서 있기도 했습니다.

나는 산에서 모든 것을 누렸습니다.

산에서 아침을 맞이하고, 산에서 저녁을 함께했으며 산에서 밤을 보냈습니다.

봄과 여름에는 산나물을 원 없이 뜯어 먹었고, 가을에는 산열매로 배를 채우기도 했으며, 온 산천이 더덕 밭인 곳에서는 더덕을 실컷 캐 먹기도 했습니다.

초봄의 꽃보다 더 곱고 찬란한 작은 나뭇잎. 그 잎에서 보석처럼 빛나는 아침 이슬에 입을 축이기도 하고 아름다움에 감탄을 하기도 했습니다. 또 눈을 녹여 냉면을 삶아 먹고 때로는 벌레들이 꼬물거리는 고인 물을 맛나게 마시기도 했습니다.

비가 오는 날에는 능선이 보이지 않아 지도나 나침반을 수없이 꺼내 들여다보기를 수천 번.

그러나 그래도 길을 잃기 일쑤였고, 나뭇가지가 얼굴을 수없이 때려 산적처럼 상처가 생기기도 했습니다. 물이 없어 며칠씩 세수를 못하고 땀 흘린 자국으로 얼룩진 얼굴을 거울인 양 서로 바라보며 배꼽을 잡고 웃기도 했습니다.

어느 마을 회관에 잠자리를 얻었다가 일 년 농사 수매하는 날, 마음이 크게 상한 동네 사람들에게 야밤에 쫓겨난 적도 있었고, 억수같이 쏟아지는 비에 텐트 치기가 곤란해져 고갯마루 산신각에 들어가 눈 부릅뜬 산신령님과 함께 밤을 보내기도 했고, 이 외에도 수없이 많은 경험을 하며 아주 특별하고 재미있는 산행을 했습니다.

물론 당시에는 산에 길이 거의 없어 지도와 나침반으로 능선을 이어가고, 수시로 길을 잘못 들어 엉뚱한 곳으로 들어섰다가 다시 올라가기도 하고, 간혹 빼먹기도 했지만 혼자 판단하고 결정하지 않아도 됐고, 또 혼자 밥 먹지도, 혼자 잠을 청하지 않아도 된다는 것만으로도 좋았습니다. 그래서 길을 잃고도 깔깔 웃을 수 있었습니다.

그중 잊을 수 없는 즐거움은 백두대간을 종주하며, 야영하고 모닥불을 피우는 일이었습니다. 매일 밤 모닥불을 피우는 재미가 어찌나 쏠쏠한지, 해 보지 못한 사람은 모를 것입니다.

일단 하루 산행이 끝나고 야영지에 도착하면 한 팀은 물 길으러 가고, 한 팀은 텐트를 치고, 나머지 한 팀은 밥을 하며 각자 맡은 바 일사 분란하게 움직입니다. 누가 시키지 않아도 손발이 척척 맞아 자기가 무슨 일을 하는 것이 가장 좋고 잘하는지를 알고 있습니다.

또 급한 일을 대충 끝내고 밥이 다 될 때까지 모닥불을 피울 용도로, 죽은 나뭇가지를 주워 와 일정한 길이로 잘라서 굵기별로 차곡차곡 잽니다. 비가 오면 할 수 없지만 눈이 올 때도 이 일은 쉬지 않습니다.

이제 밥 익는 냄새가 고픈 배와 예민한 코를 자극하면 텐트 주변에 모닥불을 피우고, 식전에 먼저 한 잔하는데, 빈속을 타고 내려가는 차가운 알코올의 짜르르한 느낌은 뭐랄까, 어떻게 말로 표현할 수는 없지만 진저리가 납니다, 기분이 썩 좋은 진저리 말입니다.

하루 종일 중노동 이상으로 몸을 쓰고 난 후라 그 한 잔은 원기 회복 이상의 효과가 있습니다. 그리고 이내 나른한 행복감이 몰려옵니다.

밥이 다 되면 모닥불 주위에 동그랗게 둘러앉아서 저녁을 먹으며 본격적으로 술을 시작하는데, 일주일 분을 지고 간 비상 술은 대부분 첫날 밤에 동이 나기 일쑤입니다.

지금 생각해 보면 어떻게 그렇게 했을까, 경악할 일이지만 우리는 매일 밤, 모닥불을 피워 놓고 음주 가무를 즐겼습니다. 지금은 상상도 할 수 없는 일이지만 그때는 당연히 그랬습니다. 물론 다음날에는 더욱 활기차게, 날듯이 산행을 했습니다.

우리네 인생은 백두대간 능선과 같아서, 끝없는 오르막이 있으면 다시 내리막이 있고, 다시 오름이 있으면 분명 내림이 옵니다. 그 오르내림의 반복, 그러니까 백두대간 종주 산행이 우리의 인생과 비슷한 것 같습니다.

이 세상에 영원한 것은 아무것도 없다고들 합니다.

영원히 산에만 오르면 아무 걱정도 없을 것 같던 나 역시도, 어떤 계기로 마음에 큰 상처를 입어 그동안 살아왔던 방식과는 다른 삶을 선택하기에 이릅니다. 이제 와 생각해 보니 그것도 삶의 한 고비일 뿐이었고 또 나쁘지만은 않았던 것 같습니다.

그때는 내 인생의 전부였다고 할 만한 사건이었고 힘들었던 고비였습니다.

운명의 장난인지, 어쩌자고 늦은 나이에 내게 전혀 어울리지 않을 것 같은 결혼을 했고, 아이를 낳아 키우는 아낙이 되었습니다.

그 이후 나는 등반뿐만 아니라 서울 생활까지 접고 지리산으로 삶터를 옮겨 왔습니다. 그동안의 삶이 등산이었다면 이때부터의 삶은 입산이라고 말할 수 있습니다.

그동안 불꽃처럼 타올랐던 등반 열망은 과거가 되었고, 그 후 산은 나를 고요하고 편안하게 감싸주며, 내게 삶터를 내주었습니다.

지난날의 등산이건 그 이후의 입산이건 늘 나를 받아주는 산에게 늘 고마워합니다.

입산 후, 전혀 산행을 안 한 것은 아니었으나 대부분 집 주변의 산을 산책하듯 거닐거나, 조금 멀리 가도 당일에 갔다 왔고, 산에서 자게 되어도 비박을 하거나 산장에서 잠을 자고 내려왔습니다. 그러니까 등산이 아니라 생활의 한 부분이라고 할 수 있습니다.

지금 살고 있는 이곳에 온 후로는 평소에 매일 3시간 정도 산책으로 산을 오르내렸을 뿐, 등반이라고 할 만한 산행은 없었습니

1

2

3

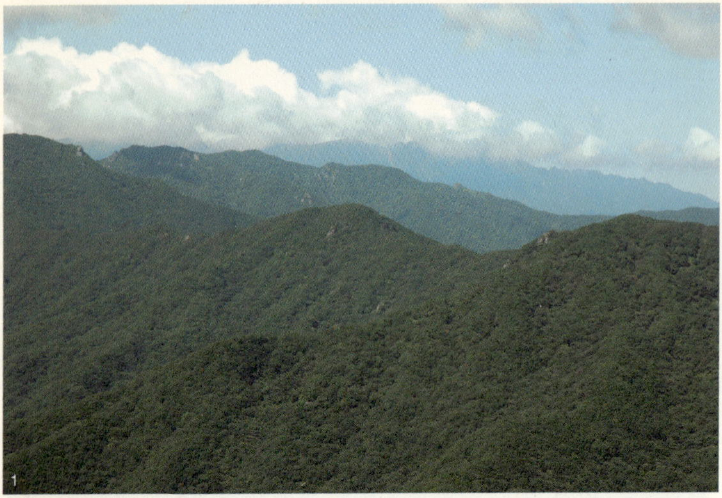

형제봉에서 보이는 백두대간의 출발지인 천왕봉(1,915.4m)은 구름 속을 드나든다. 1

전국에서 제일 아름다운 섬진강이 눈앞에 들어온다. 2

봄이 찾아오는 백두대간 보금자리. 3

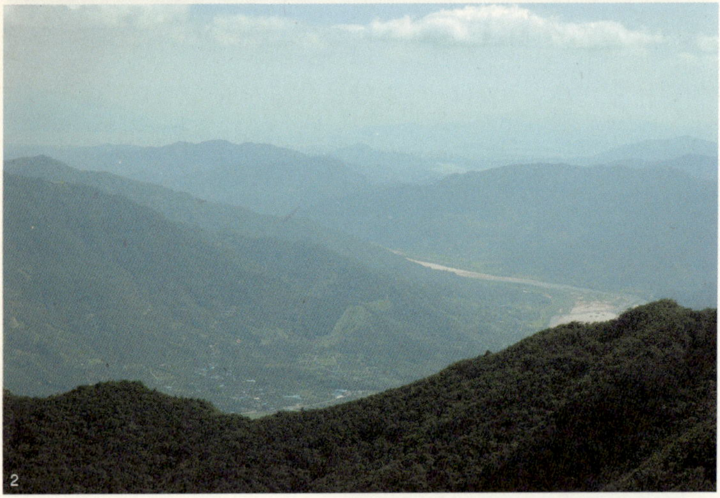

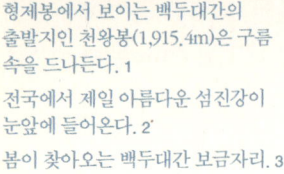

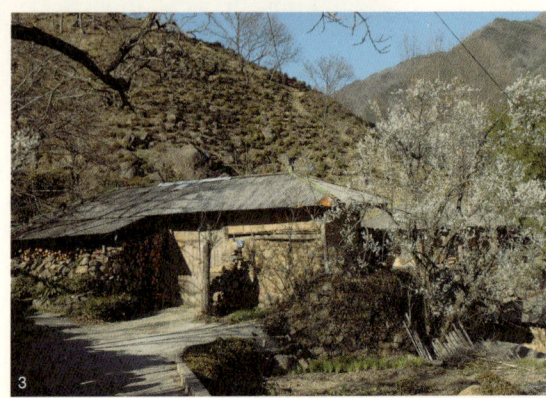

다. 10여 년간 우리 집 뒷산이나 앞산을 거의 빈 몸으로 그냥 다녔습니다. 그래도 산에 대한 갈증은 없었습니다. 딱히 어떤 산을 오르고 싶다는 열망이 없었습니다. 도시에 살 때는 항상 갈증 난 사람처럼 산을 갈망했는데, 입산 후부터는 변했습니다. 눈만 돌려도 온통 산인데다, 가고 싶으면 언제든 갈 수 있는 여유가 생겨서 인지도 모르겠습니다.

그렇지만 백두대간으로부터는 자유롭지 않았던 것 같습니다. 언제 어디서나 백두대간이라는 말만 들어도 자연스레 관심이 생겼고, 꼭 내 이야기를 하는 것만 같았습니다. 마치 백두대간이 나인 듯, 내가 백두대간인 듯, 항상 그리웠고 또 궁금했고 언제나 다시 한번 가 보고 싶다는 마음으로 살았습니다.

간혹 인생이 고달프다고 찾아오는 사람에게는 백두대간 종주를 권하기도 했습니다.

그러면 상대는 "산악인도 아닌데 너도, 나도, 아무나 백두대간에 갈 수 있느냐"라고 묻습니다. 그럼 나는 "내게 백두대간이듯이 각자에게 자신만의 백두대간이 있지 않겠느냐"라고 말합니다. 그것을 찾아서 온 마음과 몸을 던져 백두대간을 종주하듯 해 보라고 말입니다.

그렇듯이 내게는 백두대간이 나의 지표이자 나침반이고, 버팀목이고, 거울이고, 저울이며, 채찍인, 모든 것의 기준이 되어 줍니다. 그리고 무엇보다도 백두대간은 나를 다잡는 구실이 되기도 합니다. 이토록 백두대간은 항상 내 마음을 차지하고 있고, 그립고 보고 싶었지만 그동안은 가지 않아도 괜찮았고 생각만으로도 충분히 좋았기에 굳이 나서지 않았습니다.

그러다가 지난여름, 갑자기 길 떠날 채비를 서둘렀습니다.

사람이 살아가면서 항상 즐겁고 행복한 일만 있는 것은 아니기에, 비교적 편안하고 만족하며 살고 있는 내게도, 시샘하듯 가끔 생기지 않아도 될 일이 생깁니다.

어느날, 내가 그날 하루를 잘 살고 잘못 살았다는 기준이 되는 나의 가장 소중한 일상이 박탈당하고 말았습니다. 이로 말미암아 대부분의 행복을 잃어버린 나는 손발을 끓긴 사람처럼 움직임을 멈추었고, 감정 없는 사람처럼 웃음을 잃었으며, 내게는 전혀 어울리지 않을 무력증에, 우울증까지 내 주위를 기웃거렸습니다.

한동안 넋 빠진 사람처럼 우두커니 지냈는데 정신을 차리고 보니 나답지 않게 웅크리고 있는 모습도 마음에 들지 않았고, 돌아보니 그동안 너무 안주했다는 생각도 들었습니다.

마침 기범이가 학교에 가기 싫다며 집에 와 있었습니다.

아들은 대안 학교에 다니는데, 대안 학교가 대부분 그렇듯이 주입식의 지식 공부보다는, 조금은 자율적이고 세상을 알아가는 학습을 더 많이 하는 곳입니다. 아이는 공부로부터 압박이 없는 대신 그 외의 것들, 그러니까 가령, 본인의 정체성이나, 당장 닥친 고민들, 학교에 대한 불만과 어른에 대한 불신, 사춘기의 혼란, 장래에 대한 걱정, 관계 맺기의 어려운 점 등으로 방황하기도 했습니다.

우리나라는 중학교까지 의무 교육이라 대안 중학교에 다니는 친구들은 학력 인정 검정고시를 치러야 했는데, 검정고시를 치르고 난 후에는 몹시 무료해 했습니다. 학교에는 돌아가고 싶지 않지만 친구들은 그리웠던 모양입니다.

나의 상황이나 아이의 현실이나, 둘 다 그리 썩 좋지만은 않았던 것입니다.

그러던 어느 날, 빛처럼 환한 백두대간이 내게 신호를 보내 왔습니다.

"그래! 백두대간이야!"

지금 생각해도 어떻게 그런 생각을 했는지 신기할 정도입니다. 어쩌면 내 안에 백두대간이 항상 숨어 있다가 내가 위태로워 보이자 구원의 신호를 보낸 것이 아닌가 싶습니다.

아이 또한 제 또래가 모두 학교에 갈 때 학교에 가지 않고 있었으니, 이번 기회밖에는 없겠다 싶었습니다.

아이에게 처음, "백두대간에 함께 가지 않을래?"라고 했을 때, 대수롭지 않은 듯 알았다고 답할 수 있었던 것은 아마 잘 몰랐기 때문일 것입니다. 하지만 곰곰이 다시 생각했는지 며칠이 지나자, 가지 않겠다고 합니다.

나는 가능한 한 최대한 부드럽게, 강압적으로 보이지 않으려 노력하며 몇 번 더 졸랐(?)습니다.

하지만 아이에게는 차마 거역할 수 없을 정도로 강압적이었을지도 모르겠습니다.

기범이는 아주 어렸을 때부터 백두대간이라는 단어를 수없이 들으며 자랐습니다.

내가 지리산에 들어와 운영한 찻집의 상호가 '백두대간'이었고, 찻집 천장에는 원본 크기의 「대동여지도」를 실내 장식으로 붙였습니다.

차를 마시러 온 사람들이나 「대동여지도」를 보기 위해서 온 사람들이나 모두 백두대간이 무엇인지 묻거나, 백두대간 이야기를 했기에, 사람들이 백두대간 이야기를 하면 돌도 되지 않은 아이가 「대동여지도」가 붙어 있는 천장을 가리키곤 했습니다.

어쩌면 기범이의 백두대간 종주 산행은 예견된 일인지도 모르겠습니다.

어쨌든 그렇게 떠날 작정을 하고 나니 기분이 몹시 좋았습니다. 항상 그립고, 궁금하고, 가고 싶었지만 용기가 나지 않았는데, 이렇듯 긴 시간이 흘러 아들과 함께 갈 수 있는 기회를 만들고 보니, 웬 횡재인가 싶기도 했습니다.

무엇보다 아이에게는 더없이 좋은 선물이 될 것 같았습니다.

아이가 더 커 버리면, 아마 우리 단둘이 백두대간을 종주할 기회는 없을 것입니다. 때문에 어쩌다 온 기회를 놓칠세라, 빨리 떠나지 않으면 사라져 버릴 것 같아 급히 결정하고 계획을 세웠습니다.

물론 충분히 들뜬 마음만큼, 걱정이 되기도 했습니다.

과연 내가 무거운 배낭을 메고 그 긴 날들을 산행할 수 있을까?

야영 생활을 해본 지 까마득한데 어떻게 해야 하나? 나뿐만 아니라 기범이도 어떤 준비나 트레이닝을 하지 않은 상황에서 너무 즉흥적으로 내린 무모한 결정이 아닐까? 걱정이 한두 가지가 아니었습니다.

무엇보다 20여 년간의 안주로, 나의 체력이 어느 정도인지 알 길이 없었습니다.

분명한 사실은 20년이라는 세월이 흐른 만큼, 내가 늙고 쇠퇴했다는 점입니다. 그 일이 얼마나 힘든 일인지 아주 잘 알고 있기 때문에 더욱 큰 걱정으로 다가왔습니다.

요즘에야 많은 사람들의 백두대간 종주로, 그 전과는 비교할 수 없을 만큼 길이나 지도, 또 자료들이 많아졌지만 그래도 여전한 것은 내 스스로 직접 한 발, 한 발 내딛어 땀 흘려 걸어야만 한다는 사실입니다. 또 무거운 짐을 지고 이동해야 하고, 직접 밥을 지어 먹으며 야영을 한다는 것에는 변함이 없습니다.

또한 여전히 산에서 물을 찾아야 하고, 때에 따라서는 며칠 먹을 물을 지고 다녀야 하며, 항상 땀과 먼지에 절어 있지만 잘 씻을 수 없고, 먹기 싫어도 살기 위해 먹어야 하며, 수도 없이 오르내림을 반복해야만 한다는 것입니다.

이 모든 것을 그 누구보다 잘 알고 있는 나이기에, 걱정이 될 수밖에 없었습니다.

처음 아들과 백두대간에 가겠다고 결심한 날부터 나의 모든 신경 세포는 오로지 백두대간 등반에 집중이 되었고, 다른 것은 안

중에도 없었습니다. 예전에 산에 다닐 때 그랬던 이 버릇. 사라진 줄 알았던 그 버릇이 내면 어딘가에 숨어 있다가 다시 발동했나 봅니다. 떠나기 전날까지도 다른 일을 할 수 없었습니다. 잠조차 달아나 버려 뜬눈으로 밤을 새워야 했고, 무엇에 쫓기듯 벌떡벌떡 일어나는 날들이 계속되었습니다. 마치 오랫동안 만나지 못한, 하지만 항상 그리워한 첫사랑을 만나러 가는 날을 잡아 놓고 안절부절 못하는 심정이 그러할까 모르겠습니다. 그 첫사랑이 얼마나 변했는지, 나를 알아보기나 할는지, 지난 세월만큼 변해 버린 내가 걱정이 되었습니다. 들뜨고 떨리는 마음에도 계획을 세웠고, 당연히 부족한 것이 많을 수밖에 없어서 이 사람 저 사람에게 도움을 요청하며 새삼스럽게 산과 나의 관계를 생각하게 되었습니다.

내게 산은 무엇일까? 지난 산과 지금의 산은? 결국 내게는 산이 전부인가?

내게 무슨 일이 있을 때마다 목적을 바꾼 산은 항상 나와 함께해 주었습니다. 물론 내게 아무 일이 없을 때도 마찬가지였지만 말입니다.

지난날 나를 등반가로 받아준 산은, 한동안 나를 자신의 품에 안아서 삶의 터전을 내주었는데…, 이제 내게 무엇을 줄지 모르겠습니다.

더 많이 버리라는 가르침을 줄지, 더 낮은 자세로 살아가라는 가르침을 줄지 말입니다.

그래서 이번 백두대간은 산행은 '백두대간 학교 순례'라고 나름대로 슬로건도 정했습니다.

　낮은 자세로, 낮은 마음으로 성지 순례하듯이. 비록 오체투지는 아니더라도 온몸과 마음으로 정성을 다하겠노라 다짐하고 또 다짐합니다. 부족한 것이 많을수록 마음만이라도 다잡아야했기에 다시 한번 단단히 각오를 다집니다.

　고무줄 늘어나듯 길게만 느껴지던 날들이 지나고 드디어 그날이 왔습니다.
　2009년 9월 3일.
　이른 아침, 기범이를 앞세워 오르기 시작한 대간길.
　역시 출발부터 쉽지 않았습니다.
　물론 예상된 어려움이었지만 이런저런 사정을 알기에 충분히 각오를 다졌던 나와는 달리, 예상조차 하지 못한 아이는 무척 힘겨워 했습니다.
　한 번도 져본 적 없는 무거운 배낭에 야영 생활, 배고픔, 갈증, 추위, 아픔, 무한 반복되는 오르내림. 매우 단순한 일상이지만 힘이 부치는 이 생활을 많이 힘겨워 했습니다. 아이가 버거워하는 모습을 바로 곁에서 지켜 봐야 하는 나로서는 짠하고, 딱하고, 장하고, 자랑스럽고, 얄밉고, 치사하고, 답답하고, 어느 때는 속에서 천불이 나고는 했습니다.
　게다가 아이는 처음에는 지금 하는 일이 자신의 일이 아니라고 생각하는 듯 무슨 봉우리인지, 높이가 몇 미터인지, 몇 킬로미터

비 내리는 대간의 숲길

를 가야 하는지, 전혀 관심조차 없습니다. 그러다 3, 4일 정도 지난 후에야 비로소 모든 것을 자신의 일로 받아들였고 거리, 높이, 시간 계산을 하더니 나중에는 나보다 더 정확한 계산 감각을 뽐냈습니다.

더 기특한 것은 수시로 온몸이 돌아가며 아파, 힘들어 하면서도 잘 견뎌냈다는 것입니다. 정규 학교 공부 대신 백두대간 학교에서 직접 체험하고 온몸으로 공부한 기범이는 그 또래는 경험하기 어려운 일을 해낸 것입니다.

아이는 힘든 기억 때문에 자신이 얼마나 대단한 일을 했는지 당장은 모를 것입니다. 그렇지만 온몸으로, 진솔한 마음으로 자연과 만나 대화를 나누고, 자신을 보인 그 시간이 얼마나 소중한지는 살아가면서 차츰차츰 알게 될 것입니다.

자연의 모든 나무, 바위, 이끼, 풀, 돌, 숲, 덤불이 그 자체만으로도 완성된 아름다움이 있다는 것을, 자연의 어느 것 하나 뜻 없이 만들어진 것은 없다는 것을, 무엇보다 값진 체험을 통해, 산행을 통해 알았을 것입니다.

고로 나는 가장 참된 배움의 시간이었다고 믿습니다.

기범이는 아침에 산이 깨어나는 것도 보았고, 산을 뚫고 떠오르는 붉은 태양도 보았으며, 아침을 알리는 고운 새의 노래도 들었고, 짐승들의 움직임, 바람의 촉감까지… 직접 보고 듣고 느꼈습니다.

또한 일출 못지않게 장엄한 일몰도 숨죽이며 감상했고 산이 저

무는 모습도 보았습니다.

천상의 화원인 듯 화려한 야생화의 세계도, 계절이 바뀌는 것도, 머리가 아닌 몸과 마음으로 알아 갔습니다.

오전에는 단풍의 산을, 오후에는 낙엽의 산을 걸으며 자연의 오묘함을 느끼기도 합니다.

밤하늘의 수많은 별에 황홀해 하고, 초저녁 초승달이 보름달이 되었다가 기울어 작은 낮달로 변하는 것도 두 번이나 보았습니다.

서릿발을 밟으며 땅이 부풀었다고 신기해 하기도 했습니다.

따뜻한 방에서 원 없이 늘어지게 늦잠 한 번 자고 일어났으면 했고, 또 따뜻한 물에 몸을 녹이며 목욕 한 번 시원하게 하고 나면 소원이 없을 것 같았고, 단숨에 백두대간을 끝낼 수 있을 것 같다고도 합니다. 그렇기에 기범이는 그 또래들이 겪을 수 없는 아주 특별한 공부를 한 것입니다.

산에서 만나는 대부분의 어른들은 아이에게 "복도 많다.""멋지다.""어머니 잘 만나서 좋겠다.""부럽다.""큰일 한다." 등 화려한 찬사를 보냈지만 아이로서는 도무지 이해가 가지 않았을 것입니다. 힘들어 죽겠는데, 도대체 왜 어른들의 반응은 한결같은 걸까 의아했을 것입니다. 아마 모르기는 해도 앞으로 살아가면서 이번 산행이 많은 도움이 되었다는 것을, 먼 훗날 그 어르신들이 왜 그런 말씀을 하셨는지를 이해할 때가 올 것입니다.

산에서 마주친 사람들 중에는 아버지와 아들이 백두대간 종주를 하는 것으로 여기는 사람들도 있었습니다.

지리산 만복대(1,433.4m) 청상에 선 필자와 아들 기범. 1

지리산 구간을 마치기 위해 성삼재(1,070m)에서 만복대를 향해 출발하는 모습. 2

가을의 정취가 가득한 대간에서 맞는 일출. 3

에델바이스와 함께 산악인의 총애를 받는 용담꽃. 4

가족끼리 대간을 종주할 경우 대부분 아버지와 아들이 종주를 하지, 어머니와 아들 단둘이 하는 경우는 거의 없었던 모양입니다. 물론 백두대간을 엄마와 아들, 단둘이 한다는 것이 좀 생소해 보일 수도 있겠다 싶기도 하고, 또 만약 가족이 함께 종주하는 경우에는 대부분 아버지가 그 중심에 있었을 것이기 때문입니다. 또한 그들에게 비춰진 나의 모습이 남성에 가까워 그런 오해가 생겼나 봅니다. 사실 예전부터 나는 남성으로 오해를 많이 받아 왔었고, 때에 따라서는 그렇게 오해를 받는 것이 더 편할 때도 있었습니다. 특히 혼자 다닐 때가 그러한데, 지금 생각해 보니 오해받아 생긴 에피소드도 참 많은 것 같습니다.

　그중 으뜸은 "총각은 군에는 다녀왔는가?"인데 태백산맥 등반 때 남쪽 어느 산인가, 나무하러 올라오신 아주머니 한 분이, 나와 한참을 이야기하다가 갑자기 했던 질문이었습니다.

지금도 건강한 몸과 마음의 힘이 넘쳐 간혹 남자로 오해를 받는다. 1
아름다운 청년으로 사랑을 받던 20대의 필자. 2

이번 산행 중에도 마주치는 사람 중 어떤 분이 아이와 나를 보면서 "엄마와 같이 왔는가 보구먼?"이라고 하자 그 옆의 사람이 "뭘, 아버지와 왔구먼."하고 말하는 것입니다. 그러자 처음에 말을 꺼낸 사람이 "아, 그런가?" 하고 바로 수긍을 하더니, 일말의 의심도 없이 쉽게 넘어가는 것입니다. 나는 하도 들어 온 얘기라 이제는 괜찮습니다.

심한 경우에는 아버지와 딸이 왔다고 보는 경우도 있었는데, 그럴 때면 기범이는 화가 났는지 씩씩거리기도 합니다. 나야 젊은 날 항상 남자로 오해받아 왔기에 그러려니 하지만, 녀석은 사내인 자신이 여자 아이로 비춰지는 것이 썩 유쾌하진 않은가 봅니다. 어린 시절부터 외모가 곱상해 녀석과 둘이서 밖에 나가면 부녀로 오해를 받았던 적이 몇 번 있습니다. 어렸을 때에는 그렇다 치고 이제는 사춘기에 접어들어 청년이 다 되어 가니, 은근히 속이 상할 만도 하겠다 싶었습니다.

20여 년 만에 떠나는 길, 나는 또 다시 많은 공부를 했습니다.

모든 것을 다 내려놓은 듯한 삶이었는데 돌아보니 아직도 내려놓지 못한 찌꺼기가 많이 남아 있었고, 아이를 보면서 조급해 했었고, 탓했었고, 너그럽지 못했었고, 노여워했습니다.

그래도 50여 일을 좁은 텐트에서 함께 자며, 코펠에 밥을 끓여 함께 먹으며, 긴긴 능선을 걸으며 나눈 이야기들 —시답잖은 농담에서부터 최신 노래, 요즘 좋아하는 아이돌 연예인, 내가 모르는 그들만의 이야기, 학교에서 규칙 어긴 일, 친구들과의 관계, 선생님과의 일 등— 그렇게 그동안 듣지 못한 수많은 이야기를 들었고, 내 속 이야기도 많이 했습니다.

내가 살아온 이야기 —나의 어린 시절, 산에 미쳐서 산으로만 다니던 때, 백두대간 이야기, 결혼 그리고… 이혼한 이야기 등— 그동안 하지 않았던, 할 수 없었던 많은 이야기들을 들려줬습니다. 기범이가 어렸을 때 얼마나 사랑스러운 아이였는지도 말입니다. 아마 기범이가 아기였던 때 이후로 몸과 마음이 가장 가까이 다가간 날들이지 않나 싶습니다. 정말 모자母子 사이에서 친구 사이로 정을 나눈 뜻깊은 시간이었습니다.

물론 이런 훈훈한 모습 안에는….

각자 몸이 너무 힘드니까 신경이 예민해져 별것 아닌 것에 삐쳐서 말을 안 하기도 했고, 싸워서 한참을 떨어져 걷기도 했습니다. 지금 그때를 떠올리면 아직도 피식 웃음이 납니다. 한쪽이 삐치면 나는 걸음을 빨리해 쭉 빼 버리고, 그러면 기범이는 반대로 걸음이 느려집니다. 처음에는 기범이가 길을 잘못 들까 봐 적당한 거리를 두고 걸었지만, 어느 정도 길이 익숙해진 후로는 인정사정 볼 것 없이 혼자 내빼 버리기도 했습니다. 그러면 녀석은 어떤 때에는 씩씩대며 따라오기도 하고, 어떤 때에는 나를 한두 시간씩 기다리게 할 때도 있었습니다.

그럴 때면 사실, 겉으로 내색은 하지 않지만 속이 탈 정도로 또 걱정입니다.

혹시 길을 잘못 들지나 않았을까 마음을 졸이고는 하지만, 다행히 한 번도 그런 적은 없었습니다. 그리고 언제나 화해는 기범이가 먼저 해 옵니다. 속 좁은 나보다 한 수 위인 셈입니다.

서로 삐쳐서 말도 안 하고 신경을 곤두세우기도 하지만, 우리는 말도 안 되는 노랫말을 만들어 함께 부르며, 비현실적인 동화를 꾸미며 한동안 유쾌해지기도 합니다.

그렇게 또 행복하거나 힘겨운 하루의 산행을 마무리합니다.

그러면 아이는 텐트를 치며 짐 정리를 하고, 나는 식사 준비를 합니다. 아들은 물 뜨러 갈 때에도 절대 나 혼자 못 가게 하며 제법 어머니 걱정을 합니다. 간혹 내가 발이 아프다고 하면 내 짐을 슬쩍 들어다 본인이 지기도 해 산행 파트너로 손색이 없지만 어떤 때에는 엄마가 아니면 절대 봐줄 수 없는, 엄마여서 어쩔 수 없이 참아야 하는 치사한 순간도 부지기수로 많았습니다.

그럴지라도 내게는 이 세상에서 최고로 든든한 아들입니다.

50여 일 동안은 '볼꼴, 안 볼꼴' 다 보이며 참으로 적나라하고, 인간적인 모습을 서로에게 다 드러내야만 하는 원초적인 시간들이었지만, 나는 어머니이고 녀석은 아들인 우리는 무슨 일이 생겨도, 어떤 일을 해도 용서되고 이해해야 하는, 결국은 사랑할 수밖에 없는 그런 관계입니다.

가끔은 쉬면서 이런저런 이야기 끝에 이 나라, 정치하는 사람들에게 백두대간 종주를 의무적으로 시키면 어떨까 하는 엉뚱한 상상을 하기도 했습니다. 아예 백두대간을 다녀온 사람만 입후보할

항상 먹을거리가
넘치는 가을 산에서
머루 사냥을 하는 기범.

대간을 종주하는 이들이
덕지덕지 붙여 놓아 엉겨
붙은 표지기.

수 있는 규정을 만들면 어떨까, 아니면 나라님은 무조건 백두대간을 종주해야만 될 수 있다면 어떨까…. 하지만 결론은 그러면 안 된다입니다. 그렇듯 덜 성숙한 사람들이 다녀가면 나의 백두대간이 오염될 수도 있기 때문입니다.

만약 그렇다고 해도 그들이 백두대간 종주 후, 훨씬 더 융통성 있고 열린 마음으로, 남을 탓하지 않고, 환경을 좀 더 생각하고, 좀 더 아끼고 좀 더 낮은 자세로, 보다 더 넓은 마음으로, 사랑으로 열심히 일을 한다면… 그것도 나쁘지 않다고 생각합니다.

어쨌든 우리는 이 세상에 두 부류의 사람만이 있다고 했을 때, 하나는 백두대간 종주를 한 사람이고, 하나는 그렇지 않은 사람으로 나눌 수 있다고 결론을 지었습니다.

다시 간 백두대간은 낯익다는 느낌보다는 낯설다는 느낌이 더 강했습니다.

길이 무척 잘 뚫려 있어 그랬고, 표지판도 무척 자주 있어 그랬고, 표시기도 가는 곳마다 너무 많이 있어 그랬습니다. 지자체에 따라서는 대간길 숲을 다 정리해 두어서 마치 백두대간 길이 아니라 동네 산책로 같은 느낌이 들기도 해 그랬습니다.

많은 부분을 마룻금(산마루와 산마루를 잇는 선)이 아닌 능선 아래로 길을 내놓아 대간길 느낌이 없었고, 비교적 등고선이 낮은 지역에는 고랭지 채소밭과 과수원 등이 대간길까지 올라와 있고, 대간을 가로지르는 고갯길 도로가 너무 많이 생겨서 새삼 놀라웠습니다.

고갯마루 부근에 숙박업소를 지어 대간꾼이 이용할 수 있게 해놔 아무 감동도 없이 서로 돈만 주고받는 곳들 때문에 슬프기도 했습니다.

고갯마루마다 호객 판이 붙어 있는 것은 너무나 생소하고 재미있기까지 했습니다. 백두대간 고갯마루를 지나기 얼마 전부터 호객 판이 나뭇가지에 또는 시설물에 비닐로 코팅을 한 채 붙어 있어 백두대간 종주객을 유혹합니다. 업종은 주로 개인 택시나 민박집, 식당 등인데 "지금 전화하면 고갯마루로 바로 모시러 가겠습니다."라고 적혀 있습니다.

따뜻한 물에 목욕을 할 수도 있고, 땀에 전 옷을 빨 수도 있으며, 맛있는 음식도 있습니다. 텐트를 치거나 걷지 않고 방에서 잘 수 있습니다. 엄청난 유혹입니다. 뿌리치기 어렵습니다.

당장 전화하고 싶습니다. 정말 세월이 많이 변하긴 변했나 봅니다. 전화만 하면 누군가 나를 이 능선에서 데리고 가서는 내가 원하는 모든 것, 따뜻한 방과 목욕을 할 수 있는 물, 맛있는 음식 그 모든 것이 있다고 합니다. 시간 계산까지 한 것 같습니다. 호객 판이 붙어 있는 곳에서 전화해 놓고 고갯마루까지 걸어가는 동안 장사꾼이 차로 모시러(?) 오는 시간까지 친절하게 계산했습니다.

백두대간 종주객을 상대로 장사를 한다는 것이 나로서는 상상이 되지 않지만 또한 그만큼 종주하는 사람이 많다는 이야기도 될 것입니다. 이용자가 있으니 장사가 되는 것이고, 오죽하면 카드 하나만 달랑 들고 백두대간 종주를 할 수 있다는 '뻥'이 있을 정도입니다.

　매우 잘 만들어진 지도가 있어 나침반은 아예 꺼내 보지도 않았고 길 잃을 염려는 전혀 없었습니다. 지난날에 비해 능선 상에서 사람을 많이 만났으나 감동이 없었습니다. 그냥 대간을 종주하는 사람, 아무런 감동도 없는 만남, 처음에는 그것이 정말 낯설었습니다.

　나는 20년 전, 그때 그 마음 그대로인데 만나는 사람들은 그렇지 않은가 봅니다.

　가끔 구간을 종주하는 대간꾼 중에 나를 알아보는 사람을 만나면 기념사진 찍는 것으로 반가움을 대신했습니다. 간혹 고갯마루에서 만난 사람들도 백두대간 종주에 존경심을 비치기도 하나, 별다른 것은 없었습니다.

　예전에는 사람을 만나면 작지만 무엇이라도 도움을 주고 싶어 했고, 가끔은 무거운 배낭을 조금 져주기도 했습니다. 그래서 나도 모르게 저들이 우리에게 무언가를 주지 않을까라는 기대를 했나 봅니다. 사탕 한 알이나 물 한 모금이라도 말입니다. 그렇게 한동안 사람들에게 기대했다가 몇 번을 실망하고는 한참 지난 후에 씁쓸하게 포기했습니다.

　실은 우리는 항상 배가 고팠습니다.

　짐이 무거워서 많이 지고 갈 수도 없었지만, 먹을 것이 많이 있었다고 해도 한창 커 가는 기범이는 부족했을 터, 그 부실한 식단에 녀석은 당연히 배가 고팠을 것입니다. 또한 배고파 하는 아들을 두고 배부르게 먹을 어머니는 이 세상에 없을 것입니다. 우리는 둘 다 한동안 내색하지 않았지만 그것을 어디 숨긴다고 모를 수는 없는 일이기에, 먹을 것을 두고 서로 상대에게 먹이려고 실랑이를 벌이곤 했습니다.

 세상이 얼마나 좋아졌는지 인터넷에 누군가 대간 상에서 물을 구할 수 있는 모든 곳을 올려 둔 사람도 있어 도움을 받기도 했습니다. 가뭄에 물이 말라 버린 몇 곳만 빼고는 도움이 많이 되었습니다.

 그래도 정말 변하지 않은 것도 있었습니다. 바로 태백산의 폭격 훈련장입니다. 26년 전이나, 20년 전이나 이번에도 여전히 변함없이, 전투기가 엄청난 소리를 고래고래 지르면서 머리 위에서 위협하는 풍경하며, 소통을 불가능하게 하는 큰소리는 변하지 않았습니다. 20년 전의 태백산 산불 저지선에는 나무가 자라 방화선의 본래 모습은 간데없고 오히려 잡목이 무성한데 말입니다. 슬펐습니다. 가슴으로 참 많이도 울었습니다.

 그나저나 바위 구간을 지나오며 문득, 도대체 그때에는 여기를 로프도 없이 어떻게 오르내렸을까? 지팡이 없이 어떻게 걸었지?

 처음 사용해 보는 스틱에 많은 도움을 받았기 때문인지, 내가 한 일인데도, 옛 산행이 불가사의하게 느껴졌습니다. 물론 그때에는 잡목이 너무 우거져 스틱이 오히려 번거로운 짐이 될 수도 있었겠지만, 그 많은 급경사의 오르막이나 내리막을 쌍지팡이도 없이 어떻게 해냈는지 지금도 참 아이러니합니다.

또 멧돼지가 너무나 많아졌습니다. 실제로 만난 멧돼지 가족도 있었는데, 백두대간의 거의 모든 산을 뒤집어 놓은 듯 했습니다.

방금 뒤집고 지나간 곳을 수도 없이 만났습니다.

쿵쿵! 밤에는 텐트 바로 옆에서 요란한 소리가 들립니다.

멧돼지가 나무에 부딪치는 소리인 것 같았습니다.

만약 혼자였다면 많이 무서웠을 텐데 기범이가 있어 얼마나 든든했는지 모릅니다.

그래도 문경 쪽 백두대간을 지나면서부터 산세도 좀 높아지고, 손도 많이 타지 않았는지 길은 잘 나 있었지만 대간 느낌이 납니다. 그리고 두타산을 지나면서부터는 가을의 절정을 만났습니다. 온 산이, 온 나무가, 공기가, 바람이, 하늘이 가을로 가득했습니다. 나와 기범이도 마음껏 가을 속을 걸었습니다.

설악산에 들어서는 순간, 나도 모르게 입 밖으로 튀어나온 말이 있습니다. 설악산에게, 바위에게 그리고 나무에게, "나 기억하세요?"라고.

왜 이 말이 비로소 설악산에 도착해서야 튀어나온 걸까?

한때 무수히 많이 다녔던 산이었고, 무엇보다 처음 종주했을 때 힘들었던 구간이 있기 때문입니다. 특히 진고개 구간부터 설악산 구간까지는 그 뒤에도 한동안 고갯마루 얘기만 들어도 눈물이 났었던 곳이라 그리움이 더했나 봅니다.

지금은 그 고갯마루마다 휴게소나 기타 시설물이 들어서 많이 낯설었습니다. 옛날에는 이렇듯 도로가 많이 뚫려 있지도 않았고,

뚫렸다 해도 거의 비포장 길이었습니다. 차가 다닐 수 있는 길이 아니어서 지원을 오거나 다른 사람과 합류할 때에는 아랫동네에 서부터 걸어 올라와야 했기 때문에 그것만으로도 힘들었습니다. 그때나 지금이나 지원팀이 고생하는 것은 비슷하지만 또한 흐른 세월만큼 변한 것도 있습니다.

무엇보다 슬펐던 것은 처음 산행했던 1984년.

백봉령을 지나 닿았던 자병산이 손상되지 않은, 당당한 원형의 독립된 산이었던 강원도 땅이, 지난 1991년에는 산을 가로질러 길을 내더니, 포클레인이 산의 속살을 흉측하게 파헤치며 산 중턱과 산 위에까지 올라와서 산을 망가뜨린 모습이었는데, 웬일인지 이번에는 아예 산이 없어져 버린 게 아닙니까. 26년이라는 세월 동안 늠름하고 당당하던 산 하나가, 하늘로 솟았는지 땅으로 꺼졌는지 어디론가 사라졌다는 사실이 믿기지가 않았고, 백두대간을 몸으로 알고 있는 나로서는 눈물이 날 정도로 슬펐고 아팠습니다.

이번에 백두대간을 종주하다 보니 욕할 일이 참 많았습니다. 물론 들어줄 사람이 있다는 확실한 구실도 있었습니다. 간단한 예로 어떤 산은 산도 좁은데 정상에 표지석, 표지판, 지도판을 보기 싫은 모양으로, 게다가 서로 다른 모양으로 자리를 차지하고 있는 게 아닙니까.

더욱이 산 높이가 모두 다르게 표기되어 있었습니다. 당연히 욕 나옵니다. 문경 구간에는 남한의 백두대간 중간 표지 시설물 두 개가, 몇 킬로미터 사이에서 남쪽 백두대간이 반쪽인 게 무슨 자

밟고 나아가기 아쉬운 낙엽의 대간길.
대간의 깊어가는 가을을 말해 주는 낙엽의 합창.

하나의 산이 몽땅 날아가 버려 가슴을 아프게 하는데 이곳은 자병산(872.5m)이라 불렀다.

랑이라고 서로 우기며 서 있습니다. 볼썽사나울 뿐 아니라 당연히 욕 나옵니다.

여름옷을 입고 출발한 종주, 그 사이 계절이 한 번 바뀌는 것은 당연한데 우리의 옷이나 장비는 여전히 여름 것이라 빨리 끝내야 하지만, 비 오는 날이 많아서 수시로 발이 묶였습니다. 욕 나옵니다. 바로 앞에 경사가 심한 오르막에 산이 우뚝한데, 한없는 급경사의 내리막이 끝없습니다. 욕 나옵니다. 그 외에도 욕할 일이 무지 많았지만 이제는 잊었습니다.

우리는 산행이 끝나면 욕쟁이가 되겠다면서 웃기도 했는데, 사소한 욕이었거나 추임새 정도였을 것입니다.

설악을 지나 진부령에 도착한 우리는 시작과 달리 끝이 좀 어중간했는데, 향로봉 구간을 이어서 갈 수 없었기 때문이었습니다.

향로봉에 가려면 국방부의 허가가 떨어져야 하는데, 그쪽 사정으로 허가가 늦게 떨어져서 일단 하산해 집에 왔다가 11월 중순경에나 끝낼 수 있었습니다. 그 사이 계절은 또 겨울로 바뀌어 엄청난 눈으로 뒤덮여 있었습니다.

20년 전에는 칠절봉까지 갔었는데, 이번에는 조금 더 갔습니다. 그때에는 안개가 너무 심해서 북녘 땅은 고사하고 한 치 앞도 볼 수 없었습니다. 다만 발밑에 무수히 핀 솜다리와 슬픈 야생화만 보고 내려왔습니다. 이번에는 그래도 눈 쌓인 금강산과 그 옆의 바다, 그 바다에 밀려드는 파도까지… 그런데 보고 나서 더 허망하고 쓸쓸해졌습니다.

"언젠간 갈 수 있겠지…" 가졌던 희망도 얼음처럼 딱딱하게 굳어 버렸습니다.

초겨울답지 않게 엄청 쌓인 눈을 앳된 군인들이 하염없이 치우고 있었습니다. 아무리 둘러봐도 눈의 흰 빛깔과 딱딱한 시설물, 철조망만 보일 뿐. 곳곳의 봉우리에 설치된 시설물과 북쪽의 시설물들에서 희망보다는 절망이 더 먼저 보였고, 애잔한 마음으로 가득 찼습니다.

모든 나무가 잎을 떨어뜨리고 오로지 흰 눈만 쌓여 있는 풍경이라 더 그렇게 보였는지도 모르겠습니다. 그래서인지 만약 향로봉에 다시 간다면 겨울이 아닌 봄이나 가을에 가는 것이 좋겠다는 생각이 들었습니다.

대한민국 국민 누구나 그렇듯, 나 역시도 하루 빨리 통일될 날을 기다리고 있습니다. 물론 지금은 갈 수 없지만, 절망이 희망으로 이어지는 그때엔 꼭 그곳을 지나 백두산에 가고 싶습니다. 늘 꿈꿔왔던 곳, 26년 전인 예나 지금이나 그 생각에는 변함이 없습니다.

눈을 돌려 우리가 지나온 설악의 능선, 백두대간을 되짚어 보면, 그것도 세월이라고 까마득한 옛일처럼 생각됩니다. 이상합니다. 분명 과거였습니다.

이제 백두대간은 우리의 것이 아니고, 아마 당분간은 가고 싶지도 않을 것 같습니다.

물론 기범이도 다시는 하지 않겠다고 거듭 힘을 주어 말합니다. 그럴 만합니다. 자기로서는 별 이유도 없이 생고생 아닌 생고생을

남한 백두대간의 끝인 향로봉(1,296.3m) 길목의 칠절봉(1,172.2m) 정상에서.

했으니 말입니다.

 그렇지만 지나온 능선을 한결 여유로워진 표정으로 흐뭇하게 바라보기는 했습니다.

 그 모습은 백두대간 종주를 시작했을 때 보인 건들거림과 삐딱함은 사라진, 한결 성숙된 표정이었습니다.

 아이는 자랐습니다. 정신적인 성장은 물론, 실제로 떠날 때 1미터 76센티미터 정도였던 키도, 돌아와서는 1미터 80센티미터를 훌쩍 넘겨 버렸습니다. 그 고행의 날들 속에서 몸도 마음도 쑥쑥 자랐습니다. 그렇게 정신과 육신을 모두 키우며 보낸 백두대간에서의 날들이, 앞으로 살아가는 데 밑거름이 되어서 풍요로운 정신적 삶의 바탕이 되었으면 합니다.

 2009년은 나에게나 기범이에게나 소중한 해로 기억되고 있습니다. 산행을 다녀온 후로 녀석의 자랑이 많아졌습니다. 제 또래 중에서 그 힘든 백두대간을 종주한 친구가 과연 몇이나 있을까요. 그렇게 자랑스러워하는 기범이를 보면, 나 또한 든든하고 자랑스럽습니다. 그래서 누구에게나 자랑하고 싶어 하는데, 특히 좀 친한 사람에게는 "백두대간에 함께 갈 아들 있어?" 하고 뽐내며 뿌듯해 합니다.

 다음에는 네가 나를 데리고 백두대간에 가라고 하면 녀석은 질색을 하지만, 내 마음속으로는 꼭 그날이 오기를 꿈꿔 봅니다. 그때에는 통일이 돼서 저 백두산까지 아들을 의지하며 갈 수 있었으면 합니다.

26년 전에는 꿈도 꾸지 못한 이 꿈.

하지만 기범이를 앞세운 이번 등반에서 새로 가진 꿈입니다.

꿈꾸지 못한 꿈을 이룬 2009년 그리고 2009년에 새롭게 가진 꿈. 이룰 수 있기를 기대합니다.

향로봉(1,296.3m)에서 뒤돌아본 설악산 능선.
빨리 통일이 돼서 저 백두산(2,750m)까지 아들을 의지하며 갈 수 있었으면 합니다.

02
서로 알아 가기

나이만 먹은 철부지 여자 어른과 키만 컸지 여전히 철부지인 남자 청소년의 등반. 좀 심하다 싶을 정도의 고행 길을 단둘이서 두어 달 동안 떠났다면?

결론은? '뻔하다'일 것입니다.

여자 어른은 젊은 날 이미 비슷한 고행을 여러 번 해 본 터라 그 일이 어떨 것인지 잘 알지만, 그 고행을 고행으로 생각하지 않는 탓에 함께한 남자 청소년은 더 힘들 것입니다.

자꾸만 지난날의 고행을 들추며 그때에는 지금과 비교할 수도

없이 힘들었다고 합니다. 차라리 지난 경험이 없었다면 그렇게 말
하지 않았을 텐데…. 지금 겪고 있는 고행이 충분히 힘든 것이기
때문에 그 자체를 이겨내면 되니까 말입니다.

남자 청소년은 그동안 살아오면서 단 한 번도 경험하지 못한, 상
상도 하지 못한 고행과 맞닥뜨립니다. 물론 본인의 의지와는 무관
합니다.

그동안 주변의 무수한 사람들로부터 그 길이 어떤 길인지 많이
들었습니다. 하지만 그것은 자신과 무관한 일이라고 여겼기에 당
연히 귓등으로 들었습니다.

어느 날 여자 어른이 약간 강압적인 표정으로 그 고행을 함께
하자고 했을 때, 남자 청소년은 별 생각 없이 "응." 하고 대답을
합니다.

그것이 무엇인지 몰랐기 때문에 선뜻 응하게 된 것입니다. 그러
나 그 실체를 보니 '아차!' 싶었고, 깊이 생각하지 않은 것을 후회
하기 시작하지만 이미 엎질러진 물입니다.

남자 청소년은 어른의 동정을 살펴보며 그만두고 내려가겠다는
말을 할 기회만 엿보지만, 바늘구멍만큼도 그런 여지는 없습니다.

매우 견고한 바위 같아서 섣불리 말을 꺼낼 수가 없었을 것입니
다. 시간은 하루하루 빠르게 흘러가고, 점점 말할 기회는 사라집
니다.

그 대신 남자 아이는 흐르는 시간만큼 오기가 생겼고, 몸은 많이
힘들지만 그 고행에 서서히 흥미를 느끼기 시작합니다.

하나둘 관심을 갖기 시작하자 그동안 미처 볼 수 없었던, 보지 못했던 것들이 보이기 시작했고, 약간 재미를 느끼게 됩니다. 그렇다 하더라도 현실적으로 힘든 것은 사실, 불쑥불쑥 치고 올라오는 생각에는 변함이 없습니다.

자신이 왜 이 고행을 해야 하는지, 이 고행이 자신의 앞날에 어떤 영향을 주는지 도저히 이해할 수도, 이해하고 싶지도, 또 이해할 마음도 없습니다.

때로는 마음속에서 오만 가지 생각에 화가 치밀기도 하지만, 때로는 즐겁고 행복하기도 합니다. 남자 청소년은 어린 날 한때 산에다 텐트를 치고 자는 야영을 무척 해 보고 싶었습니다. 하지만 그것은 놀러 가서 텐트 치고 밥해 먹는 즐거운 놀이였지, 이렇게 매일 무거운 장비를 등에 져야 하는 고된 일과 끊임없이 반복되는 오르내림의 산길을 걷는 것은 아니었습니다. 날이 저물어야만 겨우 걷기를 멈추고, 물을 찾아 길어 오고, 텐트를 치고 밥을 해 먹어야 하는 것을 상상하진 않았습니다.

때로는 몸이 너무 힘들어서, 때로는 온몸 여기저기가 아파서, 때로는 자신이 왜 이 일을 해야 하는지 납득할 수 없어서 눈물을 쏟고 싶기도 하지만, 어른에게 들키고 싶지 않아서 꾹꾹 참았습니다. 이를 악물고 견뎠습니다.

그러나 딱 두 번은 터지고 말았습니다.

한 번은 산행한 지 열흘 정도 지난 어느 날이었습니다. 몸은 몹시 피곤하고 마음 또한 내키지 않아 자꾸 화가 나려고 하는데, 여자 어른이 무심코 던진 말 한마디에 그동안 버티고 있던 오기가 와르르 무너지면서, 설움이 북받쳐 그만 울음이 터지고 만 것입니다. 청소년은 어른을 잠시 혼자 가라고 하고는 능선에 배낭을 깔고 앉아서 생각해 봅니다. 왜 이 일을 해야 하는지를, 온갖 생각이 머릿속을 드나들며 어떻게 하는 것이 가장 좋을지를 생각합니다. 가지 않겠다고 마구 우겨 볼까? 우기면 그럴 수도 있을 것 같았습니다. 하지만 이내 마음을 고쳐먹습니다. 지금까지의 일을 모두 포기하고 내려갈 수도 있지만, 그러지 않기로 결정하고 다시 한번 마음을 추스릅니다. 그러자 마음이 조금 편안해진 듯합니다. 두 시간 정도 떨어져 보낸 어른과 아이는 각자 마음을 다잡고, 서로의 입장을 좀 더 이해하는 쪽으로 생각을 정리했습니다. 그렇게 부드러워진 관계는 한동안 유지됩니다. 단둘이 길 떠난 것을 행복하게 생각하기도 합니다.

그런데 또 한 번은, 함백산에서였습니다. 태풍으로 인해 비바람이 몹시 부는데, 무리하게 산에 들어 감기 몸살에 체기까지 겹쳐 가슴이 아파 숨을 쉴 수 없어 고통스러웠습니다.

아무리 숨기려 해도 신음이 입 밖으로 나오고 맙니다. 몸도 아프지만 자신의 약한 모습을 들킨 것이 속상했는지 눈물이 흘렀습니다.

이렇게 겉으로 드러나게 운 것은 단 두 번이었습니다.

속으로 울었던 날은 너무나 힘들어서였고 주로 산행 초반에 그런 마음이 많았으며 산행 일수가 지나면서는 그러지 않았습니다.

대간의 경지에 든 당당한 모습. 1

위풍당당한 함백산(1,572.9m) 정상. 2

이제 백두대간 종주를 자신의 일이라 여기며 관찰·연구하는 기범. 3

어떤 날에는 무거운 짐도 짐이고, 전날의 무리로 겨우 12킬로미터 정도밖에 못 간 적도 있었습니다. 이런저런 사정으로 좀 무리를 하면 반드시 그 다음 날 힘들다는 것을 알기에 가능하면 그러지 않으려 노력하지만 실제로는 그렇지 못한 경우가 많습니다.

주로 물 때문인데, 물 없이는 그 무엇도 할 수 없으니 물을 구해야 하고 또 가능하면 쉽게 구해야 하니까, 물 있는 곳까지 가기 위해서 무리하는 경우가 더러 있었습니다.

어떤 날에는 컨디션이 좋아서, 아니면 다른 사정으로 오전에 16킬로미터를 돌파한 적도 있는데 주로 아침 일찍 출발해서 오전에 거리를 많이 줄여야 수월합니다.

오전에는 하룻밤 잘 쉰 덕분에 비교적 몸이 가볍습니다. 그래서 오전에 그날 갈 거리의 2/3 정도를 돌파하는 편입니다. 점심 먹고 나면 조금 힘들어지기 때문에 속도를 많이 낼 수가 없게 됩니다. 오후에는 오전보다는 걸음이 많이 느려지고 쉬는 횟수도 늘어납니다.

산행을 시작한 후, 여자 어른은 처음에는 자신의 체력이 좋아 보이고 더 잘 걷지만, 갈수록 남자 청소년이 더 잘 걸을 거라고 말하곤 했는데, 산행 막바지로 갈수록 생각만큼은 아니었습니다. 여자 어른은 무슨 일이든 상황이 닥쳤을 때 그 상황 자체에 최선을 다하니 힘들기는 해도 남자 청소년에 뒤처지진 않았습니다. 청소년은 점점 산행 초반에 비해 많이 좋아져 어른과 거의 비슷해집니다. 둘이 비슷해지면서 산행은 훨씬 더 편해졌고, 몸과 마음도 편해졌습니다. 여자 어른은 아이가 된 것 같았고, 남자 청소년은 어른이 된 것 같았습니다.

완전하지는 않았지만 체력이 비슷해지고 눈높이가 비슷해지니 여자 어른, 남자 청소년은 모자 사이라기보다 좋은 친구가 되고 환상의 파트너가 됩니다.

전에 없이 어른은 청소년에게 오히려 의지하는 마음이 생기기 시작했습니다.

초반에 그랬으면 했던 발 밸런스가 맞아 들어가고, 눈빛만으로도 마음이 맞는, 무슨 일이 생겨도 척척 호흡이 맞는 최상의 산행 파트너가 된 것입니다.

출발할 때의 그 여리고 삐딱한 사춘기의 청소년은 — 엄청 대범한 것 같지만 소심하고, 남들 앞에서 하는 행동과 본인에게 하는 행동에 차이를 보이는 이중성이 농후하고, 엄청나게 엄격하지만 삐치기 잘하는 여자 어른을 놀리기도 하고 달래주기도 하며, 때로는 다독이고 치켜세우기도 하는 — 소중한 경험을 쌓아 갑니다.

산길 주변에 지천으로 널려 있는 나무를 보면, 아궁이에 불을 때고 살기 위해서는 항상 나무가 필요해, 욕심 많은 여자 어른이 가져가지 못함을 아쉬워합니다. 그러면 남자 청소년은 대뜸 스토리를 만들어서 웃깁니다. 가령 자신은 집에 가서 나무를 받을 테니 택배로 보내라는 둥, 새총처럼 생긴 나무에 자신의 바지를 걸어 새총을 만들어서 날리겠다는 둥, 또 헬기로 실어 나르자는 둥 말입니다. 다른 사람들이 들으면 정신 나갔다고 할 이야기를, 서로

겨울이 오면 땔감 걱정을 하는 필자에게 저 많은 땔감을 모두 집으로 보내 주겠다는 아들의 우스갯소리가 들린다. 1
마음을 풍족하게 만드는 참나무 숲길의 도토리. 2
아들이 바지를 걷어 새총을 만든 뒤 땔감을 집으로 보내겠다고 하는 거대한 상수리나무. 3

주고받으며 둘은 낄낄거립니다.

걷는 발밑으로 도토리나 밤이 엄청나게 많이 떨어져 있어 대한민국 아줌마의 마음으로 백두대간이고 뭐고 다 그만두고 도토리나 쓸어 담아 내려갈까 하며 농담을 합니다. 그러면 청소년은 한 술 더 떠, 여자 어른의 이름을 붙여 백두대간의 모든 것을 상품으로 팔면 대박이 날 거라는 겁니다. 거의 사이비 종교 교주 수준이라며, 여자 어른의 이름에 백두대간 이름까지 붙이면 불티나게 팔릴 것이라며 자신은 판매 담당을 하겠다고 합니다. 꼭 이 세상 사람이 아닌 다른 세상의 사람들처럼 비현실적인 이야기였지만 그래도 즐거웠습니다.

그렇듯 육신은 많이 고단했지만 정신은 수없이 많은 것들을 직접 보고, 직접 겪으며 깊어졌습니다.

남자 청소년은 한때 희로애락을 두루 경험한 시간에 싹을 틔우고 날개를 펼쳐서 또 다른 세상에 나갈 것이고, 앞날에 그 경험이 많은 보탬이 되리라는 것을 믿어 의심치 않습니다.

이렇게 우리는 백두대간에 들었습니다.

나이만 먹은 철부지 엄마와 키만 컸지 철들지 않은 아들이 함께 떠난 백두대간에는 우리네 인생사와 다를 바 없이 여전히 희로애락이 있었습니다. 처음 출발하게 된 동기에는 여러 가지 이유가 있었습니다.

백두대간 1세대로서 항상 백두대간을 가슴에 품고 살았던, 엄마인 나는 지리산에 내려와 살면서 등반에 관해서는 마음을 접고 살았는데, 이상하게 백두대간은 항상 내 몸속에 살아 있었습니다. 누가 백두대간 이야기를 하면 내 이야기를 하는 것 같았고, 항상 관심을 가지고 있었고, 언젠가 다시 한번 가 보고 싶은 마음은 있었습니다. 하지만 그 길은 그렇게 쉽게 떠날 수 있는 길이 아니다 보니 마음속으로 생각하며 바람만으로 세월을 보냈습니다.

그런데 우연찮은 기회가 드디어 왔습니다. 고요한 호수 같은 내 일상에 누군가 돌을 던진 것처럼 파문이 일어났습니다. 그리 달갑지 않은 일이라 얘기하기가 참 힘들지만 그래도 해야겠습니다.

내가 서울을 떠나 지리산에 온 후 세월이 벌써 16년째로 접어들고, 나름대로 자연을 벗삼아 교감하며 가볍고 행복한 날들을 보냈습니다. 물론 힘들고 흐린 날들도 있었지만 비교적 만족한 삶을 살았다고 자부합니다.

잠시 정선으로 옮겨 살기도 했지만, 돌아온 지리산은 정말 포근했고 더 이상 욕심이 필요 없을 정도였습니다. 딱 알맞은 곳에 내 삶터가 있었고, 그 터 안에서 나는 마냥 좋았습니다.

작게나마 농사도 지으며 철따라 찻잎을 따 덖기도 하고, 직접 메주로 된장을 만들기도 하고, 산에서 나무를 해 방에 불을 때고, 작은 우물에서 빨래를 하기도 하면서 유유자적 편안하고 여유로운 삶을 살았습니다.

산 아래 있는 집에서 약 1시간 30분 정도 산길을 올라가면 작은 암자가 있는데, 매일 아침 나의 일과는 그 산길을 올라가 암자 부처님께 108배를 하고 내려오는 것이었습니다. 내가 처음 이곳에 이사 왔을 때만 해도 암자가 불에 타 빈터가 되었지만, 곧바로 복원되었고 나의 행복한 일상이 시작된 것입니다.

매일 아침 내가 만나러 간 산길은 내게 걷기 이상의 시간이었습니다. 그 길은 내게 소중한 명상의 시간을 안겨 주었습니다. 아무도 없는 아침에 포근한 산 내음을 맡으며 천천히 올라 내가 산인

된장을 만들기 위해 온통 메주로 꽉 채워 화기 넘치는 필자의 집.

듯, 산이 나인 듯, 그런 느낌의 시간이었습니다. 오로지 내면만을 바라볼 수 있는 참으로 귀중한 시간이었습니다.

뿐만 아니라 매일 오르내리며 만나는 나무 한 그루, 돌멩이 하나, 낙엽 하나, 바위의 이끼, 흐르는 물소리, 새들의 움직임과 속삭임, 키 작은 꽃들의 수줍음….

여린 잎을 보면 그 모습이 하도 앙증맞아 나도 모르게 입을 맞추곤 했습니다.

어느 날은 꽃불이 난 것처럼 벼랑 위로 참꽃들이 흐드러지게 피어 있기도 했습니다.

발밑에서 뒹구는 돌배 한 알, 지치지도 않고 나무를 쪼아 대는 새, 이 나무 저 나무에 날아다니는 날다람쥐, 아무도 지나가지 않은 눈길, 별이 떨어진 듯 물위로 내려앉은 꽃잎, 어느 순간 세속의 모든 소리와 풍경이 사라지는 산모퉁이, 그 모든 것들이 그 길에 있었습니다.

매일 봄, 여름, 가을, 겨울 그 길을 오가며 눈 맞추고, 발맞추고, 마음 맞추며 그 시간에 감사했습니다.

나는 불교 신자는 아니었지만 암자에 계신 부처님께 108배를 올릴 때에는, 전날 내게 일어난 일들을 이야기하고, 또 그날 일을 보고하기도 하며 마음 상했던 일을 털어놓기도 합니다. 즐겁고 행복했던 일은 자랑도 하면서 말입니다. 어떤 때에는 고마움을 준 모든 이들의 이름을 절할 때마다 불러 축원을 해 주기도 하고, 어떤 때에는 그저 감사한 마음뿐이라 "감사합니다."라고만 하기도 합니다. 때로는 관세음보살 정근(진언)도 하며 인자한 부처님과 하루 시작의 인사를 나눕니다.

이 시간도 산에 올라가는 시간 못지않게 좋아 어제의 나를 돌아보고, 오늘의 나를 정리합니다. 무엇보다 절을 하면서 감사한 마음이 생겨 좋았습니다.

이렇게 매일 아침마다 산에 올라와 부처님께 인사드리는 것만으로도 감사해서 나도 모르게 무엇을 "바랍니다."가 아니라 무엇을 "하겠습니다."라는 약속을 하게 되었습니다.

물론 바라는 것도 있습니다.

내 몸이 아플 때 "빨리 낫게 해 달라." 그렇게 바라기도 하고 기범이가 보고 싶을 때에는 "보고 싶다."고 이야기하기도 합니다. 그밖에도 일상에서 일어나는 사소하거나 조금 무거운 것도 부처님께 일러바치고 나면 별것 아닌 것으로 느껴지곤 했습니다.

내가 무슨 말을 해도 항상 자상한 미소로만 답을 대신하시는 암자 부처님, 그 미소 하나만으로도 충분해 내가 좋아하고 사랑하는 대상이었습니다.

이렇게 하루 일과를 시작하고 내려오면서는 나 자신에게 칭찬을 해 줍니다. 참 기분 좋은 아침입니다. 하루 종일 기분이 좋습니다. 그 행복은 몇 년간 이어졌습니다.

그것은 이른 아침, 내게 있어서는 빼놓을 수 없는 생활의 우선순위가 됐습니다.

물론 가끔 빼먹을 때도 있습니다. 집에 일이 많을 땐데….

가령 녹차를 만들거나, 메주를 만질 때, 간혹 다른 산에 갈 때, 비가 억수같이 내릴 때, 내가 집을 떠나 있을 때, 가끔 집에 온 객과 회포가 과할 때 등등. 이런 날은 그런 대로 잘 지내기는 하지만 끼니를 놓친 듯, 몹시 서운한 느낌과 비슷합니다.

여러 사람에게 자랑도 하고 또 아침에 함께 오를 수 있는 객이 있으면, 함께 올라가면서 집 자랑하듯이 나의 아침 일상을 자랑합니다.

모두들 나의 일상을 부러워하고 그 산길을 부러워했으며, 그 부처님을 부러워했습니다. 나는 괜히 으쓱해져 무슨 큰일이라도 한 양 기분이 좋았습니다.

어제 아침에 만난 꽃망울이 오늘은 얼마나 더 많이 피었는지, 다음 날 아침 발걸음은 조금 바빠지고 마음이 두근거리기까지 합니다.

초봄 연초록의 잎사귀는 어떤 나무나 다 비슷한 모양으로 나무의 생살을 뚫고 나오는데 처음 세상 밖으로 내미는 그 잎은 꽃보다 더 찬란합니다. 그 춥고도 긴 겨울 동안 겉으로는 미동도 않은 듯하지만 속으로는 엄청난 일을 준비한 겁니다.

무뚝뚝한 나무에서 태어난 여린 생명은 아침마다 조금씩, 조금씩 제 몸을 키우며 자신의 모습을 만들어 가는데, 모두 아기 손같이 앙증맞고 정말 예쁩니다. 그 녀석들을 만나고 온 날이면 괜히 기분이 좋고, 설레고, 궁금하고 행복합니다. 다 사랑하는 마음일 것입니다.

그런데 어느 날부터 나는 이 모든 것을 사랑할 수 없게 되고 말았습니다.

나와 산길과 산길의 모든 것 그리고 부처님과의 관계에 사람이 개입하면서부터였습니다. 남이 들으면 참 하찮은 일일 수 있는 것이 내게는 치명적이었습니다.

내가 매일 참배를 했던 그 암자는 아주 작은 암자인 데다가 산길은 오로지 걸어서만 다닐 수 있는 곳입니다. 그곳 암자는 스님들이 자주 바뀌는데 새로운 스님이 왔습니다.

서로 알아 가기 | 73

이제 나와는 아무 관계가 없는, 한때 잠시 남편이라는 이름으로 내 옆에 있었던 그는 출가 후 자신의 길을 잘 가고 있었습니다. 그렇지만 아이 아버지인 것은 어쩔 수 없는 사실인 스님이 암자에 들어오면서 아랫동네에서 말이 많았던 모양입니다.

없는 말도 만들어내는 세상에 있는 말에 좀 덧붙이기는 식은 죽 먹기일 것이니 남 말하기 좋아하는 사람들에게 얼마나 감칠맛 나는 이야깃거리였겠습니까.

나는 그러거나 말거나 나만 아니면 그만이라고 생각했는데 그쪽 세상은 아닌가 봅니다.

부처님만 뵙고 오는 나는, 어떤 스님이 그곳에 있어도 마주치지만 않으면, 부러 찾아가 인사한 적은 없었습니다.

그날 아침에도 어김없이 부처님께 108배를 올리고 내려오려는데 전에 있던 스님과 새로 온 스님이 "잠시 차나 한잔하고 가시지요."라며 지나가던 나를 불러 세웠습니다. 말인즉 그 암자에 올라오지 말아 달라는 겁니다. 아래 큰절에 큰스님이라는 분이 새로 온 스님을 불러 아랫동네에 여자를 숨겨 두었느냐고 물었다는 것이 그 이유입니다. 큰스님은 아마 여기저기 떠돌아다니는 부풀려진 소문을 들었나 봅니다. 아니면 누군가 일러바쳤거나.

새로 온 스님은 그동안의 일들을 이야기했고, (출가 전 이야기를 비롯한) 어찌됐든, 이유야 어떻든 큰스님은 내가 다른 곳으로 이사를 갔으면 한다는 겁니다.

너무나 기가 막혔고, 순간 너무나 분해서 어쩔 줄 몰랐고, 울음이 나와 제대로 된 반박은 한마디도 못하고 그냥 내려왔습니다. 내려오는 내내 울기만 했습니다.

산길을 어떻게 내려왔는지 기억조차 나지 않는데, 다만 지금 이 순간에도 그때만 생각하면 가슴이 곤두박질치고 먹먹하다는 겁니다.

지금도 화가 나는 것은 나는 아이를 키우며 살아야 하는 생활인이고, 절에 있는 사람은 운수납자라는 것입니다. 과연 내가 떠나는 게 옳은지? 왜 떠나야 하는지? 두 사람 중 한 사람이 꼭 떠나야 한다면 당연히 아이를 키우며 생활해야 하는 내가 아니라, 운수납자인 그여야 하는 것이 아닌지? 묻고 싶습니다.

그날 이후 나는 팔다리를 잃어버린 사람처럼 아무데도 가지 않고 웅크리고 있었습니다. 머리가 없는 사람처럼 아무 생각도 할 수 없었습니다. 시도 때도 없이 홍수가 난 것처럼 눈물만 나왔습니다.

절에 사람이 가면 왜 안 되는지, 절에서 사는 사람들의 생각이 왜 그리 편협한지. 뭐 그 따위 것들은 그들의 몫이라고 쳐도 나는 졸지에 내 전부를 잃어버린 듯 집에만 있다 보니 이건 숫제 우울증이라 할 만한 증상이 나타났습니다.

물론 산이 그곳에만 있는 것도 아니고, 절 또한 그곳에만 있는 것이 아니니 다른 곳을 찾아 다시 내 일상을 만들면 되겠지만 그것이 쉽지 않았습니다. 내 스스로 다른 코스를 선택했다면 충분히 가능하겠지만, 타인의 압력으로 인해 박탈당했다는 것은 좀 다른,

심각한 문제였습니다.

내가 그렇게 움츠리고 있는 게 딱했는지 한동안 말 없이 지켜보던 기범이가 내게 말합니다.

산이 거기에만 있고 절이 거기에만 있느냐고, 자기가 가끔 동행해 줄 테니 뒷산으로 다니라고.

오히려 녀석이 나를 달래주었습니다.

뒷산 역시 좋은 곳입니다, 매일 가던 산 못지않습니다. 가끔 다녔는데 갈 때마다 감탄을 합니다. 그렇지만 그것은 일상이 아니었습니다. 뒷산은 간식 같은 곳입니다. 간식은 가끔 먹으면 맛있지만 주식처럼 먹을 수는 없습니다.

마침 기범이가 집에 와 있었습니다.

그때 아이는 혼자 고민 끝에 보낸 대안 중학교에 다녔는데, 학교생활의 이런저런 것들에 대해 회의를 느끼곤, 검정고시를 준비한다며 마침 집으로 온 겁니다.

당시는 더 나은 교육을 시키고 싶은 욕심에 아이를 보내 놓고, 내가 선택한 것이 과연 옳은 일인지 끊임없이 고민하던 시기였습니다.

좋건 싫건 다니던 학교를 그만둔다는 것은 그리 바람직한 일이 못 됐지만, 아이의 선택이 그렇다면 따를 수밖에 없었습니다. 어쨌든 검정고시를 치르고 나자 아이는 무료해 했고, 나 또한 무기력증에서 헤어나지 못하고 있던 시기였습니다.

그러던 어느 날 아침, 나답지 않은 모습을 보며, 이렇게 허송세

꽃보다 (화려하게) 아름다운
이른 봄의 나무 새싹.

비 오는 아침에도 꿋꿋하게
삶의 길로 매진하는 필자.

백두대간 종주를 다정하게 설명하는 엄마 남난희와
관심을 갖는 아들 기범.

월을 보내는 것은 그야말로 나답지 않은 것 같다는 생각이 들었습니다.

그리고 반짝 떠오른, "그래! 백두대간! 가는 거야. 기범이와 함께!"

어쩌다 그렇게 기특한 생각이 났는지 나에게 칭찬을 해 주고 싶었습니다. 기범이에게도 이때가 기회다 싶었습니다. 언제 이만한 시간이 나서 나와 함께 두어 달 산행을 할 수 있겠습니까. 나 또한 나의 무기력함과 우울증을 털고 나 자신을 찾을 수 있는 기회로,

이 계획이 안성맞춤이라 생각되었습니다.

　내가 백두대간에 가자고 했을 때 기범이는 별 거부 없이 가겠다고 했습니다. 어려서부터 백두대간이라는 말을 자주 들었기 때문에 쉽게 생각했을 수도 있고, 그날이 그날 같은 하루하루가 무료했을 것입니다.

　기범이가 함께 가 준다면 나는 정말 좋을 것 같았습니다. 어느새 훌쩍 커 버린 아들을 앞세우고 20년 만에 백두대간에 가게 되다니 꿈만 같았습니다. 그동안 마음속에서만 존재했던 백두대간이 실제로 가볼 수 있는 백두대간이 된 것입니다.

　백두대간에 간다고는 했지만 내게는 아무것도 없는 상황이라 걱정이 되기는 했습니다.

　자료와 장비는 물론, 체력이 어느 정도인지 알 수 없었고, 아이의 체력이 어느 정도인지도 확신이 서지 않았습니다. 아무것도 아는 것이 없었습니다. 가진 것 없이 오로지 마음만 바빠졌습니다. 그날부터 이곳저곳 아는 곳에 자료와 장비를 부탁하고, 차근차근 계획을 세우기 시작했습니다. 날짜에 다가설수록 점점 더 설렜습니다.

　지난날과 비교할 수 없는 세밀한 지도를 보며 계획이 구체화되어 갔고, 떠날 날이 다가오자 가슴이 부풀어 터질 것만 같았습니다. 잠도 오지 않을 정도였습니다.

　물론 오랜만에 가는 길이라 기대감와 설렘도 있었지만, 아들과 함께 가는데 과연 괜찮을까 하는 걱정도 말할 수 없이 많았습니다.

기범이는 내가 계획을 세우건 말건 남의 일 보듯 합니다. 그 일이 어떤 일인지 모르니 당연히 그랬을 것입니다. 그러다가 출발일이 다가왔고 나는 20여 년 만에, 기범이는 생전 처음, 온갖 살림살이를 짊어지고 새벽에 집을 나섰습니다. 뭐가 못마땅한지 잔뜩 뻐딱한 표정의 기범이는 말을 하진 않았지만 왠지 자기 몫이 아닌 것을 하게 된 억울함 비슷한 감정이랄까. 아무튼 썩 내켜지 않은 것 같은 표정이 역력했지만 그런대로 따라와 주었습니다.

그렇게 첫날은, 백두대간에 대한 설렘과 앞날에 대한 걱정, 체력 안배, 거기다 기범이의 눈치까지 보며 중산리를 출발했습니다.

지리산의 높은 곳은 가을 야생화 천국이었습니다.

보라색 용담꽃과 투구꽃, 쑥부쟁이 등이 이곳저곳에 흐드러지게 피어 있었고, 바위 주변에는 부분적으로 단풍이 들어가고 있었습니다. 등산객 또한 많아 천왕봉에 올라섰는데도 겨우 사진 한 장 찍을 수 있었습니다. 그러고는 아래로 내려와 짐을 내리고, 집에서부터 지고 온 물과 약간의 간식으로 산에 약식 신고를 했습니다.

"백두대간 신령님, 제가 다시 한번 백두대간에 가니 부디 보살펴 주십시오, 이번에는 저보다 더 큰 아들까지 함께 갑니다. 나름대로 각오는 했으나 많이 부족할 것 같으니 넓은 품으로 보듬어 주시고, 무탈하게 끝낼 수 있도록 도와주십시오." 라고 속으로 간절히 기원했습니다.

드디어 시작된 발걸음.

기범이는 당연히 많이 힘들어 했고, 간식도 많이 필요했지만 비

케이블카 건설로 인한 지리산의 자연 훼손과 변화를 막기 위해 천왕봉에서 반대 서명 운동을 하며 배낭에 캠페인 깃발을 달아 주고 있는 사람들.

가을 고산의 보라색 용담꽃, 가을 산의 화려함을 장식하는 투구꽃, 가을 산에서 흔히 만나는 쑥부쟁이.(왼쪽부터)

교적 잘 걸어 주었고, 잘 참아 주었습니다. 또한 무엇을 어떻게 해야 하는지도 알았고, 첫날 텐트를 쳤을 때에는 즐거워하며 야영을 했습니다.

하지만 백두대간 종주는 여전히 자신의 것이 아닌 듯 행동했습니다. 짐이 무겁고 오르내리막이 힘들고, 어깨가 아프고, 발이 아프고, 무릎이 아픈 것 이외에 다른 어떠한 상황에도 관심이 없었습니다. 다른 사람들에 비해서 턱없이 큰 배낭으로 남의 시선을 받는 것도 부담스러워했습니다.

관심이 있었다면 얼마나 가면 되는 것인지 뿐.

산 이름이 무엇인지, 높이가 얼마나 되는지, 몇 킬로미터를 가야 하는지, 산 아래 지명이 무엇인지 등, 관심조차 갖지 않았습니다. 힘들다는 말 대신 간식 먹기로 표현해 왔습니다. 간식을 먹겠다고 하면 쉬니까 조금이라도 더 쉬고 싶어서 그랬을 것입니다. 그러다 시간이 지나면서 차츰 기범이는 이것저것에 관심을 갖기 시작했습니다.

그날 가야 할 산 고도와 거리부터 시작해서, 고갯마루의 이름이나 산에서의 경관, 표고 차이를 계산하며 나름대로 '오늘 고생하겠다.'와 '오늘 편안하겠다.'를 판단하고 지도를 꼼꼼히 살펴보기도 했습니다. 관심이 생기면서 서서히 자신의 의견도 말하며 자신이 백두대간을 걷고 있다는 것을 인식하는 것 같았습니다.

길이 헷갈리거나 길을 잘못 들었을 때, 강력한 목소리로 자신의 생각을 얘기하기 시작한 것은 등반을 시작한 지 며칠 후부터였습니다. 좋은 캠프 사이트가 나오면 기분 좋아했고, 낮에 어쩔 수 없이 그냥 지나쳐야만 하는 괜찮은 캠프 사이트를 아까워하기도 하며, 점차 생각의 높이가 나와 비슷해졌습니다.

아침에 출발할 때에는 숲이 이슬에 젖어 있어서 앞서 가는 사람은 뒷사람보다 훨씬 더 많이 젖을 수밖에 없는데도 기범이는 말없이 앞에서 이슬받이 역할을 했습니다. 비온 후의 산행도 마찬가지였습니다. 그래서 늘 나보다 더 젖었습니다. 하지만 대범했고 자기보다 덜 젖은 나를 보며 자신이 한 일을 자랑스러워했습니다. 뱀이 쥐를 먹다가 도망간 것을 본 이후부터는 아이가 앞에 서지 않게 내가 앞섰는데, 거미줄이 어찌나 걸리는지… 옷에 걸리는 것은 그냥 무시하겠지만 얼굴에 척척 걸리는 거미줄은 정말이지 성가셨습니다.

기범이는 나보다 키가 머리 하나만큼 더 크기 때문에, 내가 이미 지나갔는데도 얼굴에 거미줄이 자꾸 걸리는 웃지 못할 일도 일어났습니다. 다른 상황이었다면 잔소리가 심했겠지만 본인이 키가 커서 당한 그 일은 재미 있어 하는 것을 보며, 어느새 그만큼 자란 아들이 대견했습니다.

기범이는 몹시 지칠 때면 휴대폰에 다운받은 음악을 들으며 피로를 풀곤 했습니다. 산행이 끝나고 저녁을 먹고 나서는 일기를 쓴 후에 한두 곡 듣기도 하고 내게 들려주기도 했습니다. 오후에 너무 많은 힘이 들면 쉴 때에도 휴대폰을 꺼내 잠시 간식을 먹거나 물을 마시듯 한 곡씩 듣기도 했습니다.

나는 산에 들면 산뿐인데 아이는 당연히 산 이외의 다른 것, 즉 자신이 좋아하는 음악을 듣는 것으로 산에서 쌓여 가는 피로와 스트레스를 이겨냈습니다.

아이는 지쳤을 때 자기가 좋아하는 음악으로 위로를 받았고, 나는 그와는 다른 방식으로 위로를 받거나 치유했습니다. 땅, 나무, 바위, 산은 사람을 정화시키고 치유시키는 능력이 있습니다.

인디언들도 무언가를 하다가 지치면, 나무를 안고 가만히 있는 것으로 치유를 했다고 들었습니다. 나도 몹시 지치면 나무를 안고 한참을 가만히 있거나 햇볕을 받은 따뜻한 바위에 온몸으로 눕거나 엎드립니다. 그렇게 한참을 있으면, 정말 치유된 듯 좋아집니다.

발이 심하게 아플 때에는 등산화와 양말을 벗고 맨발을 나무 둥치에 한동안 올려놓거나 맨땅에 대고 있어도 좋아지는 느낌을 받는데, 물론 쉴 때에는 기회가 있을 때마다 양말을 벗고 발에 공기도 쏘여 주고 주물러 주기도 해야 합니다.

그동안 수없이 산행을 하고 다녔지만, 가장 공이 많은 발에게는 참 무심했습니다. 이번에 백두대간 종주를 하면서 새삼 발의 소중함을 알게 됩니다. 발도 다른 신체와 똑같이 존중받아야 마땅합니다.

산행 초반, 아이와 나는 주로 다른 습관(?)에서 차이를 느꼈는데, 예를 들면 기범이는 산행 중에 끊임없이 말을 합니다.

왜 그렇게 말을 많이 하냐고 물어보니 말을 해야 관심이 그 이야기로 쏠려서 덜 힘들다는 겁니다. 하지만 나는 반대였습니다.

갈대 능선을 헤치며 나아가는 필자.

서로 알아 가기

나의 오랜 습관은 산에만 들어가면 거의 묵언 수준으로 말이 없어지는 것입니다.

산에 들어가서 어느 정도 시간이 지나면 나는 산과 합일이 되는 것을 느낍니다. 그때부터는 산과 내가 다른 존재가 아니라 산이 내게 들어와 내가 되고, 내가 산에 흡수되어 산이 되어 버린다는 것이 맞는 표현일 것입니다.

그때부터 내 주변에는 아무것도 존재하지 않는 것 같습니다. 마냥 산속으로 스며들어 무의식중에 발을 옮긴다고 할 수 있는데, 그것은 아마 오랫동안 혼자 산을 오르내리면서 비롯된 습관일 것입니다. 그런데 말을 해야 하는 기범이와 말을 안 하는 내가 단둘이 걷고 있으니 참 딱할 노릇입니다.

처음 한동안은 아이가 무척 기분 나빠했습니다. 자신의 말에 대답이 없다고 자신을 무시한다는 겁니다. 누구나 그렇지만 아이는 자신이 무시당한다는 것을 무척 견딜 수 없어 했습니다. 실제 막무가내로 크게 화를 낸 적도 있습니다.

자신의 말이 말 같지 않느냐고 하는데 나로서는 미안한 마음이 들기는 했지만, 별로 신중하게 생각하지 않다가 몇 번 반복되고 난 후에야 아이에게 나의 습관을 이야기하며 좀 이해해 달라고 했습니다. 나 또한 가능하면 아이 말에 대답하려고 마음먹었지만 처음에는 잘되지 않았습니다. 물론 시간이 흐르면서 자연스럽게 서로 조금씩 양보하면서 불편함을 줄였습니다.

그렇게 하나하나 적응해 나갔습니다.

아이는 웬만큼 이야기하면서도 내가 대답이 없어도 그냥 넘어가 주었고 나 또한 아이의 말에 맞장구를 치며 반응하면 아이는 더 신이 나서 자신이 알고 있는 세상의 이야기를 합니다.

그렇게 하는 것이 아이가 덜 힘들다는데, 당연히 그래야 했습니다.

그런데도 상당 부분은 내 세계에 빠져 있었습니다.

아이는 16년 동안 살아오면서 알고 있는 세계라는 것이 뻔했는데 주로 학교 이야기, 친구 이야기, 연예인 이야기, 축구 때로는 농구, 야구 이야기 등 스포츠가 주된 이야기였습니다. 카드나 컴퓨터 게임 이야기는 내가 아예 모르니까 하지 않았지만 말이 통하는 친구가 있었다면 아마 가장 많이 하게 될 이야기가 아닐까 합니다.

축구에 대해서도 얼마나 박식한지 우리나라 선수들뿐만 아니라 세계 유명 선수들의 신상과 특기, 경기 규칙은 물론 실수담에 대해서도 모르는 것이 없었고, 언제 어떻게 골을 넣었고, 어떻게 반칙했는지 등등 별걸 다 알고 있어 아무것도 모르는 나는 놀라울 따름이었습니다.

내가 고작 알고 있는 박지성이나 호나우지뉴, 베컴 같은 이름이라도 말하면 더 신이 나서 그들에 대해서 끝없이 이야기를 합니다.

어떤 날에는 아침에 출발하면서 시작한 축구 이야기를 저녁에 도착할 때까지 하기도 했습니다.

물론 중간중간 다른 말들이 오갔겠지만, 아이는 그렇게 그날의 힘듦을 해소하는 것 같았습니다. 동조도 해 주고 때로는 감탄도 하며, 맞장구를 쳐 준 덕분에 아이는 기분 좋게 산행을 할 수 있었습니다.

또래의 아이들 대부분이 그렇듯 요즘 연예인 이야기도 엄청 들어야만 했습니다.

나로서는 알아들을 수 없는 노래 가사와 수도 없는 아이돌 연예인 또 걸 그룹, 그렇게 수많은 연예인의 신상을 팔자에도 없이 들어야 했습니다. 그 많은 정보를 머릿속에 간직하고 있는 아이가 경탄스러웠습니다.

물론 나야 아는 것도 없고 관심조차 없으니 한 귀로 듣고 한 귀로 흘려 버립니다. 아이가 다니는 대안 학교에는 컴퓨터는 고사하고, TV도 없는데 어떤 경로로 그 많은 정보를 수집했을까 궁금했습니다.

연예인 신상을 이야기하다가 문득 생각난 듯, 아직 변성기를 지나지 않아 조금은 걸걸한 목소리로 요즘 어린 가수들이 부르는 엄청 빠른 노래를 부르다가, 한 소절씩 선창하며 나에게 따라 부르게도 했습니다.

내가 그 어려운 것을 해낼 리 만무하나, 혼자 부르기에 싫증이 난 아이가 그렇게 해서라도 기분 전환을 하고 싶어 했기에 함께했습니다. 어영부영 한 소절이 끝나면 또 다른 레퍼토리로 넘어갑니다. 그런 날에는 기범이 또래 연예인 아이들의 신상으로 내 양쪽 귀가 하루 종일 바빴습니다.

산행이 중반을 넘겨 쉴 즈음, 아이가 기분이 좋으면 가끔 춤을 추며 어리광을 부리기도 합니다. 그 긴 팔과 다리로 공중을 가르고 모으고 합니다. 그동안 아이의 춤추는 모습을 본 적이 없는 나로서는 신기하고 재미있습니다. 비록 단 한 사람이지만, 나는 그의 관객이자 그의 영원한 팬입니다.

이렇듯 서로 산에서의 자기 세계가 뚜렷하게 다른 우리는, 처음에는 많이 불편했지만 서로 조금씩 양보하고 어느 정도 포기도 하며 산에서의 생활을 하나하나 해 나갔습니다.

나는 아이가 무슨 말을 할 때, 반응하려 노력했고 건성으로라도 반응을 보이면 그러지 않을 때보다 더 기뻐하는 기범이를 보았습니다. 또한 기범이는 내가 대답하지 않아도 내 습성을 알고부터는 그렇게 많이 신경 쓰지 않았습니다.

그것 말고도 성격 차이가 있었는데, 나는 성질이 급한 편이라 아침에 모든 짐을 꾸려서, 출발할 때 배낭을 지는 것과 동시에 모든 것이 준비 완료된 상태가 됩니다. 물론 오랜 경험에서 오는 행동이겠지만 말입니다.

가령 배낭을 지는 동시에 배낭 허리 벨트를 채워서 조이고, 스틱 끈에 손을 넣으며 출발하기만 하면 되는데 아이는 신발끈 확실하게 조여 묶었는지 확인하고, 배낭 메고 천천히 허리 벨트 채우고, 스틱 손잡이 끝을 꼭 알맞게 조이고, 그렇게 한참 동안이나 꾸물거리며 준비를 합니다. 한참이라고 해 봐야 고작 1분도 채 안 되는 시간이었을 텐데, 나는 번번이 조바심이 나고 답답합니다.

서로 알아 가기 | 89

능선의 오름짓은 항상 힘겹다. 힘내라 아들아! 1
혼자 더 산행을 즐기는 엄마(속리산 문장대 암릉 구간에서). 2
바위 능선 길을 조심스럽게 통과하는 기범. 3
험한 문경의 암벽 구간을 마다않고 도전하는 기범. 4

아이는 성격이 까다로워서 배낭끈이 조금 늘어나도 견디지 못했고, 신발끈도 항상 꽉 조여져 있어야 걷기 때문에, 걷다 보면 느슨해지는 신발끈을 조여 묶느라 몇 번을 멈춰야 했습니다. 배낭끈도 항상 같은 상태로 조여진 채 자신의 등에 꽉 달라붙어야 했고, 그렇지 않으면 몇 번이라도 배낭을 내려서 다시 끈을 조절하고 맙니다.

완벽하게 준비하는 것으로 따지면 그 못지않은 나지만, 오랜 경험으로 웬만한 것은 동시에 처리할 수도 있고, 어느 정도의 불편함은 쉴 때 고치는 편인데, 아이는 조금의 불편함도 견디지 못했습니다. 물론 나중에는 배낭을 지는 것과 동시에 허리 벨트를 채우고 조이고 하며, 자기가 나와 닮아 간다고 좋아하기도 했습니다.

무슨 이유였는지 우리는 수시로 싸웠는데, 아니 싸운 것이 아니라 그냥 일방적으로 한 사람이 삐치는 것인데, 아주 사소한 말 한마디가 늘 사건의 발단이 됩니다.

무척 사소해서 지금은 생각조차 나지 않는 일들, 내 입장에서는 주로 기범이가 삐치는 것처럼 여기지만, 아이 입장에서는 아마 나와는 반대일 것 같습니다.

아이는 어느 순간 말 한마디로 인해 기분 상하게 되면 갑자기 걸음이 느려집니다.

당시 생각에는 내 속 태우려 작정하고 일부러 늦게 걷는다고 생각했고, 세월아 네월아 하염없이 느림보처럼 천천히 걷는 아이를 보면 속에서 열불이 납니다.

어쨌든 아이가 걸음이 느려지는 것에 반비례해서 내 걸음은 오히려 빨라집니다.

보통 때에는 아이와 보조를 맞추지만 그럴 때에는 그냥 보통 걸음보다 더 휑하니 내칩니다.

어떤 때에는 나 자신이 화가 나서 씩씩거리기도 합니다.

다시는 너랑 같이 산에 오나 봐라 하며 기운이 펄펄한 장수처럼 내달려 거리를 벌려 놓지만, 그리 오래가지 못하는 것은 아이가 길을 잘못 들까 봐 걱정이 되기 때문입니다.

어느 정도 가서 기다리다 아이가 시야에 들어오면 다시 먼저 내달리기도 하고… 아이는 뒤따라 오면서 별별 생각이 다 들었을 것입니다.

다시는 산에 오지 않으리라 수없이 맹세했을 테고, 다음 고개에서 내려가 버리겠다고 수도 없이 다짐했을 것이며, 함께 가자고 한 나를 무척이나 원망했을 것입니다. 무엇보다 따라나선 자신을 원망했을 것입니다.

하지만 아이도 그리 오래가지는 않습니다. 단둘뿐인 산에서 오랫동안 자기의 감정에만 얽매여 있을 수는 없습니다. 대부분 아이가 먼저 화해를 청해 옵니다.

예쁜 낙엽이나 꽃을 가지고 와서 내게 슬쩍 건네기도 하고, "아까는 미안해요."라고 사과하기도 하며, 앞산 또는 뒷산의 산 이름을 대면서 "참 도도하게 생겼네요."라며 먼저 말을 걸어옵니다. 아이가 나중에, 대부분은 한마디에 알아듣지만 그렇지 않을 때도 있었다고 얘기하기도 했습니다. 아이가 그렇게 하면 아무리 옹졸한 인간이라도 화가 풀릴 수밖에 없습니다. 하물며 엄마인데 오죽하겠습니까.

참 많이도 삐치고 싸웠지만 왜 이렇게 하나도 기억이 나지 않는지 이상할 지경입니다.

너무나 치사해서 백두대간이고 뭐고 다 그만두고, 엄마 노릇도 그만두고 싶었던 적도 있었는데 무엇 때문에 그랬는지는 도무지 감감합니다.

산행이 끝난 후 사람들에게 기범이의 치사했던 면에 대해 이야기를 하는데, 왜 그랬는지를 제대로 설명 못하자 치사했던 사람은 아마 엄마였을 거라고들 합니다. 그럴지도 모르겠습니다.

산행을 한 지 열흘 정도 지난 어느 날의 일기를 보니 치사함의 극치를 보여 줍니다.

아이가 무릎이 아파서 잘 걷지 못하게 되자 시간이 자꾸 지체되었습니다. 물론 걱정이 앞섰지만 속 좁은 조급함에 마음이 불편했는지, 내가 괜히 손해 보는 것 같은 기분이….

자식이라고 접어 두고는 있지만, 나보다 두 배는 더 먹고 반도 못 걸으니, 참 답답하고 속 터지는 일을 꾹꾹 참으며 달래며 갈수밖에 없음을 써 둔 내용의 일기입니다. 과연 엄마로서 할 수 있는 생각인 것인지 모르겠지만 아마 그 당시에는 진심이었나 봅니다.

기범 노트

어머니께서는 오래전부터 산에 혼자 다니셔서 말을 하지 않고 조용히 걷는 것이 습관이 되셨고, 나는 아무 말 없이 걸으면 더욱 힘이 들어서 끊임없이 어떤 주제를 가지고 말을 해야만 했습니다.

그것 때문에 처음에는 참 많이 싸웠습니다.

제가 무슨 말을 해도 대답을 들을 수가 없으니 말입니다. 나중에는 어머니도 최대한 듣고 대답을 하시려 노력을 하셨고, 저 역시 대답을 못 들어도 그러려니 했습니다. 서로가 조금씩 양보하고 조금씩 배려한 것이지요.

지금 생각해 보면 참 철이 없었던 것 같습니다.

어머니에겐 오래전부터 몸에 배인 습관이자 명상의 시간이었는데, 그것을 제가 방해한 것 같습니다.

하지만 그때 당시는 무시당했다는 생각을 떨칠 수 없었던 것으로 기억합니다.

어찌 그때의 기분을 지금 생생하게 묘사를 하겠습니까만.

지금 다시 그 상황으로 돌아간다 해도 또다시 그런 기분이 들 것 같습니다.

제가 정신 연령이 낮아서 그런지는 몰라도, 무시당한다는 생각이 들면 상당히 기분이 나빠지는, 어떻게 보면 안 좋은 습관이 있습니다. 하긴 무시당하는데 누가 좋아하겠습니까만, 저는 조금 유별난 것 같습니다.

그래서 평소에도 주위 사람들과 트러블이 많고, 까칠하다는 소리도 많이 듣습니다. 고치려도 노력해도 사람 성격이라는 게 마음대로 안 되더라고요.

그런 이유 때문에 어머니와 트러블이 조금 있었고, 그런 이유가 아니라 할지라도, 만약 어떤 파트너와 백두대간을 함께한다 해도, 서로의 의견 차로 인한 트러블이 있을 수밖에 없습니다.

백두대간이 힘든 이유 중에 하나가 그것이라고 봅니다.

두 달간 같은 짐을 메고, 같은 거리를 걸으며, 같은 밥을 먹고, 정말 몸도 마음도 힘이 들어 극도로 신경이 예민해져 조금만 건드려도 짜증이 올라오는 상황, 절망적입니다.

저희는 마찰이 많았지만 중도에 그만두는 불상사는 없었습니다.

그만두고 내려가고 싶다는 생각은 수도 없이 했지만, 내려가지 못했습니다.

다른 사람과 했더라면 망설이지 않고 내려왔을 만큼 너무 힘들었을 때도 있었습니다.

하지만 모자 관계라는 끈이 저를 속박했고, 저는 완주를 했죠.
어머니는 제가 먼저 삐치고 또 많이 삐쳤다고 생각하시고, 저는 어머니가 많이 삐치고 어머니가 화를 많이 냈다고 생각합니다.
어떻게 싸우든 싸우면, 어머니는 엄청나게 속력을 내서 달려가다시피 하시고, 저는 굼벵이 기어가듯이 느려집니다.
그럼 서로 거리가 점점 더 벌어지고 나중에는 몇 시간씩 차이가 날 때도 있습니다.
결국은 만나게 되지만요.
어떤 날에는 출발할 때 목표로 잡았던 그날의 목적지, 즉 야영지에 도착해서 어머니가 기다리는 날도 있었습니다.
그래서 가끔은 반대편에서 오는 사람들에게 그 나이에 혼자 산행을 하냐는 소리도 많이 들었습니다.
그럴 때마다 저는 마땅히 할 말이 없어서, "아, 그냥 뭐"라고 얼버무렸습니다.
사실 제 상황을 이해시킬 필요도 별로 없었고, 그렇게 많은 시간적 여유가 있지도 않았습니다. 빨리 걸어서 조금이라도 거리를 좁혀야 했거든요.
만약 거리를 좁히지 못해서 어머니를 따라잡지 못한다면….
생각만 해도 끔찍합니다.

어머니는 텐트가 없어서 추울
테고 저는 밥이 없어서 배고플
테지요. 어머니는 코펠 버너와
식량 대부분을 지셨고 나는 식량
일부와 막영구를 지고 다녔기 때
문입니다.

다행스럽게도 그런 일은 한 번도
일어나지 않았습니다.
그렇게 많이 다투고 그렇게 수없
이 거리가 벌어졌지만, 몇 시간 만
에 만났습니다.
모자 관계라서 다행이지요. 안 그랬으면 어머니께서 저를 버려도 몇
번을 버렸을 겁니다.
저는 다른 사람과 함께했다면, 미아가 되었을 뻔했습니다.
그러고 보면 매일 다투고 매일 화해하고, 싸우고 돌아서서 화해하고,
그랬던 것 같습니다.

기범이가 아주 기분이 좋을 때(기분 나쁘면 또 삐치니까) 마음 잘 맞고, 체력 엇비슷하고, 짐 잘 지고, 밥 적게 먹는 사람과 백두대간에 함께하면 정말 즐겁겠다고 이야기한 적이 있습니다. 그러면 아이는 바로 친구 중 체력 좋은 아이를 가상으로 불러내 나와 동행시킵니다.

내가 가능하면 동성이 좋겠다고 하자 힘센 장미란 선수를 얼른 불러옵니다. 왜냐하면 이성일 경우에는 옷 갈아입거나, 볼일 볼 때 등등 동행에 불편한 점이 많기 때문입니다.

아이는 가상으로 불러온 친구에게 내 짐까지 다 지게 하고, 나는 빈 몸으로 가게 합니다. 텐트도 치게 하고 밥도 짓도록 합니다. 산에서 말도 안 되는 가상 스토리로 우리는 한참 주거니 받거니 하면서 시간을 보내며 걷습니다.

노래도 만들어 부르면서 아이는 자화자찬합니다. 자신이 천재라는 겁니다. 본인이 원래는 '울초날(울트라 초특급 날라리)'인데, 진화해서 '울초천(울트라 초특급 천재)'이 되었다고 합니다. 가끔 길 찾기를 할 때에나 물을 본인이 찾아내고는 울초천에서 '울초도(울트라 초특급 도사)'가 됐다고, 하늘을 나는 기분이라고 허풍을 떱니다.

그래도 본인은 '울초도' 보다는 '울초천'을 더 좋아해 수시로 '울초천' 임을 과시합니다.

처음 울초날이라는 별칭이 생긴것은 초등학교 5학년 봄방학 때입니다. 머슴 살러 이웃에 간 적이 있었는데, 이웃 동네에 막 이사 온 나의 지인이 아이에게 머슴으로 와서 일을 해 주면 하루에 만 원씩 주겠다고 제안을 합니다. 어린아이가 일을 하면 얼마나 했을까 만은 그래도 시골에 오래 살았다고 아이 눈에는 도시에서 온 어른들의 모든 것이 서툴게 보였나 봅니다. 그래서 이것저것 간섭도 하고, 알은체를 엄청 한 모양입니다. 어머니와 달리 모든 것을 받아주는 어른이 좋아서 엄청 설쳤을 것입니다. 하다하다 그들은 아이에게 말이 안 되는 억지를 부리면 일당을 깎겠다고 했고, 실제로 수도 없이 깎여서 일주일 후 집에 돌아왔을 때에는 23,000원만 받아왔습니다. 그리고 슈퍼 울트라 초특급 날라리라는 별칭을 얻어서 돌아왔지요.

아이가 나와 다른 사람 앞에서 다르게 행동한다는 것을 그때부터 알게 된 것입니다. 아이가 기분이 좋을 때에는 나 또한 기분이 좋아서 말도 안 되는 것도 맞장구를 쳐 줍니다. 그러면 기분이 상승해서 힘든 산행도 힘들지 않게 된다는 것을 알았고 가능하면 좋은 기분이 유지되도록 애썼습니다.

처음에 기범이는 모든 것에 부정적이었습니다. 왜 저 산은 저렇게 높은지, 왜 그렇게 먼지, 왜 그렇게 돌이 많은지, 길이 험한지, 잡목이 무성한지, 왜 하루살이가 눈앞에 알짱거리는지, 거미줄은 왜 그렇게 많은지…. 모든 것이 불만투성이였습니다. 나는 긍정적으로 생각해 보자고 자주 권했지만, 그것은 순전히 아이의 몫인지라 안타깝게 두고 보는 수밖에 없었는데, 시간이 지나면서 서서히 사물을 긍정적으로 대하기 시작했습니다. 실제 "왜 그렇게 멀어?"라고 하는 것보다는 "지난번 그 산도 넘었는데 뭐." 하며 긍정적일 때 훨씬 힘이 덜 든다는 것을 인식하고, 본인도 어쩔 수 없을 때 말고는 늘 긍정적인 모습을 보이자 노력했습니다.

기범 노트

백두대간 종주가 힘든 것은 같은 산행을, 같은 밥을, 같은 거리를, 같은 시간을, 같은 사람과 거의 두 달간 반복해만 하기 때문이 아닐까 생각합니다.

우리 역시 저녁은 라면에 밥 말아 먹고 아침은 찬밥을 즉석 찌개에 말아서 먹고 점심은 김, 밥, 고추장만이 들어간 김밥을 먹으면서 걸었습니다. 매일 15~20킬로미터 정도를, 나중에는 25킬로미터 이상의 거리를, 10시간 정도, 다른 파트너 없이 어머니 한 사람과 의견을 조율하며 걸었습니다.

모든 게 반복입니다.

그래서 정말 갑갑한 점도 많았고 힘도 많이 들었습니다.

백두대간, 그것을 빼면 어려운 일 많이 없어질 것 같습니다.

물론 약 690킬로미터를 걷는 데, 어려운 점이 그것뿐이지는 않겠지만 그게 가장 힘들었고 사람들도 그렇게 생각하지 않을까 합니다.

하지만 반복 또 반복되는 두 달간의 산행 속에서 배운 것이 정말 많았습니다.

아무리 힘든 일을 하더라도 아, 난 백두대간 종주도 했는데 하면서 넘기게 되고 무슨 일이 생겨도 이거 두 번 못 하겠어? 두 달 동안 반복도 했는데 하기도 하고, 얻은 것이 참 많은 백두대간 종주였습니다.

태어날 때부터 폐가 안 좋았다는데, 백두대간 종주를 하면서 폐활량이 늘었고 추위, 더위에 저항 능력이 많이 생겨 몸도 좋아졌습니다.

산은 일교차가 심해서 밤에는 춥고 낮에는 푹푹 찌는데, 이젠 더위도 그러려니, 추위도 그러려니 합니다.

백두대간 종주를 하기 전에는 조금만 배고파도 아, 배고파 아, 배고파 조금만 추워도 아, 추워 아, 추워 조금만 더워도 아, 더워 아, 더워 했는데, 지금은 그렇지 않습니다.

물론 누군들 춥고 덥고 배고픈데 아무렇지 않을 수 있겠습니까.

하지만 저는 예전보다 훨씬 좋아졌다는 것입니다.

우리는 이번 산행을 통해 많은 이야기를 하게 되었습니다. 기범이가 중학교에 들어간 후 나와 떨어져 지내는 동안에 사춘기가 와 모든 것을 삐딱한 시선으로 보며 학교 규칙을 어기기도 하고, 내 속을 썩이기도 했습니다.

그동안 학교 이야기를 잘하지 않았는데, 산행을 하며 학교에서 규칙을 어긴 일, 후배들과의 갈등, 관계 맺기의 어려움, 교사들과의 관계, 학교가 파한 후 생활관에서의 시간들, 어른에 대한 불신 등을 비교적 자세히 들을 수 있었습니다. 어떤 부분은 깜짝 놀랄 정도의 일이었고, 어떤 부분은 아이가 받은 상실감이나 배신감에 가슴 아프기도 했습니다. 친구들과의 관계는 비교적 밝고 활기차고, 남자들의 의리 등이 느껴져서 참 다행이다 싶었습니다.

친구를 지키기 위해 대신 책임을 진다거나 친구를 위해 앞장 선 일들을 들으며, '얘들이 벌써 이렇게 컸구나.' 싶기도 했습니다.

아이들이 방치되기도 했다는 것을 들었을 때에는 화가 나기도 했지만, 사소한 규칙을 살짝 어긴 일들은 낄낄거리며 넘기기도 했습니다.

아이 교육에는 정도가 없어서 어떤 것이 더 나은 교육인지 판단하기는 어려운 일 같습니다.

나는 아이에게 좀 더 나은 교육을 시키겠다고 어려운 형편에 대안 학교를 선택했는데, 아이가 끝까지 버텨 주지 못해, 다소 안타깝기는 하지만 아이의 선택에 이의를 달 마음은 추호도 없었습니다.

대간 종주를 하기 전, 수줍어하고 어리기만 하던 기범.

나는 아이를 대안 학교에 보내기 전부터 혼자 무수히 많은 갈등을 겪었고, 아이를 보내 놓고도 내가 잘한 것인지 수시로 생각하게 되었습니다.

좋기만 한 것이 없듯 나쁘기만 한 것도 없어서, 아이는 일반 학교에서는 배울 수 없는 많은 것들을 대안 학교에서 배웠고 그 시간만큼은 유익한 시간이었다고 인정합니다.

아이의 학교 생활을 보며 부러웠던 적도 많았고, 눈살을 찌푸린 적도 많았지만 참 소중했던 시간이었고 귀중한 만남이 있었던 곳입니다. 녀석이 학교를 끝까지 다니지는 않았지만 여전히 학교를 그리워하고 친구들을 보고 싶어 합니다.

기범이가 나중에 사회에서 어떤 역할을 하게 될지는 모르지만 이번 백두대간 산행과 더불어, 대안 중학교에서의 시간들도 많은 보탬이 되리라는 것을 믿어 의심하지 않습니다.

산에서 만난 어른들 중 고정 관념에 사로잡힌 몇몇 어른은 아이가 학교에 갈 시기에 산에 왔다고 의아해 했습니다. 우리가 산에 간 기간이 방학도 아니어서 보통 그런 생각을 하는 것은 당연하다고 볼 수 있습니다

사람들이 "학교는?" 하고 물으면 나는 "산이 학교지요"라고 말합니다.

그러면 몇몇 어른은 산이 어째서 학교인지 의문스러워합니다.

대부분의 사람들은 "산만 한 학교도 없지요" 라고 했습니다.

기범이는 그때 학교에서 공부하는 것이 맞지만 아이는 그러지

않았고 자의든 타의든 백두대간을 학교로, 산과 자연을 벗삼고 고난을 겪으며 어머니를 스승으로 삼았습니다.

이 세상이 거대한 학교이고 주어지는 모든 것이 공부이며, 만나는 대상이 모두 스승이라고 평소 생각해 온 터라, 그런 것들을 다시 한번 절실하게 느꼈던 시간이었습니다.

기범이가 학교에서 친구들과 함께 같은 것을 배우는 것이 가장 자연스럽지만, 백두대간 학교도 분명 다른 학교 이상의 것들을 가르쳤을 것입니다.

산행이 끝난 후 아이의 몸과 마음이 많이 자랐다는 것을 나는 알고 있습니다.

기범이에게, 백두대간에게 고맙습니다.

기범이가 산행 중 사람을 만나는 것을 곤혹스러워했는데 원래 조금 내성적인 성격에 또 나를 닮아서인지 숫기가 없는 편입니다. 물론 한번 친해진 사람과는 잘 지내지만 처음 만나는 사람은 불편해 했습니다. 그 이유는 내게도 있다고 봅니다. 그동안 자라면서 자신의 의도와는 상관없이 많은 사람들에게 알려졌기 때문입니다. 그 동안 내 책을 읽은 독자는 물론이고 TV에서 본 사람들까지 기범이를 무척 잘 알고 있다고 합니다.

생전 처음 본 사람이 아주 반갑게 "기범아."라고 알은체하고 이런저런 관심을 보이기도 하고 호기심이 가득한 표정으로 볼 때, 아이는 질색을 합니다. 자신이 너무 노출이 되어 있어서 싫은 모양입니다. 자신은 신비주의자이고 싶은데, 그럴 수 없기에 조금 딱하긴

등에 난 땀띠로 인해 배낭을 앞으로 메고도 참고 잘 걷는 꿋꿋한 기범.

합니다. 더욱이 사춘기에 접어들어 더 피하고 싶은 겁니다.

더군다나 산행 중에는 방학도 아닌데 무거운 배낭을 지고 산에 온 자신에게 보내는 시선이 부담스러웠을 것입니다. 학교에 가지 않고 산에 온 것에서 자유로울 수는 없었을 것입니다.

아이가 스스로 자신은 대인 기피증이 있다고 하는데, 그게 내 탓인 것만 같아 미안합니다. 본의 아니게 뭇사람으로부터 관심을 받는 대상이 된 것은 나로 인한 것이기 때문입니다.

그 상황을 잘 활용하거나 즐기면 좋으련만 아이가 불편해 하기만 해서 나로서는 딱할 노릇입니다.

기범 노트

　　백두대간 종주를 하는 동안에 수많은 사람들을 만나고 얘기도 많이 나눴습니다.

　　몇몇 어르신들은 참 대견하다, 어린 나이에 대단하다, 힘들지 않니 등등 많은 칭찬과 격려를 해 주셨습니다.

　　물론 그렇지 않은 분들도 있었습니다.

　　몇 살인데 학교에 안 가고 여기서 산행을 하고 있는 거지? 하는 눈빛으로 보시는 분들이 가장 많았던 것 같습니다.

　　그런 눈빛으로 보시는 분들을 볼 때마다 저는 속으로 이런 생각을 했습니다.

　　솔직한 심정으로, 학교에 다녀야 할 나이에 학교에 안 다니고 다른 것을 하고 있어 으레 그럴 수 있으나, 그래도 꼭 학교에만 얻을 것이 있고 배울 것이 있다고 생각하지는 않습니다.

　　물론 학교가 필요 없다는 말은 아닙니다.

　　제 나이에 가능하면 학교에서 가르치는 것들, 주입식으로 이뤄지는 다양한 공부들, 생활에 필요한 정보를 얻는 것도 중요하지만, 꼭 그래야 한다는 편견이 있는 이 사회를 저는 이해할 수가 없습니다.

　　다만 이 사회에서 살아남기 위해 앞으로 무엇을 해야 하는지, 나에게 무엇이 맞는지, 내가 하고 싶은 게 무엇인지를 찾으러 학교에 간다고 생각합니다.

그런데 이 사회는 학교에 가면 왜 이것을 배워야 하는지, 이것을 배워서 어디에 쓰는지는 가르쳐 주지 않습니다.

그저 시험에 합격시키기 위해, 시험에 나오는 답만 가르쳐 주는 주입식 교육만이 존재합니다. 친구들과의 경쟁을 부추겨 일등을 해야 한다고, 그래야 성공할 수 있다고 가르칩니다.

결국 자기의 길은 자기가 찾아야 하는 것이고, 그건 꼭 학교에 간다고 해서, 어디에서 배운다고 알 수 있는 것은 아니라고 생각합니다.

물론 제가 단정 지을 수는 없지만 제 생각은 그렇다고 이야기를 하는 것입니다.

아, 처음에 하려던 말은 저는 그런 시선이 너무나 부담스럽다는 것입니다.

대인 기피증이 있는 저로서는 그냥 사람을 만나는 것에도 어색함 같은 걸 약간 느낍니다. 그리고 사람들의 이상한(?) 시선이 백두대간 종주를 하면서 많이 힘들었던 점 중에 하나입니다.

이제 백두대간은 나만의 백두대간이 아니라 기범이의 백두대간이기도 한 것입니다.

백두대간 종주를 하며 나눈 많은 이야기 중 내 이야기도 많았는데, 그건 기범이가 내 과거를 알고 싶어 했기 때문입니다.

나의 어릴 적 이야기를 비롯해서 우물에 빠진 이야기, 마루에서 자주 떨어져 다친 이야기, 얼빵(?)해서 수시로 엄마에게 혼난 이야기 등을 해 주며 배꼽을 잡고 웃기도 했습니다. 초등학교 고학년 무렵, 방학 때 동생 봉우 친구 몇 명과 아버지께 한자를 배웠던 적이 있습니다. 아버지는 늘 수업에 들어가기 전, 전날 배웠던 글자를 긴 대자로 한 자씩 짚으시며 무슨 글자인지 눈으로 묻습니다.

그날에는 전날 배운 죽을 사死 자를 몰라서 동생 친구 중 한 명인 정중이에게 "무슨 자야"라고 물으니까 "꽥 사"라는 겁니다.

뜻은 모르고 글자만 외웠는데 그날 수업 때 하필이면 아버지께서 나를 지목하셨고 그 글자에 자 끝을 대셨습니다. 나는 아주 당당하게 "꽥 사"라는 단어를 입 밖으로 뱉었고, 그 다음에는 잘 기억이 나지 않지만 아버지 표정이 어땠을지 상상이 가고도 남습니다.

또한 아이들의 표정도 짐작이 갑니다.

아버지는 이 기막힌 글자 해석에 한동안 어안이 벙벙하셨을 것입니다. 과연 알아듣기나 하셨는지 모르겠습니다. 아이들은 그 엉뚱한 단어에 응당 배꼽을 잡아야 했지만, 아버지가 무서워 그럴 수 없으니 웃음 참느라 꽤 괴로웠을 겁니다.

그 이야기에 기범이는 발을 구르며 웃습니다.

백두대간의 순례지가 된 필자의 집을 방문한 원로 산악인 김영도 선생님(오른쪽)과 록파티 산악회 김기준 전 회장과 필자. 1

백두대간 방문자를 지리산 곰 센터에 안내하는 동물학자 한상훈 박사, 그리고 이옥경 동화 작가와 필자. 2

산에 미친 이야기 중 하나는 봉우와 자취를 할 때인데, 산에 미쳐 방에 불도 안 때고(그 당시 연탄아궁이) 끼니도 제대로 챙겨 주지 않고 산에만 미쳐 있었습니다. 한번은 부모님께서 올라와 보시고 너무나 기막혀 하시며, 다시는 산에 못 가게 등산 장비를 몽땅 태워 버리신다는 겁니다. 나는 출근도 하지 않고 장비를 지켰습니다. 실제로 아버지는 그러실 수 있는 분이었기 때문입니다.

빙벽에서 떨어져 다친 일도 빼놓을 수 없습니다. 나는 전문 등반가로서 암벽, 빙벽, 히말라야 등 두루 등반했었는데 그중 빙벽 등반이 가장 좋았습니다.

겨울이 오기 무섭게 빙벽으로 달려가 알량한 옛날 장비로 빙벽에 하루 종일 매달려 있거나 폭포 아래에서 잠을 잤습니다.

당시 빙벽 등반을 하는 여성은 거의 없었습니다. 그런데도 나는 강촌의 구곡 폭포를 리딩하면서 빙벽 등반에 대한 재미를 키워 갔습니다. 토왕폭에 가기 전, 마지막 훈련으로 구곡폭포를 등반하다가 그만 약 30미터 아래로 추락하고 말았습니다.

얼음이 떨어지면서 추락해 뇌를 조금 다쳤습니다. 그 때문에 열흘 정도의 기억이 온데간데 없었습니다. 당시 왼쪽 손목이 부러지고, 턱 아래를 여러 바늘 꿰매야만 하는 꽤 큰 사고였습니다.

나는 퇴원하자마자 팔에 깁스를 한 채 다시 구곡에 들어갔습니다. 내가 동료들의 등반을 보며 정말 오르고 싶어서 어쩔 줄 몰라 하자, 착한 동료들이 말 없이 내게 장비를 착용시켜 주고 자일을 걸어 위에서 줄다리기하듯이 나를 끌어올려 주었고 한 친구가 옆에서 나의 왼손이 되어 내가 꽁꽁 얼어 있는 빙벽을 올라가도록 도와주었습니다.

그것을 등반이라고 이름 지을 순 없지만, 내 열망 때문에 친구들이 마음을 써 준 것입니다. 그때에는 이미 망가진 몸은 안중에도 없었고 오로지 빙벽을 올라가고 싶은 열망뿐이었습니다. 열망은 무모함이 무엇인지도 모르게 했습니다.

나와 동료들은 겨울이 오면 항상 그해 첫 빙벽 등반을 하기 위해 구곡폭포 소식에 귀를 기울였고, 얼음이 얼었다는 소리만 들리면 당장 달려갔습니다.

사고로 다친 다음 해에도 그해 첫 빙벽 등반을 한다고 폭포에 매달려 있는데, 관리소에서 직원이 올라와 아직 얼음이 다 얼지 않아서 위험하니 당장 내려오라고 합니다. 작년에 어떤 여자가 폭포에서 떨어져 많이 다쳤는데, 깁스를 한 채 어쩌고 하면서 내 이야기를 큰소리로 하며 미친 짓이라고 막 야단입니다. 나는 내 이야기를 남의 얘기 듣듯, 과연 미쳤구나 생각했습니다. 기범이도 그것은 정말 미친 짓이라고 합니다.

내 젊은 날 산에 미친 이야기 중 태백산맥 이야기는 해도 해도 끝이 없습니다. 그 산행은 산악인으로서 뿐만 아니라 지금까지 살아온 내 기준이자 중심이었습니다.

누구나 살아가면서 젊은 날 한번은 겪어 봐도 좋을 참으로 소중한 경험이었고 가장 확실한 공부였습니다.

당시 20대였던 나는 참 많은 것을 가지고 있었는데도 왜 그리 방

백두대간에 처음으로 도전했던 때, 쌍지팡이 스틱 대신 피켈로 겨울 산행을 하던 20대.

황했는지, 그 찬란한 젊음과 열정, 체력과 방황까지 그때에는 모든 것이 참 찬란했습니다.

온전히 나를 내동댕이쳐 놓고, 아무도 없는 겨울 산에서 나 자신과 맞장을 뜬, 내 젊은 날에 태백산맥 등반이 있어 지금 내가 있는 것입니다.

나의 땀과 눈물로 쓴 기록 『하얀 능선에 서면』을 보면, 눈 덮인 산 능선을 걷고 있는 젊은 처녀 한 명이 빨간 점으로 되어 있습니다.

때로는 외로워서 눈으로 눈사람을 만들어 보고, 때로는 밝은 달밤에 나무를 한 그루 두고 여기저기 옮겨 다니며 달을 감상하기도 합니다. "총각은 군대에는 갔다 왔느냐"라는 질문을 받고도 이상했다기보다는 재미있어서 홀로 미친 듯이 웃기도 했습니다.

두 살짜리 아기가 있는 어떤 가족을 첩첩산중에서 만났는데, 겨울에 사람을 만난 건 처음이라는 그들에게 산적처럼 생긴 내가 위안을 주기도 했습니다.

어떤 날에는 간첩으로 오인받아 포위되기도 했고, 무슨 말인지도 모르는 혼잣말에 놀라기도 하고, 덫에 걸린 토끼를 살려 주기도 했습니다. 하루 종일 나의 생명줄인 지원대를 기다리느라 마음이 쪼그라들기도 했습니다.

능선이 온통 가시나무뿐이어서 달리 길이 없을 때에는, 가시나무를 잡으며 길을 헤쳐 나가다 두꺼운 장갑을 낀 손에 가시가 촘촘히 박혀 눈물을 삼키며 가시를 뺀 적도 있습니다.

긴긴 날들, 긴긴 시간 동안 노래 한 곡을 끝까지 불러 보지 못했고, 한 길 이상 쌓인 눈 속에 갇혀 온갖 몸부림을 쳤으나 하루에 고작 3킬로미터도 못 간 적이 있습니다.

추운 날씨 탓에 주식으로 먹어야 하는 빵이 얼어서 눈물 없이는 먹을 수가 없을 때도 있었습니다. 우유를 타 먹기 위해서 눈을 녹이면 그 하얀 눈이 검은 물이 되는 광산 지대, 그곳에서는 눈 녹인 검은 물도 마다하지 않고 마셔야 했습니다.

한 포대의 눈을 모아 하염없이 녹여도 겨우 반 코펠의 물을 얻을 수 있고, 눈 녹인 물이 아닌 그냥 샘물을 마시고 싶어 가끔 환청이 들리기도 했습니다.

금방 지원받은 뽀송뽀송한 장비가 단 하룻밤에 물에 빠졌다 나온 것처럼 젖기도 하고, 단 하루도 깊이 잘 수 없었고, 아침이 오는 것이 두렵기도 했습니다.

아침에 눈을 뜨니 텐트에 붙어 있는 성에가 약간의 움직임에도 와르르….

또 잔뜩 흐린 날에는 한 치 앞도 분간할 수 없어 결국 길을 잃고 수없이 헤매기도 합니다.

귀신이 나올 것 같은 빈집에서 하룻밤을 보낸 후, 절대 돌아보고 싶지 않아서 급히 나온 집도 있었지만, 그렇게 힘들고 어려운 것만 있었던 것은 아닙니다.

가끔 눈길에서 가졌던 사람들과의 따뜻한 만남, 매일 보는 일출과 일몰, 아스라이 들리는 아랫마을의 스피커 소리, 지원대의 끝없는 희생, 일정한 대상 없이 편지 쓰기, 눈밭에서 삶아 먹었던 잊지 못할 냉면, 냉면의 소로 넣고 남은 —얼어 맑아진— 오이를 얇게 저며 검게 그을린 내 얼굴에 마사지해 주겠다고 덤비던 머슴애들도 있었습니다.

일주일 동안 한없이 흘린 땀으로 찌들어 냄새 나는 옷을 자기가 입고 온 새것과 바꿔 입고도 인상 한번 찌푸리지 않던 그녀, 내가 지나간 발자국이라도 확인하겠다고 그 먼 산의 능선으로 온 그, 모든 것이 내 태백산맥의 것입니다.

나는 토왕폭 이야기, 히말라야 이야기, 백두대간 이야기를 했습니다.

기범이가 이 세상에서 나와 만난 이야기. 결혼이라는 것을 어떻게 할 수 있었는지, 기범이 아빠를 어떻게 만나게 되었고, 왜 헤어지게 되었는지를 이야기했습니다. 기범이가 아기일 때 얼마나 찬란했는지를 이야기하며 우리는 서로에 대해 조금씩 더 알게되었습니다.

나는 아버지 없이 자라는 아이가 상실감을 느낄까 봐 가끔 걱정되었는데, 아들에게 솔직한 심정을 이야기해 보라고 하니 절대 그렇지는 않았다고 합니다.

하지만 무의식 속에라도 있지 않을까 싶어서 마음이 짠하기도 했습니다.

또 연애라고 이름 붙여도 될지 모르지만, 옛날에 내가 좋아했던 아저씨 이야기를 하자 큰일날 뻔했다고, 하마터면 자기가 태어나지 못했을 거라며 너스레를 떠는 기범이가 참 많이 자란 것 같았습니다.

많은 이야기 중 백두대간 이야기가 가장 많았는데, 겨울에 혼자 76일간 지냈던 이야기서부터 백두대간의 이런저런 것들 ─ 우리 고유 산줄기인 백두대간을 어떻게 해서 잃어버리게 되었는지 ─ 에 대해 말할 때에는 그 일본 지질학자가 옆에 있으면, 당장이라도 두드려 팰 기세로 흥분하기도 했습니다.

이렇듯 나는 아이에게 해본 적 없는 이야기들을 들려주었고, 기범이는 엄마의 지난날을 조금이나마 이해했을 겁니다.

기범이는 백두대간 산행이 끝나면, 백두대간은 물론이고 그 어떤 산에도 절대 가지 않겠다고 수도 없이 다짐했습니다. 하지만 그렇게 옹골지게 장담을 했으면서도 백두대간 산행이 끝난 뒤에 가 보고 싶어 했던 산이 있었습니다.

절대 가지 않겠다고 장담한 산은 조령산과 남덕유산 등입니다. 암벽 때문에 몹시 고생을 했거나 엄청난 소음 때문에 혼이 다 빠질 것 같았거나 너무 힘들어서 머리카락이 다 빠질 것처럼 스트레스를 받은 산들인데, 태백산에도 다시는 가고 싶지 않다고 합니다.

대신 소백산이나 이화령 부근 등 주로 포근한 육산은 좋아했습니다.

아이는 키만 컸지 아직 어려서 암벽을 오를 때면 긴 다리가 오히려 거추장스러워 고생을 해야 했습니다. 지금에서야 인정하지만 기범이는 약간의 고소 공포증도 있는 것 같았습니다. 산에서는 그

기범이 싫어하는 산 중에 하나. 가야 할 대간길이
열려 있는 남덕유산(1,507m). 1
기범이 좋아하는 대간길 중 하나인 이화령(529m). 2

런 말을 해도 못 들은 척했지만 말입니다.

가끔씩 짐 없이 산행하는 날에는 거의 달려간다고 할 만큼 잘 걸었습니다.

짐을 지고는 나보다 못 걷지만 짐이 없으니 그 긴 다리로 성큼성큼, 본인의 말로는 빛의 속도로 잘도 갑니다. 무거운 짐을 지고 걸어 본 적이 없는 아이로서는 당연하다 싶었습니다.

가끔 기범이가 아파서 걸음이 늦어지면 내가 조금 빨리 가서 짐을 내려 두고 돌아가 녀석의 짐을 받으려 합니다. 그러면 짐을 안 주려는 아이와 빼앗으려는 나 사이에 약간의 실랑이가 벌어지기도 했지만, 결국 짐을 빼앗기면 "날아간다는 것이 이런 것이구나!" 하면서 좋아했습니다.

기범이는 짐 없이 빛의 속도로 걷는 날이면 가끔 내 짐(도시락, 물, 간식)을 져 주러 돌아오기도 합니다. 실제로 그 작은 짐도 기범이에게 주고 나면 정말 날아갈 것처럼 가볍다는 말이 실감나고는 했습니다.

이렇듯 백두대간 산행은 우리가 집이나 다른 곳에서는 절대 할 수 없는 것들을 서로 나누고, 쌓아 가며 확인하는 즐겁고 행복한 날들이었습니다. 비록 힘들고 짜증 나던 날들도 있었지만 말입니다.

하지만 자신할 수 있는 것은, 그동안 기범이에게 해 준 선물 중 가장 값진 선물이라는 사실입니다. 절대 돈으로도 살 수 없고 책으로도 배울 수 없는 것들을 직접 체험하며 온몸으로 한 공부였다

깊어 가는 가을 산처럼 어른이 되어 가는 기범. 1
백두대간 종주는 짐을 최소로 하여 지고 다녀야 한다. 야영의 명당인 도래기재에서 정자 안에 들어선 텐트. 2

할 만합니다.

걷지 않으면 안 되고, 텐트를 치지 않으면 안 되고, 물을 찾지 않으면 안 되고, 짐을 메지 않으면 안 됩니다. 물을 아끼지 않으면 안 되고, 힘들어도 참아야 되고, 헷갈리지만 길을 찾아야 하고, 밥을 먹으려면 밥을 해야만 합니다. 기범이는 그 모든 것들을 해냈습니다.

어쩔 수 없이 참았고, 어쩔 수 없이 견뎌냈으며, 어쩔 수 없이 아꼈으나 참으로 소중한 일을 해 왔습니다.

내 눈에는 아직도 어리기만 한데, 너무 힘든 일을 시킨 것은 아닌가? 나는 정말 잘하고 있는 건가? 좋은 엄마이기는 한 건가? 많은 의구심이 들기도 했지만 그래도 잘했다고 믿고 싶습니다.

산행이 끝난 후 기범이는 산행을 하는 동안 사춘기도, 변성기도 지나갔다고 합니다. 내가 보기에도 산행을 시작하기 전보다 훨씬 긍정적으로 변한 것 같아, 나는 내 아들이 자랑스럽고 또 고맙습니다.

그리고 기범이에게 품을 내어 주고 많은 것을 가르쳐 준 백두대간이, 그리고 그 품에서 많은 것을 배운 기범이가 정말 고맙습니다.

내가 가장 사랑하는 것들에는 기범이와 백두대간이 우선입니다.

03
고마운 사람들

 나는 그동안 살아오면서 인덕이 많다는 소리를 참 많이 듣고 살았습니다.
 그 말은 사람들에게 많은 도움을 받으며 살고 있다는 말의 또 다른 표현일 것입니다.
 이번 산행을 하면서도 여러 사람들의 도움을 받았습니다. 산행을 계획하면서부터 받기 시작한 도움은 산행이 끝날 때까지, 아니 산행이 끝난 후에도 계속됐습니다.
 백두대간 산행을 하겠다는 마음은 먹었지만, 그동안의 공백으로 나에게는 백두대간에 관한 자료는 물론 장비와 체력, 그 어느 것도 갖추어진 것이 없다 보니 실로 막막했습니다. 특히 이번은 나 혼자가 아닌 아들과의 산행이다 보니 어쩔 수 없이 도움을 받게 되었습니다.

첫 도움은 월간 〈사람과 산〉의 백두대간 동지였던 친구, 박기성. 그에게 입산 통제 구역 상황을 알고자 연락했다가, 나도 까맣게 잊었던 '〈사람과 산〉 '백두대간 종주 산행' 20주년'이라는 것을 알았습니다.

지난 1990년 10월, 그 당시 〈사람과 산〉 창간 1주년 기념 사업으로 '잊어버린 우리 산줄기를 찾아서, 백두대간을 따라 백두산까지 간다.' 그 선봉에 내가 있었는데, 그동안 20년의 세월이 훌쩍 흘러 버린 것입니다.

전화 한 통 했다가 졸지에 장비 지원까지 받는 행운(?)을 얻었습니다.

〈사람과 산〉 홍석화 사장님과 이승태 기자가 애써 주었고, 〈사람과 산〉 초창기 기자였던 후배 정혜선의 도움도 받고, 이인정 대한산악연맹 회장님의 격려와 도움도 많이 받았습니다.

수문출판사 이수용 선생님께서도 장비가 부족하다는 것을 아시고, 당신이 백두대간 종주 때 쓰셨던 때묻은 장비를 직접 지고 와서 전해 주고 가셨습니다.

지리산 학교 친구들의 도움도 많이 받았습니다.

떠날 날을 정해 두었는데도 장비가 도착하지 않아, 마음은 조급하고 다른 일은 손에 잡히지도 않을 때, 지리산 구간만이라도 해 둘 심산으로 출발했는데, 모자라는 장비를 빌려 주고 또 산 아래까지 실어다 주었습니다.

지리산에서 1박 2일을 보내고 내려와서는 고필자 도움으로 잠깐 집에 돌아올 수 있었고, 기범이의 무릎 보호대를 지원받았습니다.

성삼재에서 출발하여 첫 야영지인 입망치에 도착했습니다. 능선 아래 물이 있어야 할 곳에 샘이 있었으나 그냥 먹기가 좀 찜찜했습니다. 고여 있는 물에 아직도(그때 당시, 9월 초) 올챙이나 벌레들이 엄청 꿈지락거렸고, 이끼가 잔뜩 끼어 있었기 때문입니다. 한참을 망설였지만 다른 여지가 없었고, 끓여 먹을 요량으로 물을 길었습니다. 농막처럼 울이 쳐진, 지붕만 있는 곳에 텐트를 치는데 마침 아래에서 경운기 소리가 났습니다.

우리가 혹시 남의 농작물에 피해를 준 것은 아닌가, 순간 걱정과 함께 겁도 났는데 농장 주인인 노달식 아저씨 부부가 전날 캐 둔 더덕을 가지러 왔다며 한사코 자기 집으로 가자는 겁니다.

따뜻한 집 두고 텐트에서 자겠다는 우리를 도저히 이해할 수 없고 더구나 아들까지 고생시킨다고 몇 번을 더 권했습니다.

평소에는 수도꼭지에서 물이 나오는데 요즘에는 가뭄으로 물이 나오지 않는다고 오히려 미안해 하시는 어르신. 그렇게 안절부절못하다 내려가시더니, 잠시 후 물과 전구를 가지고 올라오셨습니다.

산행 시작부터 이렇게 고마운 분들을 만난 것은 행운이었고, 기범이에게 "이거봐라, 아직도 우리 농촌의 인심은 이렇다."고 자랑

입망치의 농막 비닐 가림막에서 대간 산행의 모든 것을 즐기는 기범.

하고 싶었습니다. 지리산에서 벗어난 후, 첫 야영으로 본격적인 대간 산행이 시작되는 셈이었기에 산행에는 물이 꼭 필요하고, 물을 찾아야만 한다는 것을 기범이도 심각하게 생각하고 깨달은 날이었을 겁니다.

 실은 입망치까지 가지 않고 수정봉 아랫동네인 덕치리 가재마을에서 1박을 할 수도 있었는데 그냥 지나쳤습니다. 덕치리 가재마을은 백두대간 상의 마을로, 동네 가운데로 대간 마룻금이 지나는데 동네에 도인 학교라는 곳이 있습니다. 몇 해 전에 도인 학교 교장이라는 분이 우리 집에 온 적이 있었는데, 기범이가 스무 살이

고마운 사람들 | 125

되면 도인 학교로 보내라고 했습니다. 아이가 도인이 될 기질이 있다는 것인지, 공부를 하면 도인이 된다는 것인지 모르겠지만….

어쨌든 나는 백두대간 능선에 있다는 도인 학교가 궁금해서 한번 다녀온 적이 있었습니다. 동네 가운데 노치샘에서 물을 마시며 그때의 도인 학교 이야기를 아이에게 해 주며, '아마 우리가 가면 엄청 환영받을 거야.'라고 하자 아이는 질색을 합니다. 얼른 배낭을 메고는 도망치듯 서둘러 걷습니다. 혹시 걸리기라도 하면 큰일이라도 날 것처럼 말입니다.

다음 날에는 또 다른 백두대간 능선 마을인 매요리를 지나는데, 아이가 힘들어 했습니다. 그래서 매요마을 가게에서 아이스크림도 먹고 간식거리도 좀 사자며 달래서 도착하니, 가게 문이 굳게 잠겨 있는 게 아니겠습니까. 아이의 실망은 이만저만이 아니었습니다. 그래서 그늘 평상에 앉아 한참을 기다려 보았지만 끝내 할머니는 나타나지 않았고, 아이는 그동안 버티던 힘이 다 빠져 버린 듯해 마음이 아팠습니다. 백두대간 능선 상에서 마을 만나기가 쉽지 않을 뿐더러, 더욱이 가게를 만나기란 하늘의 별따기와 같아 딱하고 또 딱한 노릇이었습니다.

1차 지원 장소인 육십령에는 이창수, 이원규를 비롯해 안경임, 안상흡, 김미수 등 지리산 학교 선생님들과 임윤희 부부 그리고 내가 '지리산 학교'에서 수업을 맡고 있는 '숲길 걷기반' 학생들이 수업차 와 있었습니다.

'지리산 학교'는 지리산 주변에 살고 있는 문화 예술인들이 모

백두대간 마루금이 마을의 중앙을 가로지르는 가재마을의 정자나무와 설치물.(상) 마을 중앙, 마루금에서 솟는 국내 유일의 샘물 노치샘.(왼쪽)

가재마을을 지켜주는 서낭나무 아래에서 선황제를 지내는 마을 어르신들.

여서 만든, 지리산 주변의 성인들을 위한 학교로 사진, 시문학, 목공예, 도자기, 퀼트, 천연 염색, 옻칠, 기타, 그림반 등이 있습니다. 각자의 분야에서 자신의 일을 하는 사람들이 자기가 알고 있는 것을 이웃과 나누고 소통하자는 목적으로 만들어진 이곳은, 실제 배우고 가르치는 사람들 모두 즐겁고 행복해 하는 학교입니다.

'지리산 학교'에서 나는 '숲길 걷기반'을 맡고 있어서 매월 격주로 토요일에 수업을 하는데 내가 갑자기 백두대간으로 떠나면서 졸지에 우리 반 사람들이 백두대간까지 오게 된 겁니다. 그리고 내가 백두대간 산행 중이라 수업은 이창수 사진반 선생님, 이원규 시문학반 선생님, 김선웅 기타반 선생님이 대신 수고해 주셨습니다.

또 육십령에서 우연히 만난 대구 사람인 오문갑이, 초면인데도 여러 도움을 주었고, 소백산까지는 자기 집에서 가까우니까 언제든 연락하면 지원 오겠다고 합니다. 덕분에 추풍령을 지날 때에는 그가 필요한 부식을 가져왔고, 큰재에서는 물과 간식을 대포시켜 두고 가기도 했습니다.

소사고개를 걷다가 오후에 접어들었는데, 갑자기 비가 쏟아져 고갯마루 민박집에 들게 됐습니다. 거의 창고 같은 형태의 기막힌 공간에서 다행히 따뜻한 물이 나옵니다. 대간꾼 상대로 장사에 이골이 난 듯 유쾌하지 못한, 오히려 텐트 생각이 간절해지는 공간이었습니다. 그래도 따뜻한 물에 씻고 옷을 빨아서 입을 수 있다는 것을 위안 삼아 하루 묵기로 했습니다. 마침 거창 농협 지부장인 정찬효 선배가 전화를 해 저녁 식사 대접과 기범이 좋아하는 과일을 잔뜩 먹을 수 있는 행운을 얻었습니다. 그때 먹은 과일이 얼마나 맛있었는지 산행이 끝나고 난 후에도 가끔씩 이야기를 할 정도입니다.

2차 지원은 추풍령으로 김선웅, 김미수 부부가 와 주었고, 대구에서 택시 운전을 하는 전해숙 언니가 불원천리 달려와서 몸보신 시켜 주고 갔습니다.

큰재에서 1박할 계획을 잡고 도착하니, 옛날에는 실제로 아이들이 공부하고 뛰놀던 학교가 능선 상에 있었는데, 오래전에 폐교가 되었는지 학교는 이제 학교로서 구실을 못 하고 대대적인 공사를 하고 있었습니다.

'백두대간 생태 박물관'을 조성한다고 중장비 소리가 온 산천에 울려 퍼지게 말입니다.

오문갑이 대포시켜 둔 식량을 찾아 더 가야 할지, 공사가 끝나는 시간까지 기다렸다 자고 가야 할지 결정을 못하고 하염없이 쉬고 있는데, 바람 냄새를 동반한 대간 종주자들이 한 명씩 도착하고 있었습니다.

속속 도착한 이들은 백두대간 구간 종주자들로, 한 번에 80킬로미터를 40시간 동안 걷는다고 합니다. 특정 산악회가 아니고 인터넷을 통해서 모인 동호인들로, 그들은 오직 물과 간식만 지고 밤낮으로 걷다가 고갯마루에 있는 차에서 식사하고 잠시 휴식을 취하다가 다시 출발한다고 합니다.

'구름도 자고 가고 바람도 쉬고 간다'는 추풍령(200m). 대간에서 제일 복잡하고 심한 훼손과 변화로 몸살을 앓고 있는 추풍령 고갯마루는 고속도로, 철길, 국도가 2중 3중으로 겹쳐 있고 과수원과 묘지로 혼잡의 극치. 1
추풍령에서 상주로 넘어가는 큰재(320m). 금강과 낙동강의 분수령으로 마루금의 폐교가 새로운 공사로 다시 크게 훼손되고 있다. 2

아토피로 고생을 하다 시골 생활로 건강한 모습을 찾은 괴산 선교의 아들 귀여운 보현이.

참 대단한 사람들로 이들의 공통점은, 나의 표현이 적합한지 모르겠지만 꼭 빨치산 같은 느낌을 받았습니다. 어쨌든 이분들에게 떡과 과일을 얻는 행운이 있었습니다. 백두대간 종주자들은 기본적으로 나를 알아보는 사람들이 많아서 사진 모델 역할을 종종 해주면서 말입니다.

기범이는 계획한 곳에 일정대로 도착하면 아무리 시간이 일러도 또는 다른 상황이 생겨도 더 이상은 가고 싶어 하지 않았습니다. 큰재에서도 공사 중일 뿐만 아니라, 시간도 일러서 더 가자고 하니, 가고 싶지 않은 아이는 입이 잔뜩 나와 불만이 가득한 표정으로 겨우겨우 따라왔습니다. 덕분에 회룡재까지 갈 수는 있었지만 아이의 기분은 나와 달리 그리 썩 좋아 보이지 않았습니다.

속리산 구간에 들어가면서 작년에 괴산으로 귀농한 선교, 채일 부부네 도움으로 —며칠을 고갯마루로 마중 나와— 우리는 하루 산행을 끝난 후, 그 집에서 먹고 자기를 속리산 구간이 끝날 때까지 했습니다.

귀농한 지 1년이 채 안됐지만, 신기하리만큼 잘 적응한 것 같아 보여 좋았으며 아이들도 아주 밝아 보여 더욱 좋았습니다.

막내 보현이의 심각했던 아토피는 시골에 오자 씻은 듯 깨끗이 나았고, 처음 지어 본 배추 농사가 아주 잘되었다고 자랑스러워했습니다.

이웃과도 잘 지내고 모든 것이 평화로워 보여 오랜 세월 그들을 봐 온 나도 기분이 무척 좋았습니다. 보고만 있어도 덩달아 행복해지는 느낌이었다고나 할까.

속리산 빼재 부근에서 기범이 학교 선배, 함윤이 아버지 함지호 씨를 만났습니다.

조금 이른 아침, 아무도 없는 산속에서 아는 사람을 만난다는 것은, 더구나 백두대간 종주자가 알고 있는 사람이면 가히 감동 그 자체라 할 만합니다.

그는 북쪽 진부령에서 시작해 남진 35일째라고 했습니다. 인생에 한 번 백두대간 종주가 큰 의미가 있을 것 같아 시작했다며 밝게 웃는 그의 얼굴이 참 건강해 보이고 좋았습니다.

그곳에서 우리는 잠시 쉬며 간식을 나눠 먹는 것으로 반가움을 대신할 뿐입니다.

또 우리는 각자 배낭을 메고 그는 남쪽으로 우리는 북쪽으로, 헤어질 수밖에 없었습니다.

그는 지리산 북쪽 산내가 집이라 내려갈수록 집이 가까워져 좋았을 겁니다.

두 주일 정도 후에는 따뜻한 집에서 가족들과 먹고 자고… 함께할 날이 얼마 남지 않은 그의 일정이 조금 부러웠습니다.

우리는 언제 그렇게 할 수 있을까? 갑자기 까마득한 느낌이 들었습니다.

누군가 백두대간의 사리라고 한 희양산 지역에서는 무거운 짐에 무척 고생을 했습니다. 괴산의 선교네가 우리 배고플까 봐 잔뜩 챙겨 준 것을 사양하지 않고 넣어 왔더니, 물론 먹을 때에는 좋

대간 종주자와 사찰 간에 마찰이 끊이지 않는 희양산(998m).
암괴 노출이 신비로운 희양산 정상 부근.

왔지만 지고 다닐 때에는 장난이 아니게 애를 먹었습니다.

희양산은, 일반인들에게는 석가모니 탄신일에만 개방되는 봉암사가 있는 산인데, 대간 마루 주변에 길고 견고하게 바리케이드를 쳐 두었습니다. 백두대간 종주를 하는 사람이 무슨 겨를이 있어 그곳을 넘어 들어가지 말라는 절에 내려갈까 싶었습니다.

희양산에 올라가려면 본격적인 암벽 등반을 해야 하는데, 짐은 무겁고 바위에는 올라야겠고, 걱정이 이만저만 아니었습니다. 그날 거리를 많이 줄이지 못해서 물을 지고 조금이라도 더 가려면 지름티재에서 물을 구해 지고 가야 했기에, 무거운 짐이 더해졌습니다.

희양산 꼭대기에서 자겠다는 욕심에 기를 쓰고 암벽을 올랐습니다. 오르는 도중에 일몰이 기가 막혔지만, 카메라를 꺼낼 수가 없어서 사진도 못 찍었습니다. 그것도 로프에 의지해 겨우 올라갈 수 있었으니까요.

이날이 백두대간 산행 시작 후 가장 못 걸은 날로 기록되었습니다. 죽도록 힘들었고, 끝내 겨우 12킬로미터 걸었습니다. 그런데도 랜턴을 켜고 텐트를 쳤습니다. 그래도 기를 쓰고 암벽을 기어 올라간 덕분에 봉암사에서 은은하게 올라오는 염불 소리를 들을 수 있었습니다. 봉암사 위 능선에서의 하룻밤은 오랜만에 편안했습니다.

추석을 앞두고 있어, 휴일이면 산으로 벌초하러 오는 사람들을

아담한 백두대간 백화산(1,063m)
정상의 표석과 삼각점.

더러 만나는데 백학산 부근에서 젊은 청년 세명을 만났습니다.

정상에서 서로 인사도 주고받고 기범이에게 격려의 말도 해준 뒤 먼저 내려갔습니다. 나와 아이는 간식을 먹은 후 뒤따라갔는데 얼마 못 가 다시 올라오는 그들을 만났습니다. 본인들이 아마 길을 잘못 든 것 같다며, 혹시 내려오다가 임도를 만나지 않았느냐고 묻는 것입니다. 임도 어딘가에 차를 세워 두고 올라왔다는데 아마 방향을 잃었던 것 같았습니다.

정상에서 만났을 때의 여유는 사라지고 다소 초조한 듯 보이는 표정에 조금 염려스러웠습니다. 길을 찾다가 혹시라도 못 찾으면 무조건 아래로 내려가 민가를 찾으라고 일러준 후 헤어졌는데, 조금 내려오다 우리는 임도를 만났고 하얀 지프차도 발견했습니다.

'전화번호라도 알아 두었으면 좋았을 것을….'

고마운 사람들 | 135

엉뚱한 곳에서 헤매고 있을 그들이 걱정되었지만 방법이 없어서 애석했습니다.

혹시 산을 계속 헤매다가 무슨 일이라도 날까 염려스러웠지만, 요즘에는 휴대폰을 다 갖고 있으니 어떻게든 탈출할 것입니다. 또 젊으니까 체력도 괜찮을 것이고, 어느 쪽으로든 민가로만 내려가면 문제는 없겠다 싶었습니다. 하지만 그래도 마음이 놓이지 않아 한동안 마음이 쓰였습니다.

이화령이 3차 지원을 받은 곳이라 할 만했습니다. '지리산 학교' 숲길 걷기 1기 친구인 한도인, 임윤희가 먼 길을 달려와 문경온천에 몸도 담그고 몸보신도 했습니다.

백두대간을 모르는 그들은 우리의 땀내 나는 남루한 배낭과 옷을 보며 왜 그 고생을 하는지 궁금해 했습니다.

잔뜩 흐린 날씨에 걱정스러워하는 그들과 헤어지고, 조령산에 들어서는데 그만 엄청난 바람을 동반한 비가 오고야 말았습니다.

로프가 있다고는 하나 바위는 미끄럽고 심한 바람으로 몸조차 가눌 길이 없었지요. 때문에 한참 동안을 바위와 씨름해야 했습니다.

20년 전, 이 구간을 지날 때에는 겨울이었고 그때에도 비가 왔습니다.

땅에 도착한 빗물이 곧바로 얼어 버리는 이상한 날이었습니다.

대간 산꾼들은 모두 다 알겠지만, 조령산 구간은 암릉이 있는 다소 위험한 구간으로 비까지 내리면서 졸지에 바위까지 얼어 버렸습니다. 그 때문에 암릉은 전부 얼음으로 코팅한 꼴이 돼 버린 것입니다.

　심병우 사진 기자의 카메라 렌즈와 안경도 얼음으로 코팅되어 버렸고, 바위가 미끄러워 주변의 나무를 잡아야 했으며 나무 기둥 역시 코팅이 되었습니다. 그야말로 비상 사태였습니다. 지금처럼 로프는, 당연히 없었습니다. 우리의 장비는 문경의 김규천 씨가 지원해 준 보조 슬링 몇 미터가 고작이었습니다.

　배낭은 크고 무거워서 바위를 짚으려고 엎드리기만 하면 자꾸 머리 위로 쏠렸고, 손잡을 곳도 발 디딜 곳도 없는 바위에서 앞으로 갈 수도 뒤로 물러설 수도 없는 상황이 되고 만 것입니다. 어느덧 날은 저물고 있어 비박을 할 수밖에 없었습니다.

　조령 3관문에서 김규천 씨가 기다리는 것을 알았지만 그 당시에는 휴대폰이 없었으니 연락할 방법이 없었습니다. 특히 얼음 갑옷을 입은 우리는 텐트 한 동 칠 캠프 사이트를 찾을 새가 없어, 비스듬한 바위 틈에 겨우 매트리스를 깔고 침낭에 들어앉아 물도 없이 마른 빵으로 배고픔을 달래야 했습니다.

　밤새도록 몸이 자꾸만 아래로 미끄러져 제대로 잠을 잘 수 없었고, 눈으로 바뀐 비는 침낭에 사박사박 소리를 내며 비박을 실감 나게 했습니다. 나는 산에 다니면서 비상 사태를 은근히 즐겼고, 그런 상황에 처하는 것을 은근히 바라기도 했었는데 조령산에서의 비박은 비상사태였다고 할 만합니다.

　그런데 20년 만에 다시 만난 조령산에, 또다시 비가 내리고 심한 바람으로 배낭 커버가 날아가 버리는 일이 발생했습니다.

백두대간의 자부심이 넘치는
조령산(1,026m)의 표석. 1

'고 지현옥을 추모하며'.
조령산 정상에서 대간 종주자들의 이정표
노릇을 하고 있는, 한국 여성 최초
에베레스트 등정자 지현옥 추모 표목. 2

게다가 나답지 않게 장갑을 어디에 두고 왔는지 찾을 수가 없어서 손이 꽁꽁 얼어 버렸습니다. 다행히 그날은 일요일이라 우리와 앞서거니 뒤서거니 하던 성남에서 오신 분에게 장갑을 거의 산적 수준으로 빼앗다시피 하여 하나를 얻었습니다.

물론 일행 중 나를 알아보는 사람이 있어 가능한 일이었지만, 처음에 장갑을 달라고 했을 때 나를 쳐다보는 사람들의 표정에서 내가 산적이라는 것을 알았습니다. 내가 반 산적까지 되어야 하는 이유는 단 하나, 매우 절실했기 때문입니다. 당장 장갑이 없으면 손이 시린 것도 문제지만, 항상 스틱을 잡아야 하는 손도 문제였습니다.

다음 지원을 받을 때까지만이라도 낄 장갑이 절실했습니다.

그날 산행을 끝낸 후 보니 장갑은 배낭 옆 주머니에 고이 들어 있었습니다. 지나 버린 일이지만 그분께 참 미안했습니다. 친절한 그분들은 그동안 우리가 먹어 보지 못했던 간식을 나눠 주었고, 나중에는 점심도 함께 해 먹자며 임시로 비막이 천막까지 쳤는데, 아이 몸 상태가 좋지 않아서 함께하지 못했습니다.

조령산 정상에서는 지현옥을 기리는 표지목이 있어서 잠시 숙연했습니다.

그녀는 충청도 사람으로 한때 우리나라를 대표하는 여성 산악인이었고, 나와는 산이라는 인연으로 함께 줄을 묶고 히말라야로 가기 위해 함께 훈련을 했습니다. 훈련뿐만 아니라 에베레스트 정찰 겸 고소 훈련으로 히말라야 임자체와 로부제 봉에도 함께 올랐습니다. 그 다음 해 그녀는 내가 가지 못한 에베레스트에 올랐습니다. 그 후에도 히말라야의 8,000미터 봉우리를 몇 개 더 올랐으며, 안나푸르나 정상 등정 후 하산하던 중에 그만 실종되어 버린 참으로 아까운 내 산 후배였습니다. 잠시 그녀를 생각하며 묵념을 했습니다.

이번에도 조령산을 지날 때 바람이 많이 불고 비가 오기도 했지만, 기범이가 배가 아프다고 해서 점심도 생략한 채 힘겹게 바위 구간을 넘었습니다. 조령 3관문에 도착은 했는데 모든 것이 심란했습니다.

비는 오고 바람은 불고 옷마저 젖었으니…. 더군다나 날씨는 춥고 배는 고프고, 누군가와 연락하기로 했는데 서로 연락은 안 닿고 참으로 막막했습니다. 일단 비를 피할 수 있는 3관문 안에서 하염없이 내리는 비를 바라보며 처량하게 앉아 있었습니다.

아무리 기다려도 비는 그칠 기미가 보이지 않았고, 할 수 없이 관리 사무소에 물어 보니 괴산 쪽으로 300미터만 내려가면 산장이 있다고 합니다. 그래서 비를 뚫고 그곳을 찾아가니 산장 주인은 비가 오기 때문에 문을 닫고 내려간다는 겁니다.

통사정해서 겨우 2층에 방을 한 칸 얻어 들어갔는데 을씨년스럽기 짝이 없었습니다.

잘 관리되지 않은 오래된 목조 건물 2층은 발을 옮길 때마다 삐걱삐걱 소리가 나고 아래층은 문을 닫고 가 버렸는지 감감합니다. 안개는 자욱하고 비 오는 산속의 외딴집은 좀 괴기스러워 혼자였으면 정말로 기분이 이상했을 것입니다.

　빨래를 하고 밥도 지어 먹고 나자 무료해졌고, 이곳저곳 기웃거리다가 피아노 교본 사이에서 중학교 2학년 국어 교과서를 발견하고는 비로소 할 일을 찾은 듯, 교과서를 찬찬히 읽으며 시간을 보냈습니다.

　그날 국어 교과서가 얼마나 고맙던지 주인을 만나면 감사하다고 인사라도 하고 싶었습니다. 그런데 교과서는 또 왜 그리 얇은지 금방 다 읽어 버려서 또다시 할 일이 없어졌습니다. 다시 아무리 뒤져도 읽을거리는 더 이상 찾을 수 없었고 휴대폰으로 놀이를 하는 기범이가 처음으로 부러웠습니다. 요즘 아이들은 휴대폰으로 별의별 것을 다하지만 나는 전화 걸고 받는 능력밖에 없으니 참 딱한 노릇이었습니다.

　문경 땅은 한 지역에 백두대간이 가장 길게 뻗어, 산세가 높고 경치도 빼어난 곳입니다. 곳곳에는 암릉도 있고 남쪽 백두대간의 반을 지나는 곳이기도 합니다.

　저수재의 정자에 짐을 풀어 놓고 그 옆 휴게소에 물을 구하러 가니, 먹을 물은 자기들도 가지고 올라온다며 허드렛물로 쓸 물밖에 없다고 해서 좀 황당했습니다.

　문경에는 백두대간 초창기 신도인 김규천 씨가 살고 있어서 20년 전 종주 때에도 도움을 많이 받았는데, 이제 그는 공무원이 아닌 농장의 주인으로서 여러 가지 농사를 짓고 또 농촌 운동을 하고 있었습니다. 마침 김규천 씨가 올라와서 두메 산장으로 가게

영남대로의 제1관문인 조령(643m)의 삼관문. 1
정자와 도경계 표석이 있는 해발 850m의
저수령(저수재) 풍경. 2
저수재의 정자. 3
백두대간 종주자의 도우미로, 20년 전부터 지금까지
나를 보살펴 주는 문경의 산악인, 김규천 씨. 4

되었습니다.

우리는 20년 만에 다시 만났고, 그도 나도 세월만큼 늙어 있었습니다. 백두대간이 맺어 준 아름다운 인연입니다.

김규천 씨가 안내한 두메 산장은, 깊은 산속의 느낌이 나는 곳으로 찾아오는 사람이 있을까 싶을 정도로 첩첩산중입니다. 그래도 요즘에는 인터넷 덕에 올 사람은 다 온다고 합니다. 그 집에서 잘 대접 받고 따뜻한 물에 씻고, 다음 날 새벽에 박영종 산지기께서 능선까지 데려다 줬습니다.

이제 해가 짧아져 아침 여섯 시가 되어도 아직 어두운 능선에 붙어 있습니다. 갈 길이 먼 탓입니다. 김규천 씨와 박영종 씨가 저수재에서 죽령까지는 적어도 열두 시간은 걸린다고 합니다. 그들은 지역의 베테랑 산꾼들이니, 우리는 그보다 시간이 더 걸리면 더 걸렸지 더 빠르게 가지 못할 것이기 때문에 서두를 수밖에 없었습니다.

또 추석 연휴를 맞아 우리 형제들이 죽령에 온다고 해서 무슨 일이 있어도 일찍 도착해야 했기에 빨리 운행을 했고, 길이 워낙 멀어서 힘에 부치는 힘든 날이었습니다.

거의 녹초가 되다시피 하여 죽령에 도착했을 때, 그래도 가족들이 기다리고 있다는 희망이 있었기에 좀 더 힘을 낼 수 있었습니다. 그런데 있어야 할 형제들은 보이지 않고 차들만 소리소리 지르며 내달리는 게 아니겠습니까.

이를 악물고 버티던 기범이는 가족들이 보이지 않자 크게 실망

한 눈치였고 나 역시 슬슬 약이 올랐습니다. 한참 전화를 주고받은 후에야 우리는 그들을 겨우 만날 수 있었습니다.

우리가 내려오는 영주 쪽 길목이 아닌, 고개 넘어 단양 쪽에서 목이 빠져라 산 능선을 바라보며 우리가 내려오기를 기다리고 있었다고 합니다.

우리는 가족을 만난다는 생각에 잔뜩 들뜨고 기대도 했었는데, 또 우리 못지않게 우리를 기다리며 이벤트성 포옹과 그 외 준비한 것들이 서로의 기대대로 '짠' 하고 만날 수 없어서 다소 기운도 빠지고 멋쩍어하기는 했지만 재채기를 숨길 수 없듯, 반갑고 좋은 것은 감출 수가 없었습니다.

특히 기범이는 그동안 잘 몰랐던 사람들과의 어색한 만남과 달리, 온갖 응석을 다 받아 주는 이모들과 외삼촌을 만났으니 얼마나 좋았겠습니까. 또 땀띠 때문에 온종일 고생했었는데 따뜻한 물로 씻을 수 있다는 것이 행복을 더해 주었습니다.

우리의 산행도 반을 넘기고, 산행 일수도 한 달을 넘기며 나는 이제 거의 체력에 한계가 온 건 아닌가 싶었는데, 가족들과 함께한 이틀 동안의 휴식은 아주 적절했고 고갈된 체력을 회복하는 데도 도움이 되었습니다.

언니와 동생 죽희는 펜션 안에만 있기가 답답하다고 어딘가에 가고 싶어 했지만 나는 산행이 아닌, 다른 이유로는 결코 단 한 발짝도 움직이기 싫어서 가고 싶으면 나를 리어카에 실어 끌고 다니라고 우스갯소리를 건네기도 했습니다.

대간 종주 중 추석을 맞아 죽령까지 달려온 형제들과의 행복한 시간.
언니와 함께(단양 사인암).

땀띠로 고생한 기범이는, 먹는 것보다 오히려 씻는 것을 더 반겼습니다. 어쨌든 우리는 이틀 동안 원 없이 먹고 원 없이 씻으며 정말 푹 쉬었습니다.

추석 명절을 가족과 함께 잘 보낸 이틀은 우리에게 보약 그 이상이 되었습니다.

소백산에 들어섰을 때에는 안개비로 한 치 앞도 볼 수 없었고 추워서 오버트라우저를 입고 걸었으며, 손이 시려 스틱을 끌고 다녔습니다.

하지만 길이 순해서 다행이었고 비로봉 부근은 인공 나무로 길을 만들어 산이 아니라, 도시 공원을 걷는 느낌이었습니다. 날씨는 춥고 바람은 불었지만 산만은 순했습니다. 기범이가 백두대간 산행 중 몇 안 되는 다시 가 보고 싶은 산으로 소백산을 꼽을 정도였습니다.

완연한 가을 느낌이 나는 고치령의 축복 같은 샘물은, 여전히 그 자리를 지키며 낙엽 몇 잎을 띄우고 길손을 반겼습니다. 산 능선상 몇 안 되는 샘물이 있는 곳인지라 우리는 집에라도 돌아온 듯 편안하게 텐트를 치고, 밥을 해 먹고 씻으며 소백산의 편안함에 감사해 하며 잠이 듭니다. 아들과 나는, 매일 이만 한 샘을 만날 수 있다면 얼마나 좋을까 하며 그냥 두고 가기 아까운 마음에 차마 발길이 쉬이 떨어지지 않았습니다.

고치령 주변 능선은 산이 순한 반면, 산짐승도 많은 곳으로 그날 하루만 해도 여러 번 만나거나 목격했습니다. 그래서 나무 사이로

백두대간의 아름다운 능선 중 하나로, 많은 산악인의 발길이 끊이지 않는 소백산(1,439.5m) 능선길. 1
맑은 물에 낙엽을 띄워 손님을 맞는 생명수, 고치령 샘물. 2

백두대간을 종주하는 뉴질랜드인이자 대한민국 명예관광 대사로 등반가, 작가, 사진가로 유명한 로저 셰퍼드 아저씨와 멋진 한 컷.

인기척만 들려도 또 짐승인가 하고 의심을 했는데 놀랍게도 우리가 만난 건 짐승이 아닌 외국인이었습니다.

산에서 사람을 만나면 서로의 차림만으로 이미 어느 정도는 파악이 됩니다. 그도 우리처럼 장기 산행 중인 것 같았습니다. 그는 뉴질랜드 사람으로 대한민국 명예관광 대사이자 등반가 겸 작가, 또 사진가인 로저 셰퍼드Roger Shepherd라고 합니다. 우리나라 산천이 무척 좋아 자주 오며 이미 2007년에 백두대간 종주를 했고, 낙동정맥과 낙남정맥, 호남정맥도 이미 종주했다고 합니다.

우리나라 사람들도 웬만큼 큰마음을 먹지 않으면 어려운 것을,

외국인인 그는 우리 산천이 얼마나 좋았으면 그 힘든 산행을 혼자 할까 싶어 참으로 대단하다고 생각되었습니다. 또 우리의 백두대간이 많이 알려져 외국인들도 오게 만드는구나 싶어 기분도 좋았습니다.

우리나라 말로 의사소통이 가능해 우리는 어느 정도의 이야기를 나눌 수 있었는데, 그는 지리산에 살고 있는 우리가 참 부럽다고 했습니다. 또한 한국의 산천뿐만 아니라 문화에도 관심이 많아서 사찰이나 굿판을 찾아다니며 사진을 찍고 글도 쓴다고 합니다. 그래서 이번 산행이 끝난 후에는 〈내셔널 지오그래픽〉 기자와 구례의 어느 절에서 템플 스테이를 하기로 했다고 합니다. 구례의 사찰이라면 천은사나 화엄사로 갈 텐데, 그들이 우리보다 먼저 지리산에 도착한다고 생각하니 갑자기 지리산이 그리워졌습니다.

아무도 없는 백두대간 능선에서 우리나라 사람이 아닌 외국인, 게다가 우리의 산천을 사랑하는, 마음 맞는 사람을 만난 것이 신기하고 고맙기까지 했습니다.

물론 기범이에게도 좋은 만남이었습니다. 그는 아마 우리가 지난밤을 보낸 고치령에서, 우리가 텐트를 친 그 자리에 텐트를 치고 우리가 마신 그 샘물을 먹었을 것입니다.

태백산을 지나자 어느새 떨어진 낙엽으로 수북이 쌓인 길은 걷기가 힘들어졌습니다.

오전에 날씨는 좋았지만, 전투기 훈련 소리는 꼭 전쟁이 난 것처럼 머리 위에서 가깝게 들려 걸음이 자연적으로 빨라졌습니다.

덕분에 거리를 많이 줄일 수 있었지만 오후에 접어들면서 산 위로 오르는 안개 때문에 산이 자취를 감추더니 이내 한 치 앞도 보이지 않았습니다.

두터운 안개 속에서 겨우 실루엣으로 모양을 보여 주는 천제단은 지난날의 것과 달리 좀 넓어진 듯했고 어느 정도 거리를 두고 두 개가 더 있는 것도 전과는 다른 풍경이었습니다.

음산한 날씨와 잿빛 안개, 그리고 돌로 만들어진 구조물과 검은 빛의 주목까지… 그날은 한순간도 머물고 싶은 마음이 없었습니다.

우리는 태백산 정상에서 1박을 하며 지금까지 무사히 온 것에 대해 감사의 인사도 하고, 천제단에서 앞으로 남은 일정도 보살펴 달라고 기도도 올리고, 정상에서 멋진 아침 해맞이도 보고, 또 지난날 이곳을 지나며 무슨 생각을 하고 행동을 했는지도 보고하고 등의 여러 계획을 세웠으나 날씨가 너무 좋지 않았습니다. 더군다나 만경사에서 물을 떠서 다시 올라올 일도 난감하고, 험한 날씨에 그곳에 텐트 치는 것도 내키지 않아 무리해서 화방재로 내달렸습니다.

날이 이미 저물어서인지 아니면 잔뜩 흐려 어두워서인지, 사물도 구분이 되지 않았습니다. 그래서 더 이상의 운행은 무리라는 생각에 어찌해야 할지 망설이고 있을 때쯤, 기범이가 마음을 내주었습니다. 날씨가 너무나 나빠 녀석도 물 길어 오고, 텐트 치고 야영을 하고 싶은 마음이 슬쩍 달아난 모양입니다. 천제단 같은 구

두터운 안개 속에서 겨우 실루엣으로 모양을 보여 주는 태백산의 천제단.
한강, 낙동강 그리고 오대천의 물길을 가르는 삼파수 피재(920m), 삼수령의 상징탑.

조물도 익숙하지 않았을 테고 또 의미도 모르니까 무서웠을지도 모릅니다.

험하게 짓궂은 날씨에도 기도하는 사람들이 있었는데 남의 걱정을 할 처지가 아닌 우리지만 그래도 걱정이 되긴 합니다. 안개비가 오는 어두컴컴한 이곳, 세찬 바람에 춥기는 어찌나 추운지, 게다가 곧 다가올 밤에는 어떨까 싶었습니다.

이미 자리를 잡고 기도하는 사람뿐만 아니라 랜턴을 들고 그 시간에 올라오는 사람도 만났습니다. 내려가는 우리와 올라오는 그들의 목적은 다르지만 서로에게 힘이 될 수 있는 말 한마디씩 섞으며 헤어집니다.

이날은 처음으로 랜턴 켜고 야간 산행을 한 날입니다. 나는 몹시 발이 아파 거의 발을 끌다시피 하여 걸었고 기범이가 앞장서 나를 이끈 날이기도 합니다. 추석이 지난 후부터 계속 25킬로미터 이상씩 운행했더니 몸에 좀 무리가 갔나 봅니다.

날씨도 엉망이라 고갯마루 휴게소에 들었는데 시설까지 엉망이라 실망이 더했습니다. 그래도 씻고 빨래한 것만으로 위안을 삼았지만, 다음 날부터 태풍으로 비가 오고 말았습니다.

비바람이 불어서 산행도 못 하고 아는 사람도 없으면 시간이 참 막막한데, 다행스럽게도 이곳은 정선 땅이라 욱철, 영자 부부와 연락이 닿았습니다. 내외는 화방재로 와 우리를 싣고 정선 읍내까지 갔습니다. 덕분에 윤재선 씨 가족과 그리운 정선 땅에서 따뜻한 점심을 먹을 수 있었습니다.

정선은 우리가 지난날 조양산 기슭에서 몇 년을 살았던 곳이기 때문에 항상 그리운 곳이었습니다. 지리산에서 한동안 잘 살았는데 무슨 바람이 불었는지 강원도에서도 살아 보고 싶다는 생각이 문득 들었습니다. 참 못 말리는 역마살입니다. 어떤 용기로 아는 사람 하나 없는 곳에 아들을 데리고 와서 살았는지 모를 일입니다.

유난히 풍광이 빼어나고 아직도 옛것을 많이 간직하고 있는 정선, 이곳은 참 좋은 곳이지만 나와의 인연은 2년 반 만에 끝이 나 버렸습니다.

참혹했던 2002년 '태풍 루사!'

그동안 지녔던 무겁거나 혹은 가벼웠던 모든 것들을 물과 함께 떠내려 보내고, 거의 빈 몸으로 아들과 함께 다시 지리산으로 들어왔습니다. 지리산에 온 후에도 가끔 정선이 그리웠지만 지금은 가서 살고 싶은 생각보다는 그저 가끔 그리움이 사무쳐 찾아가 보고 싶은 곳입니다.

그리운 곳에서 반가운 이들을 만나니 그동안 힘들었던 것들이 조금 풀리는 듯했습니다. 그리하여 정선 오지계곡 덕산기의 욱철, 영자 부부 집에서 하룻밤을 잘 보냈습니다. 다음 날 아직 태풍이 진행 중이라 더 쉬고 싶었지만 하루라도 빨리 끝내고 싶은 욕심에 무리하게 출발했더니, 함백산을 지나면서 기범이가 아팠습니다. 어쩔 수 없이 정선 땅 여성 산악회 회원인 권혜경 집에서 이틀을 쉬고 출발했는데, 설상가상! 나답지 않게 출발하면서 스틱을 두고 오는 실수를 범하고 말았습니다.

여기서 끝이 아닙니다.

욱철이네가 우리를 피재까지 데려다 주는데, 차가 갑자기 말썽을 일으켜 택시를 탈 수 있는 곳까지 기어 1단으로 가야 했습니다. 욱철이네 차는 오래된 지프로, 영화에 나올 법한 좀 특이하고 멋진 차입니다. 하지만 우리는 영화를 찍는 것도 아니고, 도시 외곽에서 1단 기어로 갈 수밖에 없는 차를 타고 가야 하는 마음은 불안하고 초조하면서도 조급해, 솔직히 앞으로의 일이 막막했습니다. 또 괜히 우리 때문에 차가 고장 난 것만 같아, 몹시 미안한 마음이 가장 컸습니다.

태백시 어딘가에서 택시로 갈아타고 피재로 가는데, 고갯마루를 몇 미터 남긴 그때, 기사님이 말하길, "군郡 경계를 지나면 할증료가 붙는다."는 겁니다. 그래서 까짓, 할증료가 붙으면 얼마나 붙으랴 싶어서 그냥 가자고 했더니, 아니 글쎄 그동안의 요금까지 몽땅 할증을 하는 게 아닙니까. 참 어이없고 약이 올랐지만 기사는 할말을 했다면서 할증된 요금을 요구하는 것입니다. 어쩔 도리 없이 요금을 냈지만 몹시 불쾌했습니다. 그런데 고갯마루에 들어서니 이슬에 젖은 만 원짜리와 천 원짜리 몇 장이 땅에 떨어져 있는 게 아니겠습니까. 웃을 수밖에 없었습니다. 그날은 요상하리만큼 일진이 사나웠습니다. 아침에 스틱을 두고 온 것을 시작으로, 욱철이네 차 고장, 택시 할증료, 그리고 지폐 줍기. 사실 나는 지폐를 주운 것은 이번이 처음입니다.

또 하나, 산행 이후 푯대봉에서 처음으로 길을 잘못 들기도 했습니다. 푯대봉 가기 전에 대간길이 이어지는데, 여러 정황으로 보아 지도를 잘 읽지 않은 탓입니다. 때문에 그만 푯대봉까지 가고만 것입니다. 그 봉우리에서 계속 진행을 하며 점점 길이 이상해 졌지만 방금 지나간 사람들 소리가 앞에서 들리고 있어서 긴가민가하면서도 계속 진행을 한 것이 잘못이었습니다. 이제 백두대간 길은 매우 잘 나 있어 길 잃을 염려가 별로 없었는데, 내가 그만 실수를 하고 말았습니다. 대간 산행을 할 때에는, 처음 들어선 길에서 느낌이 이상하면 과감하게 되돌아가 다시 시작해야만 한다는 것을 또 한번 확인시켜 줍니다.

한편 나중에 들어 보니 우리를 내려 준 그들은, 계속 1단으로 정선까지 갔다고 합니다. 하필 그날이 일요일이라 태백에 차 정비하는 곳이 없어 그럴 수밖에 없었다고 합니다. 시간이 지난 후에도 고장 난 차를 끌고 가야 했던 마음은 또 얼마나 불안했을까 싶어 두고두고 마음에 걸렸습니다.

두타 청옥을 지나자 가을은 절정에 이르렀습니다. 이제 북쪽으로 각도를 튼 대간은 동해 바다와 수평이 됩니다. 또한 강원도 산의 오르내림이 심하다는 것을 새삼 느낍니다. 우리가 걷는 발 아래는 물론이고, 눈이 가는 모든 곳이 가을로 가득 찼습니다. 붉은색과 노란색으로 갈아입은 나뭇잎은 가지를 떠나기 전에 한껏 치장을 했습니다. 나무를 떠난 작은 나뭇잎들은 또 다른 백두대간이 되었습니다.

백봉령은 정선과 동해를 잇는 고개로, 26년 전에는 비포장 길이

정선과 동해를 연결하는, 정선 아리랑에도 나오는 굴곡이 심한 백봉령(780m)과 소나무 군락. 1

우리의 굶주림을 달래지 못했던 백봉령의 휴게 공간과 점포들. 2

한국의 주 산악 지대를 관통하는 35번 국도가 넘어드는 삽당령(680m) 표석과 눈의 폭설을 측량하기 위한 잣대. 3

었고 하루에 한 번 버스가 지나다녔습니다. 그리하여 6차 지원을 받은 나는 동해로 나가 목욕이라도 하고 올라올까 싶어 버스를 기다렸습니다. 그러나 야속하게도 많이 내린 눈 때문에 버스는 오지 않았고, 따뜻한 물에 몸을 담글 수 있겠다는 꿈은 사라져 버렸습니다.

당시 백봉령 고갯마루에는 키 작은 소나무들이 고개를 넘나드는 바람과 겨울 이야기를 나누고 있었습니다. 눈이 가득 쌓여서 고개를 지키고 있는 나무도 사람 구경을 언제 할지 모르는 적막한 곳이었습니다.

이제는 도로가 포장되어 있는 것은 물론이고, 그때의 아기 소나무들 중 일부는 사라져 버렸고, 일부는 제법 튼실하게 몸을 키웠으며 또 다른 한쪽에는 아예 다른 나무가 심겨 있었습니다.

정선 아리랑에도 나오는 백봉령은, 옛날에 정선 사람들이 백봉령을 넘어 강릉이나 삼척으로 소금 사러 다니며 넘던 고개입니다. 그런데 넘나들던 고개가 얼마나 험하고 멀었으면 "백봉령 굽이굽이 부디 잘 다녀오세요."라는 구슬픈 노랫말이 있을 정도 입니다.

백봉령에 휴게소가 있다고 하니 국수를 먹고 싶은 기범이는 빛의 속도로 걸어 도착합니다. 하지만 국수를 팔지 않는다는 주인의 말에 금세 실망했습니다. 그러자 휴게소 한쪽에 있던 관광객이 아이가 딱해 보였던지, 차에서 밥과 김치를 꺼내 와 먹으라고 건네줍니다. 어찌나 반가운지, 고맙다는 말이 채 끝나기도 전에 기범이는 게눈감추듯 먹어 치웁니다.

슬픈 자병산 옆을 지나 빠른 걸음으로 향한 삽당령. 그곳에 갔을 때에는 기범이와도 친한 이동협 삼촌이 산 능선까지 마중 나와 감동을 줍니다. 지원 온 사람들 중 산 능선까지 올라와서 기다린 사람은 동협이 삼촌이 처음이라 녀석이 많이 감동을 받았습니다.

동협이 삼촌은 기범이가 좋아하는 자연산 회를 사 왔고, 그날 기범이의 일기에는 그 감동의 물결이 고스란히 적혀 있었는데 그 맛은 평생 죽을 때까지 못 잊을 거라고 합니다.

다음 날에도 또 비가 왔습니다.

강릉과 임계를 오르내리며 땅에 비가 그치면 산행을 할까 싶어 고갯마루로 올라가 봅니다.

그러면 아직도 그곳에는 비가 오고, 다시 내려오고, 다시 오르고… 그러기를 몇 번 반복하다가 그날은 아예 산행을 포기했습니다. 다음 날 동협이 삼촌이 우리 배낭을 대관령까지 실어다 주었고 우리는 물과 간식, 점심만 지고 가기로 하고 임계에서 하루 더 쉬었습니다.

짐 없이 하는 산행은 어찌 그리 몸도 마음도 가벼운지 기범이는 거의 달리는 수준입니다.

강릉에서 왕산 대기리를 넘나드는 닭목재는 한때 우리나라의 대표적인 오지로 꼽혔던 곳이지만, 이제는 도로가 잘 뚫려 있어 차들이 수시로 오가며 오지에서 벗어난 듯합니다.

또 고갯마루에 생긴 변화로 최근에 생겼는지는 모르겠으나, 지도나 인터넷에 표기되지 않은 휴게소 혹은 가게 아니면 펜션이 있었습니다. 닭목재는 강원도의 고갯마루답지 않게 평평한 곳이라

고랭지 채소와 씨감자로
유명한 대기리의
닭목재(706m)를 지키는
장승과 표석.

대간이라는 표지석이 없다면 잘 모를 정도로 대간 양쪽에 밭이 펼쳐져 있는 곳입니다.

닭목재 아래 어딘가에 우리를 오랫동안 봐 온 영봉스님 토굴이 있습니다. 우리가 지리산을 출발 할 때에는 네팔에 가 계시다가 얼마 전에 귀국하셔서는 나와 연락이 닿지 않아 걱정을 하고 계신다는 말을 전해 들었습니다. 그래서 주변을 지날 때 연락을 드렸더니, 몸이 좋지 않으셔서 치료차 도시에 올라가 계시다며 당신이 없더라도 토굴에서 며칠 쉬어 가라고 하십니다. 그러나 스님도 안 계신 절에 우리끼리 가 있기도 뭐하고, 갈 길도 바빠 그냥 지나치기로 합니다. 무척 아쉬웠지만 말입니다.

영봉스님은 1990년 초, 석가 탄신일에 히말라야 메라피크 봉(6,750m)에 단신으로 오르며 세상을 놀라게 한 수도자로, 1992년에는 안나푸르나 4봉(7,525m)에도 단신으로 올라 고산 수행을 하셨던 분입니다.

고마운 사람들 | 159

네팔에서 세종 한국 문화 언어 교육원 한국어 학당을 열어 우리의 빚을 갚으려는
영봉스님과 왕산 대기리의 마을 지도자 김경래 박사와 함께 스님 토굴에서.

스님은 여러 가지 수행 방식 중, 행선. 즉 움직이는 수행으로 부처님의 고향인 히말라야를 택해서 수행을 해 오셨는데, 몇 년 전부터는 히말라야를 오르는 것에 멈추지 않고 그곳 사람들에게 봉사하는 삶을 시작하셨습니다.

그간 숱한 한국 사람들이 히말라야 등반을 하며 이런저런 사고를 겪어 많은 셀파들이 만년설 속에서 다시 돌아올 수 없게 되었고, 또 우리나라에 돈벌이 온 많은 노동자들에게 했던 부당한 대우 등으로 진 빚이 많다며, 이제는 우리가 돌려 줄 때가 되었다고 하십니다. 또 짐을 날라 준 가난한 포터들은 무슨 죄가 있어서 가난을 물려받아야 하느냐며, 네팔 현지에 '세종 한국 문화 언어 교육원'이라는 한국어 학당을 만들어 운영하고 계십니다. 주로 빈곤층 사람이 우선적으로 입학되며 전 과정은 무료, 학기마다 성적이 좋은 학생에게는 장학금도 준다고 합니다. 모든 비용은 스님께서 직접 탁발을 하거나 마련하신다고 합니다.

후원 단체가 있기는 하나 아직 많이 알려지지 않아서 활동이 미미하고, 스님은 비용 마련을 위해서 애를 쓰고 계신다고 했습니다. 그렇게 바쁜 와중에도, 지난 초겨울 토굴 주변에 심어서 키운 만여 그루의 가시오갈피나무를 갈무리하고 즙을 짜, 그동안 고마웠던 사람들에게 나눠 준다고 했습니다.

그러고 보니 나도 몇 년간이나 귀한 것을 받아먹기만 했는데 여직 갚지 못했습니다.

스님의 바쁜 생활은 이뿐만이 아닙니다. 그 시간을 쪼개고 쪼개서 캄보디아나 미얀마 등 지구촌 어려운 곳을 찾아다니며 어렵고 힘든 사람들을 위해 몸을 아끼지 않습니다. 한 번은 미얀마에 다녀오신 후 밥을 드시다가 '이 밥 한 끼면 그곳 아이들이 며칠을 살 수 있는데…' 하시며 눈물 흘리시는 것을 보고 함께 목이 메었던 기억이 납니다.

닭목재를 지나며 스님을 만났다면 얼마나 큰 힘이 생겼을까, 아쉽지만 눈으로 토굴이 어딘지만 가늠하고는 발길을 돌렸습니다.

우리의 짐을 가지고 대관령에 도착한 동협은 한쪽 주머니에는 기범이 음료수를, 다른 주머니에는 내 캔 맥주를 넣고는, 능경봉을 지나 낙엽을 밟으며 능선으로 마중을 나와 있었습니다.

그는 우리를 지원도 하고, 산행도 하고, 사진도 찍을 요량으로 내려왔는데, 상황이 여의치 않아 산행은 함께할 수 없었습니다.

삽당령 부근에서는 절정의 단풍을 느꼈고, 대관령 부근에서는 낙엽을 밟아 보았습니다.

우리는 오전에는 단풍의 산을, 오후에는 낙엽의 산을 걸은 셈입니다. 한나절 거리의 산에 그만한 차이가 있는 산은 강원도뿐인 듯합니다.

짐이 없는 가벼운 몸에 푹 쉬기도 했고, 영양 보충도 충분히 된 것 같았고, 컨디션이 좋았던 우리는 26킬로미터나 되는 대관령에 생각보다 일찍 도착했습니다.

그곳에서 추억을 함께한 이들을 만났습니다. 20년 전 〈사람과 산〉 백두대간 동지들인 '어제의 용사들' 박기성, 심병우와 〈사람

20년 전 백두대간 용사들과 함께
선자령(1,157.1m)으로 가는 길을
올랐다. 1
대관령을 굽어 볼 수 있는
능경봉(1,123.2m) 정상의 표석과
움직이는 삼각점. 2

과 산〉 정종원 기자, 그리고 부산에서 경업이 형이 온 것입니다. 그날 밤은, 지난날 이야기로 꽃을 피우며 술 한잔 기울이기에 좋은 날이었습니다.

20년 전 백두대간 종주를 함께한 소중한 사람들, 당시 30대 중반이었던 경업이 형은 문무를 겸한 멋쟁이였습니다. 1970년대 후반 전설의 토왕폭을 2등으로 완등하며, 초등에 비해 엄청난 시간을 단축한 기록을 보유한 장본인으로, 부산에서뿐만 아니라 우리나라의 대표 산꾼이었습니다. 지금은 부산에서 노인들에게 매일 점심을 제공한 지 30년이 되어 가는, 춥고 배고픈 노인들의 수호 천사이기도 합니다. 또 20년 전 백두대간 산행을 하며 현장 시詩를 써 독자들에게 신선함을 전했는데, 이제는 그 시집만 무려 열세 권에 달하는 경업이 형. 그와 백두대간을 함께할 수 있었던 나는 정말 행운아였습니다. 이제는 형도 세월은 어쩌지 못하는지 그때의 열정은 내면으로 돌아간 듯하지만 여전히 주변을 압도하는 열변과 행동은 변하지 않았습니다. 고로 여전히 멋있습니다.

기범이를 보고는 다른 일 할 것 없이 에베레스트를 가장 많이 오르는 사람이 되라고 합니다. 다른 무엇을 하는 것보다 빠르다고, 기범이는 충분히 할 수 있을 거라고 부추깁니다.

자신도 1년에 1,000만원씩 후원할 테니 박기성도 동참하라고 또 나한테도 그러라고 권합니다. 그의 이야기를 듣고 있으면 정말 그래야 할 것 같습니다. 산행이 끝나면 다시는 산에 가지 않겠다는 기범이조차 솔깃해 할 정도였습니다. 그의 말은 사람을 움직이는 그런 힘이 있습니다.

심병우 기자는 우리가 처음 종주할 때에는 아직 〈사람과 산〉 입사 전이었습니다. 그래서 부산의 이성덕 기자가 두어 달 함께하면서 사진을 찍다 입사 후 대간 산행을 함께했습니다. 고생도 참 많이 했습니다. 산행은 익숙하지 않은데 우리들 짐에 카메라 장비까지 져야 했고, 길도 없는 산 능선을 앞뒤로 쫓아다니며 사진을 찍어야 했으니… 그뿐이겠습니까. 막내라고 물도 길어 와야 함은 물론 야영 준비에 밥까지 해야 했습니다. 또한 주당이 아닌 그로서는 거의 매일 술 고문을 받아야 했습니다.

한 번은, 짐이 너무 무거워서 지고 가던 술을 몰래 버렸다가 다시는 술을 지지 않게 됐습니다. 그로서는 다행이었겠지만 그 사실을 알게 된 다른 사람들의 표정은 안 봐도 눈에 선합니다. 실로 오랜만에 만난 그도 세월의 흔적은 있었지만, 여전히 마음 착한 웃음과 느린 말투가 정겹습니다. 20년 전 산행 때 밥해 준 것을 갚는다며 나름 분주하게 요리를 준비합니다. 그럭저럭 엉성한 주안상이 마련되고, 우리들의 지난날 이야기는 밤 깊어가는 줄 모르고 계속되었습니다.

우리의 백두대간 동지이자 친구인 박기성은 초창기 백두대간 이론가입니다. 그때 당시, 아직 백두대간 이론이 정리되지 않았을 때 대학산악연맹 회보지인 〈엑셀시오〉를 통해서 일부 대학 산악부원들에게 백두대간을 알린 사람입니다.

그리고 지난 1990년, 우리가 백두대간 종주를 할 때에도 이론을 정립하며 일반인들에게도 알리는 역할을 했습니다. 우리 종주대가 북상하는 동안 대간의 주변과 동서를 넘나들면서 주변의 인문 지리적 환경뿐만 아니라 대간에 기대어 사는 사람들까지 고루 들여다보고 발굴하는 일도 했습니다. 아마 백두대간 이론만큼은 그를 따를 사람이 없을 것입니다.

주로 "그때는 그랬어." 하며 지난날을 회상하는 이야기가 많았지만, 그때 우리는 백두대간 산행을 하면서, 통일이 되기 전에는 절대 백두산에 가지 말자고 약속을 한 적이 있습니다.

경업 형은 몇 년 전, 우리나라 작가들이 방북할 때 함께 백두산에 올라갔었다면서 혼자 오른 것에 대해 미안해 했습니다. 하지만 백두산에 올라가서 내 이름으로 술 한 잔 올렸다는 말에, 같이 가자는 약속은 지켜지지 않았지만 그것만으로 충분히 감격했습니다. 실은 나도 기범이가 돌이 되었을 때, 첫돌 기념으로 아이를 업고 백두산에 다녀왔습니다. 물론 중국을 통해서지만 말입니다.

그리고 20년 전에 왜 우리가 그때 백두대간에 갈 수밖에 없었는지에 대한 이야기도 나왔습니다. 〈사람과 산〉의 박인식 선배가 각본을 짜서 우리에게 백두대간으로 떠날 수밖에 없도록 만든 것이 아닌가 싶었습니다.

당시 사업에 몹시 바빴던 경업 형을 백두대간 이야기는 쏙 빼고 지리산 중산리에서 술 한잔하자며 만나자고 했답니다. 중산리에서 한잔한 다음 날 아침에는 천왕봉까지만… 지리산 구간만 지나면 경업 형이 발을 뺄 수 없다는 것을 미리 계산에 넣었다는 겁니다.

실제로 중산리에서 천왕봉에 오를 때 경업 형은 몹시 걱정스러운 모습이었습니다. 오죽이나 힘들면 내려오는 할머니께 얼마나 더 가면 되느냐고 물을 정도였습니다. 물론 웃자고 하는 행동이지만 그 속내에는 진심도 있었을 것입니다.

인식 형의 예상대로 날이 갈수록 힘들다는 너스레는 없어지기 시작했습니다. 대신 도시에서 찌든 세속적인 것들이 사라지면서 산사나이의 예리함이 돌아왔습니다. 때로는 비호같이 산길을 앞서 헤쳐 갔고, 특유의 감각으로 길을 찾으며 장비가 탈이 나도 어떤 방법으로든 사용할 수 있게 고쳐 놓았습니다. 쌓인 눈 위에서 젖은 나무로 불붙여 모닥불을 피우기도 하고, 흥에 겨워 '부용산'을 부르며 도취하기도 하고, 길고 긴 시와 시조를 줄줄이 외기도 했으며, 배낭을 깔고 앉아 시를 쓰기도 했습니다.

낄낄거리며 음담패설을 할 때에는 바람둥이 같았다가, 친구들과 장난을 할 때에는 짓궂은 소년 같았습니다. 어떤 때에는 안동 양반 특유의 점잖음과 체면을 따졌다가, 때로는 반골 기질이 다분한 다혈질이 되기도 했습니다. 불편한 사람을 보살필 때에는 이웃집 아저씨 같지만, 산길에서 비상 사태라도 만나면 눈빛을 반짝이며 상황을 예리하게 헤쳐 나가는 모습은 산사람 그대로입니다.

우리는 한 달에 닷새 정도 함께 산행을 했었는데 시작한 날에는 느긋하게, 그 다음 날에는 조금 느긋하게, 다음에는 빨리, 그 다음에는 더 빨리, 더 빨리. 결국 산행 마지막 날 즈음에는 거의 뛰다시피 하며 발걸음이 빨라집니다. 그 대신 말수는 줄어들 수밖에 없습니다.

햇볕에 그을리고 씻지 않은 얼굴, 얼굴빛은 검은데 눈과 하얀 이만 반짝입니다.

그래서 어쩌다 간혹 마주 보게 되면 서로의 모습에서 자신의 모습을 보는 듯해 씩 웃는 것으로 격려가 되었습니다.

밤이 깊도록 우리는 그때의 재미난 일을 추억하거나, 이제는 이 세상에 없는 사람 이야기를 하며 그리워했습니다.

함양의 노용문 씨, 그는 지리산에서부터 줄곧 우리를 도와주었습니다. 대표적으로 육십령에서 길을 잃고 헤매다가 늦게까지 도착 못한 우리를 위해서 산 위까지 마중 와서 랜턴으로 깜빡이며 길을 안내했고, 피곤하고 배고픈 우리를 위해서 푸짐한 음식을 준비하고 텐트도 미리 쳐 두어 우리를 감동시켰습니다. 덕유산을 지날 때까지 능선에 올라오거나 산 아래에서 우리를 위해 지원해 주었던 노용문 씨는 이제 우리가 아무리 그리워해도 만날 수 없는 사람이 되고 말았습니다.

그렇듯 한날의 추억을 나눈 우리는 각자 바쁘기도 하고, 내가 지리산에 살기도 해서 자주 만날 수 없는 탓에 참 오랜만에 만난 것이었습니다. 그래도 다들 내가 백두대간 산행을 한다니 응원차 모여 주었는데, 나눌 이야기는 아직 많이 남았지만 그러기에 밤은 너무나 짧았습니다.

하루를 더 쉬며 회포를 풀고 싶은 마음은 굴뚝같았지만, 산행 막바지에 일정이 빡빡해서 아쉬움을 뒤로한 채, 우리는 서로의 길로 갈 수밖에 없었습니다.

다음 날 아침, 어제의 용사들과 함께 선자령까지 갔다가 그들은 땅으로, 우리는 다시 산으로 길을 떠났습니다. 아쉬운 만남이었습니다.

대관령 풍경은 옛날의 모습과는 또 다른, 참으로 생소하고 적응하기 힘든 풍경이었습니다. 엄청 큰 바람개비 수십 개가 돌고, 외형만큼이나 소리 또한 위협적이라 심기가 불편했습니다. 그런데 그것을 보기 위해 관광차 수십 대가 능선에 올라와서 소동을 부리고 있는 것이 아닙니까.

날씨는 바람이 심하게 불어 스산하고, 목장에는 살아 있는 생명이 거의 없고, 흙먼지만 날리고 있어서 그저 빨리 벗어나고 싶을 뿐이었습니다. 올가을에는 날씨가 정말 이상해, 능선에서 화창한 날을 거의 만날 수 없었습니다. 땅은 괜찮은데 백두대간 능선만 왜 그런지 모르겠지만, 늘 바람이 불거나 흐리거나 비가 왔습니다.

이제 산 능선은 앙상한 늦가을입니다. 진고개에 도착하니 또다시 비가 옵니다.

비를 피하기 위해 진고개 등산 안내 초소의 친절한 젊은이가 소개해 준 곳으로 갔습니다. 이름도 예쁜 '안개자니 농박'. 그곳에 들었는데 이름이 농박이라 농가인 줄 알고 들어가니 농가와는 전혀 어울릴 것 같지 않은 펜션이었습니다. 게다가 가격도 만만치가

사뭇 목가적인 풍경을 만들어 관광객을 부르지만 대大면적으로 백두대간을 크게 훼손시키고 종주자에게는 위협을 느끼게 하는 바람개비.

않아서 그냥 능선에 텐트를 칠까, 어쩔까 고민하는 찰나. 주인장이 우리가 불쌍해 보였던지 가격을 절반으로 내려 줘 그냥 묵기로 했습니다. 실은 우리 외에 아무도 없을 때에는 텐트가 더 편하지만, 비맞는 텐트는 좀 처량한 것이 사실입니다.

하루 산행이 끝나고 잠깐 휴대폰을 켜 보면 문자가 이곳저곳에서 와 있기도 하고, 그 틈에 전화가 올 때도 있었습니다. 사람들은 대부분 내가 백두대간 산행 중인 것을 모르는 상황이라 굉장히 놀라기도 하고 무언가 도움을 주고도 싶어 했습니다.

무엇보다 기범이와 함께한다고 하면 놀라워하면서도 안도하는 모습들입니다. 어느새 다 큰 아들을 앞세우고 백두대간 산행에 나선 나를 부러워하고, 외롭지 않겠다며 안도합니다. 지난날 나 혼자 걸었던 하얀 능선이 사람들에게는 너무 외롭게 보였나 봅니다.

진고개 도착한 날에도 전화를 켜자마자 오랜 친구 심성애가 "왜 그렇게 연락이 안 닿냐!"며 핀잔하는 전화를 받았는데, 우리의 사정을 알고 난 그녀는 그길로 먹을 것과 입을 것을 바리바리 챙겨서 불원천리 달려왔습니다.

기범이는 그날 일기를 "우리 어머니는 사이비 교주다, 사람들에게 연락만 되면 무조건 달려온다. 나도 나중에 커서 어머니처럼 사이비 교주가 되어야겠다."라고 썼습니다.

녀석은 다만 자신의 엄마가 때로는 잔소리만 하는, 가끔은 너무 엄격한, 잘하는 것 몇 가지만 빼고는 거의 바보 같은, 화 잘 내고, 잘 삐치는, 어떤 때에는 약간 이중적이기도 한 엄마라고 생각해

언제나 나를 울리더니, 이제 비까지 뿌려 나를 울리는 진고개(해발 960m).

왔나 봅니다. 사람들은 대단하다고 하는데 집에서만 봐 온 엄마가 무엇이 대단한지 잘 몰랐고, 그런 엄마와 함께 산행을 하며 보니 달랐던 모양입니다.

  이해할 수 없을 정도로, 사람들이 먼 산 능선까지 와 주었고, 와서는 무언가를 해 주고, 또 더 못해 주는 것이 안타까워 발을 동동 구르는 모습을 보며 그런 생각을 한 것 같았습니다.

  사실 사이비 교주라는 말은 나의 아버지께서도 하신 말씀입니다.
  내가 처음 지리산에 와서 백두대간 찻집을 할 때 잠시 와 계셨는데, 사람들이 내게 하는 것을 보시며 하신 말씀이었지요. 사이비 교주라는 말의 의미는 썩 좋은 말은 아니나, 내게 붙여진 그 말은 크게 나쁘지 않을 것 같습니다. 사기 칠 재간은 없지만 사람들이 무조건 잘해 주는 것은 맞는 말이기 때문입니다.

진고개에서 어머니 기일을 맞아 우리의 마음이 편치 않았습니다. 당신 살아 계실 때에도 산으로만 가더니, 아직도 산에 있느라고 제사에도 참석 못 하는 불효자입니다. 그리고 나 하나도 부족해서 이제는 아들까지 데리고 산에 왔으니 뭐라고 하실지?

내가 마지막으로 뵈었을 때를 생각하면 지금도 부끄럽습니다.

당시 산에 미쳐 있던 나는 추석 명절을 맞아 설악산에 가야 하는데, 어머니가 아프시니 잠시 문안만 드린 뒤 가려고 배낭을 인편으로 미리 보냈습니다. 나는 몸만 집으로 가서 아픈 어머니를 뵙고 곧바로 나서려는데, 이것이 마지막이라는 것을 당신은 아셨는지, 잡은 손을 놓으시지 않으시는 겁니다. 차 시간은 다가오고 마음은 급한데, 꼭 잡은 손을 놓으시기는커녕 힘을 더 주시며 잡으셨습니다. 그런데 이 불효막심 철딱서니는 끝끝내 그 손을 뿌리치고 산으로 갔습니다. 그리고 그것이 마지막이었습니다.

나는 불효자입니다. 나도 이제 한 사람의 어머니가 되었고 몇 년 후면 당신 나이가 되는데, 나는 아직도 철부지 같습니다. 하지만 당신은 정말 큰 사람이었다고 생각합니다.

산에서나마 잠시 당신 생각을 하며 이제는 아버지와 함께하실 어머니의 모습을 상상해 봅니다. "그리운 엄마…!" 하고 가만히 불러 봅니다. 마음 가득 찬 기운이 서립니다.

사람들의 도움을 받으며 바닥난 체력을 보강하고 덤으로 용기까지 내서 도착한 구룡령.

그곳 능선에는 거대한 건물들과 잘 포장된 도로, 그 도로 위의 많은 노점상들 그리고 지나가는 사람들까지 어울려 북적대는 시장을 방불케 했습니다.

구룡령은 내게 참 특별한 곳입니다. 1984년 하얀 능선 산행 때, 나는 산행을 포기하고 오색으로 내려갔습니다. 더 이상 산으로 가지 않겠다는 각오를 단단히 했는데, 지원대 정옥이가 구룡령에 왔다는 것입니다. 그런데 길이 엇갈려 그녀는 산에 올라가 있었던 것입니다.

어쩔 수 없이 나는 다시 돌아가야 했고, 구룡령 아랫동네 갈천에서 며칠 쉬었습니다. 그러다가 다시 시작한 산행. 눈은 허리 위를 넘겼고, 의지가 바닥난 내가 할 수 있는 유일한 것은 고작 우는 것뿐이었습니다. 그래도 가야만 했기에 눈 위에서 온갖 몸짓 —거의 몸부림에 가까운 몸짓— 으로 눈과 싸우다가 일어나 지나간 곳이었습니다.

그 후 구룡령 이야기만 들어도 눈물이 왈칵 쏟아집니다. 그냥 그리워서 여러 번 무작정 가 보기도 했던 곳인데, 이제 옛 모습은 온데간데없고, 커다란 표지석이 '구룡령'이라고 견고하게 알려 주는 듯 했습니다.

낯선 풍경과 어수선함 그리고 무리한 산행으로 인한 피곤함. 여러 가지 이유로 어쩔 줄 모르고 표지석 아래에서 멍하니 서 있으니 구룡령 등산 안내소 아저씨께서 "어디서 잘 거냐?"고 묻기에 텐트를 친다고 하자, 등산 안내 컨테이너에서 자고 가도 좋다고 선심을 써 주셨습니다. 얼마나 고맙던지 짐 내려놓고 성함이나 알려고 찾아보니 이미 퇴근을 하셨는지 보이지 않아 고맙다는 인사도 제대로 못 드렸습니다. 컨테이너에 짐을 풀고 식사 준비를 하며 행복했습니다. 어떤 호텔이 이보다 더 좋을 수 있을까 싶었습니다.

비록 전깃불도 없고 바닥은 따뜻하지 않았지만 사방에 벽이 있는 곳에서 잘 수 있다는 것, 텐트를 치지 않고 잘 수 있고, 비가 오고 바람이 불어도 걱정 없다는 것만으로 우리는 행복했습니다.

이제 장사꾼들과 관광객도 모두 다 내려가 버렸고 지나가는 차도 점점 줄어 서서히 어둠이 몰려옵니다. 우리의 밥도 익어 가는데, 속초에 사는 기범이 친구, 달현이 부모님인 남기정 씨 부부가 올라오셨습니다.

일기 예보에 밤에 비가 온다며 내려가자고 해, 망설이다가 다 된 밥을 포함해서 짐을 쌌습니다. 내려가는 내내 그 컨테이너 호텔이 아까워서 자꾸만 돌아보게 되었습니다. 하나는 우리가 산행을 하며 그 만큼 편안한 잠자리는 없었기 때문이고, 또 하나는 앞으로도 그만큼 완벽하고 편안한 호텔은 없을 것이기 때문입니다.

밤이 깊도록 비는 계속 왔고, 어쩌면 내려온 것이 잘한 일이라고 스스로를 위로했습니다.

산행 거리는 얼마 남지 않았는데 자꾸만 날씨가 이상해 마음이 점점 더 조급해졌습니다. 속이 편치 않았습니다.

중국을 여행하고 막 돌아온 지우는 내가 속초에 있다는 소식을 듣고, 한걸음에 내려와 며칠 함께 있으면서 우리를 지원해 주었습니다.

그간 먹어 왔던 간식에 진력이 나 버린 우리를 위해, 다른 메뉴로 대체해 주었습니다. 또 조침령과 한계령까지 우리 짐을 날라다 줘서 가벼운 몸으로, 그동안 비가 내려 많이 걷지 못한 거리를 줄일 수도 있었습니다.

미시령에는 우리가 내려올 산 능선을 보며 망부석처럼 한나절을 기다린 언니와 형부를 만났고, 마지막에 진부령 구간을 함께 산행했습니다. 생각해 하나씩 꼽아 보니 참으로 많은 사람들에게 신세를 졌습니다.

그 외에도 오고 싶은데 연락이 닿지 않아 오지 못한 여러 친구들이 아쉬워했습니다. 모두 고맙습니다.

기회가 생기면 그 무엇으로든 갚겠습니다. 실은 친구들에게 내가 고마움을 표현하는 방법은 고작 "백두대간 산행 해라, 그러면 내가 지원해 줄게." 뿐이었습니다.

당시 나로서는 지원이 가장 절실했고 가장 고마운 일이었기 때문입니다. 또한 내가 할 수 있는 방법 중 가장 잘할 수 있는 것일 수도 있습니다.

하지만 대부분은 백두대간 종주를 하지 않을 것이고, 나의 초라한 말 한마디에 고마움이 묻어 있다는 것을 알았을 것입니다.

나의 친구들은, 내가 다시 백두대간 산행을 하겠다고 짐을 꾸려

조카 보현이와 소현이가 만들어 준 완주 축하 피켓.

서 길을 나서면, 또다시 망설임 없이 먹을 것을 챙겨 산 능선으로 올라올 것입니다.

　나는 참 행복한 사람입니다.

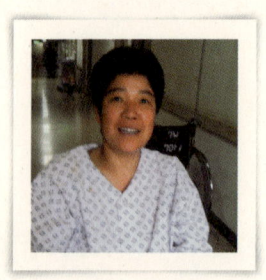

04
몸의 신호

　그동안 산악인이라는 꼬리표를 달고 살기는 했지만, 전문적인 산악 활동을 그만둔 지는 벌써 20여 년이 다 되어 가고 있습니다. 아무리 팔팔해 보여도 나이는 어쩔 수 없듯이, 갱년기에 접어들고 있는 어머니인 나와 키만 멀대처럼 컸지, 그간 몇 번의 산행밖에 못 해본 아들. 그것도 거의 짐 없이 산에 몇 번 올라간 것이 고작인, 마음 또한 연약한 사춘기의 아들 기범이와 갑자기 백두대간 산행을 시작하게 됐습니다.
　몸 상태는 예상했던 것보다 훨씬 더 심각했고, 연방 이곳저곳에서 많이 힘들다는 신호를 보냈습니다. 처음 지리산을 출발했을 때 가장 먼저 아프기 시작한 것은 어깨. 짐의 무게 때문이었습니다. 새 신발을 신은 기범이는 그렇다 치고, 그간 신었던 등산화를 신은 나도 어쩌자고 발뒤꿈치가 벗겨지기 시작했습니다.

26년 전 태백 종주 때도 수시로 여기저기 발이 부르트다가, 벗겨졌다가, 아팠다가… 별별 방법을 다 동원해 괴롭혔던 적이 있습니다.

발이 그때나 지금이나 신호를 보내는 것은 평소에 걷거나 오르는 것과 비교할 수 없는 강도 높은 고행을 예상해서 미리 신호를 보내거나 수시로 신호를 보내는 것이 아닌가 싶습니다. 평소에는 며칠씩 산행해도 아무 이상이 없던 발이 백두대간을 떠나고 나자 곧바로 신호를 보내왔고 시간이 지나면서 여기저기에서 계속 신호를 보내 왔습니다.

나는 경험한 일이기 때문에 나름대로 각오랄까, 뭐 당연한 일로 받아들이며 웬만큼 아파도 참을 수 있었지만, 기범이는 생전 처음 겪어 보는 아픔에 견딜 수 없이 아파했고, 참을 수도 없었고 참지도 못했습니다.

아이는 참으로 여러 곳을 골고루 돌아가면서 아파했습니다. 그래서 나중에는 내가 우스갯소리로 '너 아픈 일지도 쓸 걸 그랬다'고 이야기할 정도였습니다. 산행 초반에는 어깨에서부터 시작을 하더니, 그 다음에는 발뒤꿈치와 무릎 관절이 심하게 아파 힘들어 했습니다.

남덕유산 바위 구간에서 무릎을 바위에 부딪치면서 최악의 고비가 찾아왔습니다.

무릎이 아파서 잘 걸을 수 없는, 입에서 신음이 나오는 그런 아이를 뒤에서 지켜봐야만 하는 나도 정말 힘들었습니다.

무척 애처로워 차라리 내가 대신 아팠으면 좋겠는데, 그럴 수도 없으니 가슴이 찢어졌습니다. 당연히 산행 속도는 날 리가 없고 무거운 배낭으로 인해 걷기보다 서 있을 때가 더 많아지면서 그 무게가 점점 더 어깨를 짓누릅니다. 오르막은 그런대로 오르는데 내리막은 아예 발을 내딛기조차 힘겨워하는 아이를 보며 나는 속이 타들어갔습니다.

다행히 어둑해질 무렵 삿갓재 대피소에 도착했지만, 산장을 예약하지 않아 걱정하며 저녁을 지어 먹습니다. 아이는 입맛조차 달아나 버렸는지 저녁 밥도 먹는 둥 마는 둥, 그저 빨리 눕고 싶어 했습니다. 다행히 대구 팀의 오문갑이 잠자리를 마련해 주었고 그 잠자리는 황송하게도 관리인 숙소였습니다.

삿갓재 대피소 소장님과 직원은 친절하게 대피소의 산꾼들을 챙겨 주셨고, 우리 또한 이미 TV에서 잘 봤다면서 이것저것 불편함이 없도록 챙겨 주셨습니다.

특히 황인대 관리 소장님께서는 기범이의 부어 있는 무릎을 마사지도 해 주시고, 약도 주셔서 많은 도움이 되었습니다. 기범이도 아픈 와중에 큰 도움을 받아 많이 감동했습니다.

그날 기범이는, 절망스러운 나머지 자기가 알고 있는 이 세상 욕

중에서 가장 심하다 싶은 몇 가지로 일기를 썼습니다.

차마 내게는 그만두겠다는 말도 못 하고, 애먼 일기장에 욕만 해 댄 것입니다.

또 50억만 번 내려가고 싶었다고도 썼습니다. 아마 자신이 알고 있는 숫자 중 가장 많은 숫자다 싶어 썼을 것입니다. 그만큼 심각한 상황이었습니다. 아이가 이 정도로 심하게 계속 아프면 더 이상의 산행은 무리라는 생각이 들던 때였으니까요.

다행히 하루하루 지나며 서서히 나아지기는 했지만, 기범이 무릎은 백두대간 산행을 끝낼 때까지 완전하게 좋아지지는 않았습니다.

어떤 날에는 허리가 아프고, 어떤 날에는 발가락이, 스틱 잡은 손이, 엉덩이가, 허벅지가, 장딴지가, 팔이, 목이, 배가, 가슴이… 어쩌면 그리도 고루고루 돌아가면서 아픈지, 그중 몇 번은 아주 심각해서 걱정이 많이 되기도 했습니다.

남덕유에서 무릎 때문에 그랬고, 소백산 부근에서는 땀띠 때문에 등에 배낭을 멜 수가 없어서 그 큰 배낭을 앞으로 메는 난리를 치더니 결국 함백산에서 탈이 난 것입니다.

당시 태풍이 일본을 강타했고, 우리나라 동해 쪽도 비바람이 심하다고 들었습니다. 그래서 조급한 나머지 하루라도 빨리 날짜와 거리를 줄여 볼 생각으로 무리한 산행을 한 탓에 기범이가 심하게 아팠습니다.

산행 중 가슴이 아파서 숨 쉬기도 힘들어했고 점심조차 먹지 못

여러 사람들의 도움을 받은
남덕유산(1,507.4m)과 덕유산(1,614m)
사이의 삿갓재 대피소(1,280m). 1
고마운 사람들이 많아 아이에게
자랑스러웠던 싸리재(1,268m). 2

했습니다.

싸리재(지금의 두문동재) 산 감시 초소에 들어가서 주먹밥을 먹는데, 반찬도 없이 초라한 김 주먹밥을 먹고 있는 우리가 불쌍했나 봅니다. 그곳 감시 초소의 한대훈 아저씨께서 난롯불까지 피워 주고 따뜻한 물과 반찬까지 내주셨지요. 하지만 아이는 먹지 못했고, 잔뜩 흐리고 비바람 부는 날씨만큼 무거운 마음으로 참으로 한심한 엄마구나 싶었습니다. 과연 내가 잘하는 짓인지, 이러다 아이 잡겠다 싶은 마음에 몹시 가슴이 아픈 날이었습니다.

점점 비바람으로 추위가 심해졌고, 손이 시려 스틱을 잡을 수조차 없었습니다. 끌고 가야 했지만 비에 젖은 미끄러운 돌 때문에 그것마저 여의치 않았습니다.

하얗게 질려 있는 아이는 우는 모습을 보이고 싶지 않아 입을 앙다물고 있었지만, 그것을 모를 엄마는 없을 것입니다. 차라리 소리 내어 울기라도 하면 자기도 속 시원할 텐데, 그러지도 않고 속으로만 울음을 터뜨리고 있는 아들, 그런 아들을 봐야 하는 나 또한 속으로 울음을 삼킬 수밖에 없었습니다.

피재로 욱철이가 마중을 와, 정선으로 내려가 하룻밤 자고 한의원에 갔습니다. 아이는 전날 먹은 음식에 체하고, 추운데 걷느라 감기까지 심하게 걸려 심장에 무리가 갔다고 합니다.

아이가 너무 경직되어 침조차 놓을 수 없는 상황이니 며칠을 쉬라고 합니다. 그래서 산 후배 권혜경 집에 짐을 풀고 이틀을 쉬었습니다.

아이는 쉬면서 회복되었는데, 산행이 끝난 후 기범이는 "그때 실은 가슴이 조금 아팠는데 어머니가 걱정할까 봐 내색을 하지 않았다."고 했습니다.

물론 나도 조금은 짐작했지만 산행을 빨리 끝낼 욕심에 내색도 하지 못했는데, 그 말을 듣고 보니 엄마인 내가 참 못났구나 싶었습니다. 이번 산행을 하며 내가 못난 엄마라는 것을 몇 번이나 확인했는지 모릅니다.

나도 고루고루 아프기는 했습니다.

발뒤꿈치가 벗겨진 것을 시작으로 배낭 허리 주머니에 카메라를 넣어 둔 것이 화근이 되었는지 그쪽 허리가 아파 카메라를 배낭 헤드에 넣었습니다. 나도 땀띠가 나서 불편했고 여기저기 아팠지만 무엇보다 왼쪽 발 때문에 고생을 많이 했습니다.

내 왼쪽 발의 통증은 예상된 아픔이었습니다.

몇 년 전 왼쪽 엄지발가락 아래 발바닥에 이상이 생겨 수술을 한 적이 있습니다.

어느 날부터 그쪽이 불편하기 시작했는데, 나중에는 허리까지 통증이 와서, 하는 수 없이 병원에 갔습니다. 동생 소개로 우리나라에서 가장 전문가라는 의사를 찾아 여러 가지 검사 후, 수술까지 받았습니다.

의사는 내게 콩알만 한 뭔가를 보여 주며 양종이라며 원인은 무엇인지 모르겠다고 했습니다.

하지만 6개월 정도 지난 후 그 발이 다시 아프기 시작했고 수술을 하지 말았어야 했다는 것도 그때 알게 됐습니다. 하지만 어쩔 수 없는 일이 되어 버렸습니다.

그 후 이곳저곳 다니며 민간 치료도 해 보고 다리를 안 쓰려고 노력도 해 보며 좋다는 신발도 신어 보았지만 별 소용이 없었습니다. 나로서는 참 절망스러운 것이 발이 전부다 싶은 산사람인데, 발이 아파 걷지를 못한다면 어떻게 살까 싶었습니다.

하루는 어떤 사람이 우리 집에 와서 자신이 아는 의사 선생님을 만나 보라고 권했습니다. 밑져야 본전이다 싶기도 하고 병은 많이 알리라고 하니 어느 날 광주에 찾아갔습니다. 이분은 서울에 계시는 분으로 한 달에 한 번 정도 광주에 치료 봉사차 내려오는데, 올 때마다 몇몇 사람을 치료해 준다고 했습니다.

나를 치료해 온 그동안의 사람들은 내가 발이 아프니까 발만 보았습니다.

우리나라 발 권위자인 선생님은 아픈 부위, 즉 종양 부위만 보았습니다. 그래서 그 종양만 떼어내 버린 것입니다.

어떤 사람은 발바닥에서 발등까지 보았고 발 전체를 보는 사람도 있었습니다.

그런데 이분은 대뜸 나를 엎드리게 해 놓고는 여기저기를 눈짐작으로 보더니 골반이 삐뚤어져서 자세가 기울어 버렸다고 합니다. 그래서 왼쪽 다리가 길어졌고, 그것으로 인해 많이 걷는 내 발, 그 부분에 무리가 왔다며 몸의 자세를 바로잡아 주셨습니다. 그리고는 선생님 방식대로 치료를 해 주셨습니다. 자신 있게 괜찮을 거라고 했는데 정말 좋아졌습니다. 신기하고 또 고마웠습니다.

그 이후 서울 갈 일이 생겨서 그 병원에 갔더니, X레이를 찍어 보자고 합니다. 그 결과 삐뚤어진 골반과 척추뼈가 고스란히 보였는데, 문제는 척추뼈 중 골반 부근의 뼈 하나가 금이 간 채로 있다는 겁니다. 그렇게 된 지 오래되었다는 말씀에 기억을 더듬어 보니, 20여 년 전, 빙벽 등반 중에 30여 미터 추락했던 때가 떠오릅니다. 그때 금이 간 뼈가 굳지 않고 그대로 있었나 봅니다.

선생님 말씀은 그동안에는 근육이 워낙 좋아서 버티고 있었지만, 서서히 근육에 힘이 없어지면서 골반에 무리가 갔고 다리가 길어지면서 이렇게 된 거라는 겁니다.

가부좌 자세의 내 사진을 보면, 나는 똑바로 앉았다고 생각하는데 이상하게 삐딱해 보이더니 그 탓이 분명했습니다. 어쨌든 원인을 알았으니 매우 홀가분했습니다.

서울 잠실 연합의원 박오수 원장 선생님은 내게 큰 은인이나 다름없습니다.

이번 산행을 떠나기 전에도 가서 치료를 받고 출발했습니다. 산 능선에서 조심한다고는 하나 워낙 길이 멀고, 짐이 무거워 무리를 할 수밖에 없는 상황이었기 때문입니다.

그런데 역시나!

산행이 워낙 그렇다 보니 어쩔 수 없이 발에 무리가 갔고, 아픈 부분으로 딛을 수가 없으니 새끼발가락 쪽에 힘이 실렸습니다. 처음에는 새끼발가락에 물집이 생겼는데 무시하고 계속 걸었더니

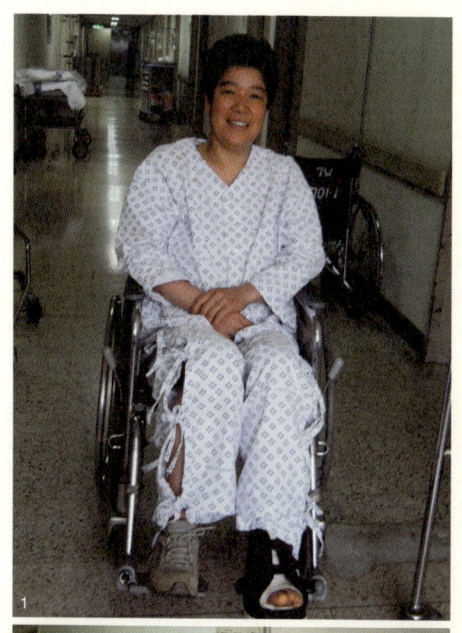

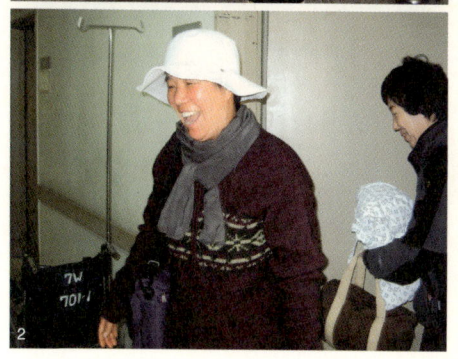

백병원에서 발 수술을 받고 요양 중인 필자. 1
퇴원하는 밝은 모습의 필자. 2

물집이 곪기 시작했습니다.

　아프다고 자꾸 신호를 보내는데 어쩔 수 없어 자꾸 무시를 하니, 그 부분은 딱딱하게 되어 버렸지만 새끼발가락과 약지발가락 주변의 뼈를 비롯한 모든 곳이 심하게 아프기 시작했고 붓기까지 했습니다.

　아픔은 산행이 끝날 때까지 계속되었습니다. 아픈 왼쪽 발도 고생했지만 그 발 때문에 정작 오른발이 더 많은 고생을 했습니다. 장한 내 발은 주인 잘못 만나서 옛날이나 요즘에나 고생이 많습니다.

　그나마 선생님이 가르쳐 준 운동을 좁은 텐트에서 아침저녁 빼먹지 않고 열심히 한 덕분에 견딜 수 있었습니다. 아무리 힘들어도 그 운동은 할 수밖에 없는 것이, 당장 발이 아프니 걷기 위해서는 어쩔 수 없었습니다.

　어쨌거나 우리의 몸은 집요하게 신호를 보냈지만 거의 대부분 무시되었습니다. 아프다고 아무리 신호를 보내도 아무런 대책이 없자 다음 날에는 다른 곳을, 또 다른 곳을, 그렇게 고루고루 신호를 보내 왔나 봅니다.

　나의 아픔은 어쩌면 예견된 아픔이었고, 어쩔 수 없이 참을 수밖에 없었지만, 준비 없이 아파야만 하는 기범이는 많이 힘들었을 것입니다. 또한 자신의 아픔을 잘 알아 주지 않는 엄마가 얼마나 야속했을까 알만 합니다. 녀석이 좀 참으면 좋겠는데, 아이가 너무 아파하니까 내 딴에는 아이가 엄살을 부린다고 했고, 그러면 아이는 몹시 억울하게 생각했습니다. 누군가 그랬습니다. 고통을 잘 감지 하지 못하는 사람도 있다고 합니다. 그러면서 기범이는 고통을 잘 감지하는 사람이고 나는 그렇지 않은 사람일 수도 있다고 합니다. 또 준비된 견딤과 준비 없이 닥친 것에 대한 차이가 아닐까 싶습니다.

그리고 나는 산전수전 다 겪은 어른이고, 그는 아직 별 어려움을 모르는 청소년이고, 무엇보다 나는 그의 어머니이고, 그는 나의 아들입니다.

그렇게 돌아가면서 온몸이 고루고루 아팠던 기범이는 산행 후 몸도 마음도 훌쩍 자라 버렸고 나는 늙었습니다. 아이는 산행이 끝난 뒤 며칠 푹 자고 일어나서는 언제 산에 갔다 왔냐는 듯 멀쩡한데 나는 그렇지 못했습니다. 나도 며칠 잠이라도 푹 자고 나면 좀 괜찮아질 것 같은데 몸은 힘들고, 자고 싶은데 푹 잠들지 못했습니다. 사람들은 그것을 갱년기 증상의 일종이라고 하는데 내 몸은 자신을 돌보지 않은 내게 화가 난 것 같았습니다.

나로서는 겪어본 적이 없는 갱년기 증상을 알 턱이 없고 그냥 평소처럼 늘 씩씩할 줄로만 알았던 것 같습니다. 그리고 산행 중에는 까마득히 잊고 있었지만 나는 아직 생활인입니다.

아직 아이를 키워야 하고, 아직 필요한 이것저것을 하며 살아야 하는 것입니다.

산행을 끝내고 처음 집에 돌아왔을 때에는 두어 달 비워 둔 집과 밭에 일거리가 가득했고, 그동안의 공백(?)을 깨고 한 산행 탓에 인사다, 강연이다, 원고다 하며 정신없이 바빴습니다. 그렇게 시

마을 뒤에 있는 형제봉에 올라 활짝 나래를 펴는 필자.

간이 지날수록 몸이 힘들고 회복의 기미가 없었습니다.

심하게 탈진된 것 같이 의욕도 없고 피곤했으며 몸살기가 있고 어쩌다 뒷산에라도 가 보면 온몸에 진력이 다 빠져 버려 몸 전체가 드글드글 꼭 자갈 굴러다니는 느낌이 들었습니다. 자꾸 눕고만 싶고 추운 것이 싫었습니다.

하는 수 없이 보약도 지어 먹고 침도 맞았습니다. 어쩔 수 없는 일 외에는 하지 않고, 몸을 따뜻하게 하려고 노력하고 있자니 아주 서서히 회복이 되는 느낌이 들었지만 완전치는 않았습니다. 그러는 와중에 나의 일 년 농사인 메주를 쑤어야 했습니다. 그런데 이상하게 올해에는 매년 왔던 멤버들이 모두 못 오게 되었지요.

초보자들과 일을 하느라 내 몫의 할 일이 엄청 많아져 버렸습니다. 게다가 추운 날씨에 새벽부터 밤늦게까지, 찬물에 손을 담그며 무리하는 바람에 회복되던 몸은 다시 엉망이 되고 말았습니다.

내 몸을 조금이라도 생각했다면 올 한해를 휴식기로 삼아야 했는데 말입니다.

한의사 선생님 말이 여성이 갱년기에는 그냥 가만히 있어도 급격히 꺾이는데, 불난 집에 휘발유 끼얹듯이 그랬으니 오죽했겠냐며 염려를 합니다.

나 자신도 산행이 끝난 후, '나도 어쩔 수 없이 늙었구나.'라고 인정했습니다.

우리는 그렇게 백두대간에 다녀왔습니다.

갱년기의 엄마와 사춘기의 아들이 고루고루 아픈 것을 견디며 다녀왔습니다.

어머니는 흰 머리카락이 잔뜩 늘었고, 힘든 산행의 날에도 큰 아들의 키는 하늘 높은 줄 모르고 여전히 자라고 있습니다.

05
세월에 장사 없다

오랜만에 산에 내 몸과 마음을 다 맡겼던 시간이었습니다.
젊은 날의 내 전부였던, 움직이는 산!
실로 20여 년 만에 다른 그 무엇도 생각하지 않고 오로지 산에서 먹고, 자고, 걷고, 싸며, 몸뿐만 아니라 마음까지도 산뿐인 날들을 보내고 돌아와 보니 이제 비로소 인정할 수밖에 없는 나의 변화!
그동안 숫자상의 나이만 먹은 줄 알았지, 실제 내 나이가 무슨 의미인지도 모르고 마냥 젊은 날의 내가 그대로 있을 거라고 생각했습니다.

지난 20여 년 세월을 이렇다 할 산행조차 하지 않고 있다가 어느 날 문득 옛날과 같은 강도 높은 산행을 해 보니 비로소 "내가 나이를 먹었구나."라고, 싫지만 인정해야만 할 것 같습니다. 산행을 하는 그 순간에는 옛날과 다름없었습니다. 힘들어하는 아들을 토닥이며, 기다리며 오히려 아이보다 훨씬 더 싱싱하게 걷습니다. 서로 감정이 상해서 삐치거나 마음이 불편할 때에는 더 잘 갑니다. 숫제 힘이 펄펄 넘치는 것 같습니다.

산행 한 달을 넘길 즈음, 추석이 되었고 가족들이 지원을 와 며칠 쉴 수 있었습니다. 그런데 아예 앉은뱅이처럼, 앉은걸음으로 또는 기어서 자리를 옮기거나, 아예 자리에서 붙박이처럼 움직이기 싫어하는 나 자신을 봅니다.

먹고 씻고를 제외하고는, 즉 백두대간 산행 이외의 어떤 움직임도 용납하고 싶지 않았습니다. 그러니까 그 한 달의 산행이 당시 한계가 아니었나 싶습니다. 이틀 후 다시 산행을 해야 하는 것이 몹시 걱정스러울 정도였는데 막상 산에 들었을 때에는 다시 괜찮았습니다. 그 후에도 힘들기는 했지만 산행을 할 때에는 산행하는 그 이상은 아니었습니다.

하루 산행이 끝나면 몹시 힘들어 내일 산행을 할 수 있을까 걱정했지만 그 다음 날 아침에는 다시 말짱해져 아침 밥을 해 먹고, 텐트를 허물어 짐을 싸는 나를 봅니다.

산행이 끝나고 집에 돌아와서 며칠 푹 쉬고 나면, 내 몸은 예전처럼 괜찮을 거라고 생각했습니다. 그런데 산행이 끝난 후 몸이 오히려 심각해졌습니다.

한참이 지나도 회복이 되지 않는 겁니다. 그동안 별 트레이닝 없이도 괜찮았던 내 체력에 너무 자만을 했나 봅니다. 나이를 먹으면 어떻게 된다는 것을 경험해 본 적이 없었기에, 50대의 체력을 예전의 20대나 30대의 체력으로 생각했던 것 같습니다.

1984년 산행이 끝났을 때는 20대였습니다. 그때는 76일 산행 중단 하루도 깊이 잘 수 없었기 때문인지 산행 후 한 일주일은 하루에 20시간씩 잔 것 같습니다. 배가 고파서 깨거나 용변 보는 시간 외에는 잠만 잤습니다.

당시 산행을 끝내고 서울에 돌아오니 겨울에 여자 혼자 76일 동안 태백산맥에 다녀왔다고 세상이 떠들어 대는데, 결과에만 관심을 가지는 속성들에 화가 났던 것 같습니다.

얼마나 힘겨운 땀과 눈물의 과정이 있었는데, 그것은 어찌되었든 남들이 하지 않은 것을 하고 돌아온 한 무모하고 미련한, 하지만 용감한 처녀!

그런 상황을 피하고 싶었고 무모하고 미련한 나를 세상에 알리고 싶지 않았습니다. 무엇보다 산 이야기나 내가 겪은 일들을 이야기 한다는 것은 굉장히 고통스러웠습니다. 어딘가에 가서 푹 쉬어야만 하는데, 마땅히 생각나는 곳도 없고…

고작, 곧 죽어도, 오로지 산만 생각날 뿐이었습니다.

다시는 가지 않겠다는 산으로 도망을 가서 어느 야트막하고 따뜻한 곳에 텐트를 쳤습니다. 그렇게 잠만 자고 나니, 몸도 마음도

백두대간의 햇살이 퍼지는 마루. 1
봄맞이로 한껏 부푼 필자. 2

가벼워졌고 결과에만 관심이 있는 세상도 봐줄 만 했습니다.

젊음이란 것이 얼마나 찬란한지 그때는 알지 못했습니다.

그로부터 26년 후, 그러니까 그 산행을 했을 때가 27세였고, 이번 산행을 한 내 나이는 53세, 나는 올해로 완경을 지났고 지금은 갱년기라고 합니다.

시간이 지나도 몸이 회복될 기미가 보이지 않아 생전 처음 한의원에서 보약도 지었습니다. 몸 상태를 알아보니 여성이 완경, 즉 폐경을 맞으면 그냥 가만히 있어도 급하게 체력이 저하된다고 합니다. 그런데 나는 가만히 있기는커녕, 엄청난 체력과 시간이 소비되는 그 일을 했으니… 나쁜 내 몸 상태는 아주 당연한 결과라는 겁니다.

그렇게 엉거주춤 겨울을 보내고 있는 내게 어떤 사람은 막 출산한 산모 같다고도 하고, 또 늙은이 같다고도 합니다. 어떤 사람은 기가 다 빠진 환자 같다며 걱정을 합니다.

세상 사람들이 다 늙어도 나만은 그러지 않을 것 같았다는 사람들, 그런 내가 늙어 간다고 나를 본 사람들은 이구동성 한마디씩 합니다. 하긴 내가 나를 봐도 그렇습니다.

겨울 날씨는 또 왜 그리 추운지, 내가 지리산 우리 집을 춥다고 느낀 적은 이번이 처음입니다. 날씨는 춥고 몸은 별로 좋지 않고, 잠도 제대로 못 자 밥맛도 떨어졌습니다. 이러면 안 되지 싶어 산에 갔다가 얼어 버린 급경사의 내리막에서 미끄러져 꼬리뼈를 다치고 말았습니다. 그야말로 엎친 데 덮친 격. 정말 기가 막힙니다.

이렇게 갱년기 신고식을 고루고루 독특하게 치르고 나서 가능하면 움직이지 않으려고 조심스럽게 봄을 기다립니다. 어쩔 수 없는 세월입니다.

산행을 끝낸 후 산행기를 정리하며 내 지난날의 산행기인 『하얀 능선에 서면』도 펼쳐 보고, 〈사람과 산〉에 연재되었던 산행기도 읽어 보고 또 다른 사람들의 백두대간 종주기도 찾아 보며 새삼 놀랐습니다. 그 당시 산행을 준비하며 매주 산행은 기본이고, 훈련으로 야간 단독 산행뿐만 아니라 서울의 모든 길을 걸어서 다녔습니다. 그때 직장이 종로였고 집은 이문동이었는데, 출퇴근은 기본이고 그 외에도 북한산, 도봉산, 불암산 등 여러 곳을 엄청 걸어 다녔습니다. 또 하중 훈련을 한다고 기본적으로 30킬로그램의 짐을 지고 다녔고, 그 외에 필요한 훈련을 꾸준히 그리고 많이 한 후 출발하고도 그렇게 힘들었습니다.

다른 사람들의 등반기를 봐도 모두 출발 전에 많은 훈련을 했다는 것을 알 수 있었습니다. 그런데 훈련 과정도 없이 나이만 먹어서는 어쩌자고 아이까지 데리고 갈 생각을 했는지, 지나고 보니 힘들었던 것은 무척 당연한 결과였습니다.

준비도 없이 세월만 탓한 꼴이 되고 말았습니다.

세월에 장사 없다는 말도 공감 백배, 실감합니다.

06
먹고 싶은 것

　인간은 여러 가지 욕망을 갖고 살아가는데, 그중 가장 우선순위가 식욕이라고 합니다.

　다른 욕망들은 어쩔 수 없이 견디거나 받아들일 수 있지만, 먹지 않고는 살 수 없으니 보통 사람인 나도 그렇게 생각합니다.

　욕심을 부리며 굳이 막 먹을 것을 찾아다니지는 않더라도, 맛있는 것을 먹으면 기분이 좋아지고 배고프면 견디기 어려운 것이 사실이기 때문입니다.

　장기 산행에서도 먹는 것이 가장 중요하다고 봅니다. 특히 이번 산행은 한창 커 가는 기범이와 함께 떠나다 보니 20여 년 만에 나서는 나로서는 도대체 식량 계획을 어디서부터 어떻게 짜야 할지, 우리가 배낭에 지고 가는 한정된 먹을거리로 해결 할 수 있을지 걱정이었습니다.

요즘에야 시대가 시대인 만큼, 히말라야 14좌를 완등한 사람들도 많고, 지금도 꾸준히 그곳에 오르는 등반가들이 많습니다.

히말라야뿐만 아니라, 우주에 가서까지 먹을 수 있는 좋은 식량을 만드는 세상입니다.

그런 식량을 구할 수만 있다면 더할 나위 없이 좋겠지만, 굳이 그런 것이 아니더라도 시중에서 파는 간편한 식품도 많습니다. 그것들도 지난날 산행할 때와는 비교도 할 수 없을 만큼 다양하고 맛도 좋아졌다고 합니다.

그동안 세상 물건에 관심도 없고 또 시골에서 살아 별 정보가 없는 나로서는, 가능하면 짐이 되지 않고 조리하기 간편하고 물이 많이 필요하지 않으며, 맛도 좋은 건강 식품이 있었으면 좋겠다고 생각했습니다. 때문에 영양가 높으면서 배도 부를 수 있는 것을 찾을 수밖에 없었습니다. 이렇게 나열해 놓고 보니 옛날이나 지금이나 이론은 변함이 없습니다.

쌀은 시중에 있는 씻어 나온 쌀로 하고, 라면과 일회용 찌개 준비, 그리고 고추장과 김이 거의 매일 먹는 주식이었습니다.

김치나 기타 반찬은 무게 때문에 피했지만 가끔은 조금씩 지고 가기도 했고, 간식은 비교적 칼로리 높은 것으로 해야 했는데, 지원대가 정해져 있지 않아 그때그때 오는 사람에 따라 조금씩 차이가 있었습니다.

간식으로는 선식이나 미숫가루를 갖고 다니며, 물을 만나면 일단 한 통을 타서 마십니다. 또 한 통을 타 갖고 다니며 배고프고 갈증 날 때 마셨습니다. 그렇게 하면 갈증도 해소되고 배도 채울 수 있어서 도랑 치고 가재 잡는 일석이조, 일거양득입니다.

그리고 육포, 초코파이, 양갱, 초콜릿, 초코바, 홍삼 캔디, 가끔은 어포, 건과일 또는 떡이나 빵, 과일 등이었는데 무겁기 때문에 양갱은 비상식 정도로 한두 개 정도만 챙겼습니다.

욕심 같아서는 모든 것을 지고 가도 남길 리가 없지만 냉정하게 뺄 것들은 빼야 했습니다. 그래도 아쉬움이 남아서 몇 번을 들었다 놓았다 했는지 모릅니다. 나중에는 오랫동안 먹었던 것들이 질려 약간씩 메뉴를 바꾸기도 했습니다. 그리고 대한산악연맹 이인정 회장님이 히말라야 등반 때 사용했다는 건조 비빔밥을 보내 주셔서 비상식으로 유용하게 사용했습니다.

요즘 건조 비빔밥은 냉동 건조식품이라 따뜻한 물만 부으면 금방 먹을 수 있고, 전 같지 않게 맛도 있었습니다. 찬물로도 약 한 시간 후에는 먹을 수가 있었는데, 부실한 식단으로 기범이가 너무 배 고파할 때 요긴하게 먹었습니다.

도시를 떠난 이후 장기 산행을 하지 않았기 때문에 인스턴트 식품을 거의 먹지 않았던 나지만 이번 백두대간 장기 산행에서는 어쩔 수 없이 먹어야 했습니다. 등반에서 먹는 것을 중요하게 생각

고추장 김밥으로
간단히 때우는 점심. 1
단출하지만 꿀맛인
점심 도시락. 2
갈증을 확 풀어 주는
달콤하고 향기로운
샘물. 3

하지 않은 탓도 있겠지만, 모든 환경이 열악한 산속에서 최소한 배만 채우자는 식이었습니다. 그러다가 지원받을 때 잘 먹자고 다짐하고 기범에게도 당부했습니다.

실제로 산에서는 잘 못 먹는 대신, 지원을 온 팀들이 이것저것 많이 챙겨 와서 좋고 맛난 호화판 음식들을 배불리 먹었습니다. 나는 대한민국 아줌마의 특권인, "음식이 있을 때 먹어 두자"라는 마음으로 배 두드리며 먹고, 먹고, 또 먹었습니다.

산에 들어가면 또 며칠은 보잘것없는 식단으로 버텨야 하니 있을 때 먹어 두자는데, 기범이는 야속하게 배만 차면 안 먹습니다. 아무리 더 먹어 두라고 눈치를 줘도 외면해 버립니다.

당장 내일부터 또 배고플 텐데 지금 더 먹어 두지, 나는 안타깝기 그지없지만 안 먹겠다는 아이에게 억지로 먹일 수는 없는 노릇이라 나라도 더 먹고 맙니다.

산에서는 알량한 고추장, 김밥 몇 덩어리를 두고 서로 실랑이도 많이 했습니다.

상대에게 더 먹이려고 티격태격하다, 결국 반으로 나눠 먹으며 목이 멜 때도 있었습니다.

기범이는 흔히 돌도 씹어 먹으면 소화시킬 수 있을 때라고들 합니다. 한창 클 때 힘든 산행을 하며 배가 많이 고팠을 텐데, 그만한 밥이 몇 배 있어도 다 먹을 수 있을 아이가 내가 조금이라도 더 먹기를 바라며 양보합니다. 그런 아이를 보는 엄마의 마음은 기특하다는 느낌보다 짠한 마음이 더 큽니다.

순간순간 크고 있는, 그래서 한창 식욕이 왕성한 아이가 별 영양가 없는 식사를 매일 하면서 만족할 리가 없습니다. 나 또한 그런 아들 앞에서 배불리 먹을 수는 없었습니다.

밥 외에 간식을 잘 먹지 않는 나는 기범이의 강압에 못 이겨 억지로 먹어야 하는 경우도 있었고 나 또한 아들을 위해서 그렇게 했습니다.

참 힘겨웠지만 귀한 경험이었습니다.

산행 중 그날그날 다른 주제의 이야기로 배를 잡고 웃기도 하고 삐치며 즐겁기도 하고 괴롭기도 했는데 어떤 날에는 먹을거리가 주제로 정해졌습니다.

기범이는 시골에서 살다 보니 어려서부터 인스턴트 식품을 거의 먹고 자라지 않아, 식성이 나와 비슷한 편입니다. 중학교 가기 전까지는 육식도 거의 하지 않았습니다. 그래서 그런지는 몰라도 미감味感이 굉장히 뛰어납니다. 무슨 음식에 무엇이 들어갔는지, 무엇이 많이 들어갔는지 잘도 알아냅니다. 물론 세상의 모든 사람들처럼 엄마가 해 준 음식을 가장 좋아합니다.

적당히 배가 고팠던 우리는 먹을 것 이야기가 나오면서 입에 침이 고이기 시작했습니다. 기범이는 내가 끓여 주는 된장찌개를 가장 먼저 꼽았고, 매운 고추로 만든 잡채도 꼽았습니다. 명란젓, 김치찌개, 매운 떡볶이, 회덮밥 그리고 입안 가득 차게 들어오는 생선회와 꽃등심 구이, 탕수육 그리고 명절 때 먹는 챗국을 먹고 싶어 했습니다. 기범이가 그것들을 꼽을 때마다 나는 "나도, 나도."

소박하고 깔끔한 손님맞이 밥상..

를 연발합니다.

  나는 무엇을 간절히 먹고 싶다는 생각은 들지 않았지만, 기범이가 생각해 낸 그 음식들은 맛있겠다는 생각과 함께 입에 군침이 돌아 정말 먹고 싶었습니다. 그렇게 먹고 싶었던 것을 산행 중에 지원 온 이들과 먹기도 했고 산행이 끝나고 먹기도 했습니다.

  기범이는 평소 과일을 무척 좋아해서 항상 과일을 먹는 편인데 산행 중에는 무게 때문에 과일을 지고 다닐 수 없으니 으레 과일이 귀합니다. 어쩌다가 과일을 지고 가면 정말 맛있고 아까워서 껍질은 물론이고 씨와 꼭지 이외에는 어느 것도 버리지 않고 다 먹어 치웠습니다.

기범이가 가장 좋아하는 과일은 (계절에 따라 변하지만) 한라봉과 수박이었는데, 산행 중 정찬효 선배가 주고 간 복숭아를 먹고 나서는 복숭아를 가장 우선순위에 올려 버렸고 수시로 복숭아 얘기를 했습니다.

그리고 배낭 헤드에 들어 있는 작은 사과 한 알을 만지면서, 언제 먹어야 할지를 재고 침을 삼키기도 했습니다. 그리고 그것을 먹은 순간, 세상을 다 얻은 표정으로 행복해 했습니다. 세상에서 이렇게 맛있는 과일은 더는 없을 거라며 아쉬운 듯 입맛을 다십니다.

또 한 번은 누군가 와서 사 준 음료수를 지고 가겠다고 하는데, 사실은 말리고 싶었지만 그렇게 할 수 없었습니다. 기범이는 아래 세상을 음미하듯 조금씩 마셨고 내게도 권하기에 한 모금 마시고는 "콜라도 맛있네."라고 했더니 아주 재미있어 하며 백두대간 산행 중 나의 어록을 만든다면 당연히 1순위라고 합니다. 평소 음료수는 입에도 대지 않던 엄마가 맛있다고 하니, 백두대간 상에서는 무엇이든 맛있을 수밖에 없다는 것을 나를 보며 다시 확인한 셈입니다. 또 자신이 음료수를 무겁게 지고 온 것에 대한 미안함도 없앨 수 있었을 것입니다.

간식 중에는 우리의 에너지원이 될 수 있는 홍삼액과 홍삼 캔디가 있었는데 아이는 홍삼 냄새가 싫다며 한사코 먹기를 거부합니다. 그러다 먹을 것이 없을 때, 홍삼 캔디를 하나 먹어 보더니 그것도 맛있다고 신기해 했습니다.

기범 노트

　　백두대간 산행뿐만 아니라 긴 여행, 혹은 산행을 할 때에는 먹는 게 중요합니다. 저뿐만이 아니고 모든 사람들이 그렇게 생각을 하실 겁니다. 이유는 간단합니다, 많은 운동량 때문에 영양으로 보충을 해야 되니까. 운동량은 많은데 못 먹는다고 생각해 보세요, 몸도 마음도 많이 괴로울 겁니다. '금강산도 식후경'이라는 말이 있듯이 먹는 것이 곧 힘입니다.

　　저희는 그렇게 좋은 음식을 먹지는 않았지만 가장 맛있는 밥을 먹으면서 산행을 했습니다.

　　저녁밥은 라면을 끓여서 먹고 국물에 밥을 말아 먹었는데 전 라면을 아주 좋아해서 먹어도 먹어도 안질렸습니다. 그리고 아침밥은 즉석 국을 끓여서 저녁에 남은 밥을 말아 먹는데 처음에는 미역국, 북어국도 먹어 봤지만 가장 맛있는 건 육개장이었습니다.

　　여러분도 앞으로 산행할 일이 생기신다면 육개장을 드세요. 그리고 점심은 김에 밥 그리고 고추장만 들어가는 도시락이 정말 맛있답니다. 물론 산행을 하며 힘들고 배고픈 상황에서 뭘 먹든 맛있겠지만 정말 잊을 수 없을 것 같습니다. 그리고 지원을 오신 분들이 맛있는 걸 많이 가지고 오셔서 배불리 먹고 영양도 보충했습니다. 모두 감사합니다.

산행 중에 내 생일이 지나갔습니다.

생일이 대수는 아니지만, 그래도 우리 가족이 함께 있는 시간이니까 즉석 미역국을 끓였습니다. 그런데 아이는 그 초라한 미역국만 있는 식탁이 마음에 들지 않는지 계속 자신을 탓했습니다.

전날 정선 권혜경이 소불고기를 해서 출발할 때 가져가라고 준비해 줬는데, 우리가 짐이 무겁다는 핑계로 두고 왔기 때문입니다. 아이는 불고기를 가져 왔으면, 산에서 맞는 생일이 이처럼 초라하지는 않았을 거라며 아쉬워했고 나도 그때에는 조금 아쉬웠습니다. 조금 무겁더라도 지고 와서 아이도 먹고 나도 먹었으면 배도 부르고 힘도 나고, 얼마나 좋았을까 싶었습니다. 생일을 맞은 나 자신보다 기범이를 생각했다면 당연히 지고 왔어야 옳았는데 여러 모로 부족한 엄마입니다.

앞으로 기범이가 커 가면서 나와 있을 날이 많지 않겠지요. 그렇게 되면 당연히 내가 해 주는 음식을 먹는 일이 점점 더 줄어들 텐데, 혹 아이의 식성 때문에 살아가면서 힘이 들지 않을까 모르겠습니다.

기범이는 어렸을 때부터 식성이 좀 유별나다고 주변 사람들이 말했습니다.

보통 아이들이 즐기는 것들은 별로 좋아하지 않았고, 토속 음식이나 야채, 과일을 많이 좋아했습니다. 내가 해 주는 음식은 최소한의 양념만으로 조리한, 소박한 음식들로, 기범이는 장가가면 각시한테는 얻어먹지 못할 거라고 말했습니다. 그래서 나는 아이에

손님에게 대접하기 위해 야생차 잎을
직접 따서 덖은 희귀한 남난희 표 녹차. 1
차를 즐기는 필자. 2

게 요리를 직접 전수받아서 하라고 합니다. 본인이 먹고 싶으면 그럴 수밖에 없을 것이고, 시대도 크게 변해 아이는 당연히 본인이 좋아하는 것을 직접 해 먹는 시대라고 생각합니다.

아이는 초코파이를 매우 좋아해(다른 간식이 별로 없기도 하니까) 산행이 끝난 후 집에 남겨 두고 온 초코파이를 다 먹겠다고 합니다. 얼마나 맛있고 또 더 먹고 싶으면 저럴까 싶어 마음이 짠합니다.

나는 아이에게 산행이 끝나고 집에 돌아가면 다시 먹고 싶지 않을 거라고 말해 줍니다. 그러자 기범이는 집에서 맛이 없으면 뒷동산에 올라가서 다 먹겠다고 합니다.

그러나 실제로 산행을 끝내고 돌아와서는 하나를 다 먹지 못했고, 그 후부터는 거들떠보지도 않습니다. 초코파이뿐만 아니라 산행 중에 유난히 맛있게 먹었거나 좀 모자랐다 싶은 것은 그 후 다시 먹고 싶어 했지만, 그래도 집 밥이 최고라고 합니다.

앞으로 내가 해 주는 집 밥을 얼마나 먹을 수 있을지 모르겠습니다.

07
야영 생활

이번 산행을 통해 실로 오랜만에 야영을 했습니다.

서울에서 산에 다닐 때에는 주말이 오면 거의 산에서 텐트를 치고 야영을 했던 적이 있습니다. 물론 장기 산행을 하면 며칠 야영을 하며, 오히려 집보다 더 편하다는 생각까지 했을 정도였습니다.

혼자 다닐 때에는 물론이고 여러 명이 가도 항상 나는 내 텐트를 지고 다녔습니다. 집을 지고 다니는 달팽이처럼 나 또한 집을 지고 다녔지요. 산의 이 능선, 저 계곡에 텐트를 치면서 말입니다. 그냥 일상이라 신기하거나 번거로운 일도 아니었습니다.

하지만 지리산에 내려오면서부터는 야영 생활을 할 일이 없어
졌고, 어쩌다 산에서 자야 할 일이 있으면 비박을 하거나 산장에
서 지냈습니다.

기범이가 어렸을 때 산에서 야영을 해 보는 것이 소원이라고 말
한 적이 있는데, 생각해 보니 산에서는 아이와 한 번도 야영을 한
적이 없었습니다.

언젠가는 하겠지 하다가 태풍 루사 때 텐트뿐만 아니라 모든 장
비가 떠내려가면서 우리는 야영 생활을 하고 싶어도 할 수 없게
되었습니다. 하지만 야영을 꼭 해야 할 일이 있는 것은 아니었으
니, 그리 아쉽지도 않았고 그렇게 세월을 보냈습니다.

그러던 어느 날, 도시 사람들이 산에 왔다가 기범이에게 텐트 한
동을 선물로 주었고, 기범이는 집 마당에 곧잘 텐트를 치고 자며
텐트에서 놀기를 좋아했습니다.

어떤 때에는 친구를 데리고 와 함께 텐트에서 자기도 하면서,
나름대로 야영 생활을 즐기는 듯 했습니다. 중학교에 가서는 텐트
를 치는 일이 없더니 어느 여름 방학 때 자신의 방에 아예 텐트를
치고 들어앉아 놀거나 책을 보고 음악을 듣기도 했습니다.

그 모습을 보며 약간 염려스럽기는 했으나 나름의 이유가 있었
기에 묵인해 왔습니다.

기범이네 학교는 작은 대안 학교로 기숙사 생활은 아니고, 작은
가정이라고 해서 학교 주변 동네에 집을 빌리거나, 학교에서 구입
해 아이 대여섯 명과 교사 한 분이 한 집에서 생활을 합니다. 대부

분 두 명 이상이 한 방을 써야 하니 자기만의 공간은 없습니다.

그리고 작은 공동체이다 보니 아주 작은 행동이나 일들도 그냥 공개되어 학생, 교사는 물론 학부모까지도 순식간에 알려지곤 합니다. 그래서 개인의 비밀이나 프라이버시가 공개되고 어떤 때에는 아주 사소한 일이 부풀려지기도 합니다. 모든 공동체가 그렇지는 않겠지만 온갖 일들이 공개되다 보니 아이는 혼자만의 공간이 필요한 것 같았습니다.

좀 더 은밀하고 좀 감추고 싶은, 낱낱이 공개되는 것이 아니라, 자신의 어떤 부분은 혼자 간직하고 싶은 마음이랄까. 더구나 사춘기에 접어들고 있으니 더욱 자신만의 공간이 절실했을 것 같았습니다.

방에다 텐트를 치고는 수시로 들락거리며 혼자만의 시간을 즐기는 듯한 기범이. 그런 아이를 그냥 두고 보면서 '얼마나 혼자만의 공간이 필요했으면 저럴까' 싶어 마음이 아프기도 했습니다.

이번 산행의 야영 생활에서는 산행 첫날부터 아이는 텐트를 치고 나는 밥을 했습니다.

요즘에는 텐트도 가볍게 잘 나와 치고 걷기에 편하고 모양도 좋지만, 약간 좁아서 텐트 입구 쪽이 아니면 허리를 펴고 앉을 수 있는 공간이 없습니다. 그래서 사실 좀 불편했습니다.

별로 앉아 있을 일이 없는 우리는 그 정도면 괜찮았지만, 날씨가 추워지면 밖에서 밥을 할 수가 없어 텐트 안에서 하게 되는데, 그때에는 좀 주의가 필요했습니다.

혼자 능숙하게 야영 준비를 하는 기범.

옛날에는 텐트를 집처럼 편히 여겼기 때문에 눈 위든, 맨땅이든, 약간 경사가 있는 곳이든 상관없이 어떤 것도 할 수 있었지만, 야영생활에 익숙하지 않은 기범이와 오랜만에 야영하는 나, 그래서, 둘 다 거의 초보자나 마찬가지였습니다.

그래도 기범이는 내가 밥을 하는 동안 혼자 텐트를 치고, 그라운드시트를 깔고, 매트리스를 펴고, 침낭과 갈아입을 옷도 꺼내 두고, 텐트 주머니에 그 다음 날 볼 지도와 일기장, 랜턴, 라디오 등을 넣고는 나머지 짐은 텐트 한쪽에 정리합니다.

어쩌다가 내가 텐트 칠 일이 생기면 아이는 나를 못 미더워 했고 너무 시간이 많이 걸린다며 은근히 자기가 얼마나 텐트를 신속히 잘 치는지를 뽐내기도 합니다.

우리는 산 능선에 텐트를 치는 날도 있었지만, 물을 찾아 물가에 칠 때도 있었습니다. 고갯마루에 정자가 있는 곳은 그 안에 텐트를 치고 플라이는 생략하기도 합니다.

정자에 텐트 친 날에는 이슬에 젖지 않아 좋았고, 갈아입을 옷도 다른 날과 달리 땀이 조금은 말라 있기도 했습니다. 도로가에 텐트를 친 날도 있었고, 농막 같은, 지붕만 있는 건축물 안에 치기도 하고, 비스듬한 돌밭에도 쳤으며, 낙엽 위에 집을 세우기도 했습니다.

산행을 하다가 좋은 캠프 사이트가 나오면 나 못지않게 기범이가 아쉬워하기도 했습니다. 이곳에 텐트를 치면 얼마나 편할까 하고 말입니다.

1990년에 종주했을 때에는 고갯마루 산신각에 들어가 잔 적도 있었는데 이번에 보니 그 옛날의 허름하고 쓰러질 듯한, 작은 산신각은 없어지고 제법 그럴 듯한 산신각이 고갯마루를 지키고 있는 게 아닙니까. 또 대부분의 문이 잠겨 있는 것이 옛날과는 달랐습니다.

예전에는 산신각 문이 열려 있어서 지나다가 배가 고프면 들어가 산신령님께 인사한 후 과일이나 포를 가져다 먹기도 하고, 비 오는 날에는 텐트 치기가 싫어 눈을 부릅뜨고 내려다보는 산신령님 발 아래에서 잠을 청하기도 했습니다.

차가 지나다니는 고갯마루는 지역에 따라 조금씩 차이가 있지만, 아래쪽에는 주로 정자가 있고 경상북도와 강원도는 위쪽에 산신각이 있었는데, 정자와 산신각이 함께 있는 곳도 있었습니다.

고치령에서 자고 다음 날 도래기재까지 가야 하는데 중간에 박달령 고개는 그냥 지나치기가 아까운 곳이어서 많이 망설인 곳입니다. 산신각과 정자가 나란히 있는 곳인데, 그곳 정자는 다른 곳 정자와 약간 달랐습니다. 다른 정자처럼 마루가 깔렸거나 그냥 시멘트 바닥이 아니라 정자 안에 식탁까지 있는, '입식'이라고 표현해도 무방할 듯합니다. 그냥 지나가기가 아까워 자꾸만 돌아보며 나중에 산행이 끝난 후 꼭 와서 자기로 마음먹었습니다.

도래기재에도 정자가 있어 그날은 정자에 텐트를 치고 옆의 폐광 굴 안에 들어가서 물을 길었는데, 광산에 사람이 못 들어가게 가로로 막아 두었습니다. 그런데 우리 말고도 누군가 들어가 물을 떴는지 굵은 철망이 휘어져 겨우 한 사람 정도 들고날 수 있었습

아주 좋은 야영터가 되어 준 도래기재(770m)의 정자. 1
땀에 젖은 옷을 말리기 위해 나뭇가지에 만국기처럼
걸어 둔 옷가지들. 2

니다. 물은 맑고 좋았지만 조금 으스스해서 얼른 물만 길어 나왔습니다. 날이 저물고 약간 어둑어둑한 탓도 있었겠지만 랜턴으로 안을 비춰보니 끝이 보이지 않았습니다.

나는 태백산맥 등반을 겨울에 했기에 식수는 눈을 녹여 해결했으므로, 그냥 능선에 텐트를 치면 되었지만 이번 산행에서는 물을 구해야 하니, 어쩔 수 없이 낮은 곳이나 물 주변에 텐트를 칠 수밖에 없었습니다. 그래서 일출이나 일몰을 몇 번밖에 볼 수 없어 아쉬움도 있었습니다.

물을 지고 운행한 날에는 일출을 볼 수 있었지만, 어떤 날에는 마음먹고 물을 지고 올라가서 앞이 활짝 열린 능선에 텐트를 쳤는데 아침에 흐리거나 비가 옵니다. 세상에 마음대로 되는 일은 없습니다.

어쨌든 기범이가 텐트를 치고 짐을 정리할 동안 나는 밥을 해 놓고, 물 사정을 봅니다. 약식으로 세면을 할 때도 있지만 아예 씻지 못할 때도 있고, 경우에 따라서는 발만 살짝 씻을 때도 있으며, 운이 좋으면 거창하게 머리까지 감는 행복한 날도 있습니다.

물론 비누나 기타 세면에 필요한 도구는 아무것도 없으며, 세면 후 바를 로션이나 기초 화장품 역시 없습니다. 씻을 수 있는 것만으로도 감지덕지입니다.

텐트를 치고 밥을 안치고는 후딱 옷을 갈아입습니다. 그러고는 낮 동안 땀에 젖은 옷을 만국기처럼 나뭇가지에 걸어 둡니다. 지나가는 사람이 있다면 창피하겠지만 이미 밤이 왔고, 그 시각에 능선을 지나는 사람은 없습니다.

저녁에는 씻어 나온 쌀로 코펠 하나 가득 밥을 해, 라면 하나를 끓여 말아 먹습니다. 산행 초반에는 라면 하나를 끓였는데 아무래도 부족해서 나중에는 두 개로 늘렸습니다. 짐이 무거워서 이것저것 지고 다닐 수 없으니 식사는 아주 간단합니다.

저녁을 먹은 후 다음 날 점심으로 김밥을 싸는데, 김에 밥을 올리고 그 가운데 고추장을 넣습니다. 그렇게 고추장 김밥을 다 만들고 나면 코펠 바닥에 조금 남은 밥이 다음 날에 먹을 아침입니다.

알량한 김밥을 쌀 때 아이가 옆에서 구경하며 침을 삼키면, 선심 쓰듯 하나 먹으라고 건네줄 때도 있지만 대부분은 그냥 무시하는 편입니다.

저녁밥을 먹고 난 후인데도 아이는 하나 얻어먹은 김밥이 맛있어 행복해 합니다.

아침에는 즉석 찌개 하나를 끓여 저녁에 남긴 밥을 말아 먹고 출발하는데 주식이 부실하니, 아무리 간식을 잘 먹는다고 해도, 한창 먹을 청소년인 기범이는 항상 배고파 했습니다. 그래서 다음에는 좀 더 늘려가기도 했는데 계속 비슷한 상황이 되고 말았습니다.

지원받을 때에는 짐 무게 때문에 망설이다 두고 온 것을 산에서 항상 후회합니다.

아이는 배고픈 것을 내색하지는 않지만 그것을 모르는 엄마가 어디 있을 것이며, 배고파 하는 아들을 보며 배불리 먹을 엄마 또한 이 세상에 없을 것입니다.

그래서 나 역시 배고픈 날들의 연속이었습니다.

야영 초반에는 내가 그만 실수를 해서 다 끓인 국을 엎질러 버린 적도 있습니다. 부식을 꼭 알맞게 가져가 여유분도 없던 터라, 아이에게 몹시 미안했습니다.

다 끓인 국을 쏟았다는 충격 때문인지 그 이후에는 조심했기 때문에 그런 실수는 다시 없었습니다.

한 번은 라면 끓이는 것 때문에 서로 의견이 갈려 둘 다 저녁을 굶은 날도 있었습니다.

기범이는 라면이 고들고들해야 좋아합니다. 그리고 나는 시간도 줄일 겸, 물이 완전히 끓지 않았을 때 라면을 넣습니다. 그러면 물이 끓으면서 라면도 익고, 시간도 줄이고, 연료도 줄여 더 좋다고 했습니다. 그것 때문에 서로 실랑이를 하다가 기분이 상해 밥맛이 달아나 버렸습니다. 나뿐만 아니라 아이까지 굶었는데, 배고픈 아이가 어떻게 잤는지 모르겠습니다. 하루 종일 고생한 후 유일한 낙이라고 할 수 있는 밥마저 먹을 수 없었다니.

어째서 그 사소한 것조차 서로 양보 못 하고 그 지경까지 갔는지 지금 생각하니 한심할 정도로 옹졸했습니다.

다음 날 아침 밤새 불은 라면을 버릴 수가 없어 내가 아침으로 먹었고, 그 이후 밥은 내가 하고 라면은 기범이가 끓이는 것으로 바꿨습니다. 지나고 보니 참으로 옹졸한 엄마였던 것 같습니다.

저녁 먹고 다음 날 먹을 도시락까지 다 싸고 나면 우리는 각자 헤드랜턴을 켜고 일기를 씁니다.

또 내일 운행할 지도도 꼼꼼히 살피고, 가끔은 수동으로 전기를 만들어 듣는 라디오를 듣기도 하고, 기범이는 휴대폰에 저장해 온 음악을 듣습니다.

하지만 그 시간은 그리 길지 못합니다. 너무 피곤해 빨리 자고 싶기 때문입니다.

침낭에 들어가기 전에는 항상 발 운동을 하고 침낭에 들어갑니다.

아침에는 다섯 시경에 일어나 좁고 낮은 텐트지만 아침 운동, 정확히 말하면 왼발 운동을 합니다. 날이 갈수록 새벽이 늦게 오지만 나는 늘 같은 시각에 일어나서 텐트 문을 열고 날씨부터 살핍니다. 그리고 밖에 나가서 볼일을 보고는 랜턴을 켜고 차를 끓여서 마시고, 그릇에 일회용 찌개를 끓이며 기범이를 깨웁니다. 기범이는 조금 힘겨워하긴 했지만, 비교적 잘 일어나 군말 없이 밥 말아 먹고 옷 갈아입고 짐을 챙깁니다.

나는 이미 웬만한 짐을 다 챙겼기 때문에 기범이 짐 챙기는 일을 도와줍니다.

기범이도 날이 갈수록 배낭 꾸리는 솜씨가 좋아집니다.

배낭을 꾸리고, 날씨도 한 번 보고, 신발끈도 단단히 묶고, 배낭 메기 전에 지도를 보며 다시 한번 그날 가야 하는 길을 꼼꼼히 살펴보며 마음속으로 길을 익혀 둡니다.

길 떠날 준비가 다 되면 하룻밤 자리를 내준 캠프사이트에 자리를 내줘서 감사했다고 인사를 하고, 우리는 서로를 쳐다보며 오늘

방관만을 일삼다 이제는 적극적으로
꼼꼼히 지도를 확인하는 기범. 1
간편하고 완벽한 이동 가옥
완성(봉화산(919.8m) 정상에서). 2

도 잘해 보자고 눈빛을 교환하거나 말을 합니다. 때로는 손을 들어 "파이팅"을 외치기도 합니다.

잠은 비교적 잘 자는 편이었는데 아마 기범이가 있어 마음이 편해서였나 봅니다.

나그네처럼 한 곳에 머물 수 없는 우리는 나중에 다시 와서 하룻밤 자고 싶은 곳도 있었지만 다시는 돌아보고 싶지 않은 곳도 있었습니다.

야영 생활은 점점 더 익숙해졌지만 기범이는 항상 잠을 더 자고 싶어 했습니다.

산행이 거의 끝나 갈 즈음엔 코펠 밥도 싫어했고, 그동안 잘 먹어 왔던 간식도 먹고 싶어 하지 않았습니다. 좋아하는 텐트에서 자는 것도 지겨워하기 시작했습니다.

날씨가 추워지자 텐트 안도 추워졌고, 아침에 흠뻑 젖은 텐트가 지겨워졌습니다. 어느 날에는 아침에 텐트가 너무 젖어서 버너 불을 조금 가까이 가져갔다가 텐트 모기장을 태우기도 했습니다.

모기장 막이 있는 텐트, 버너 불을 그렇게 가까이 갖다 대지도 않았는데 마른 낙엽처럼 순식간에 탔습니다. 우리가 출발했을 때에는 늦여름이었으니까 옷을 비롯한 모든 장비가 여름 것이었지요. 때문에 버너 불에 구멍이 난 모기장 텐트를 보면서 빨리 끝내고 싶은 마음이 더 간절해졌습니다.

이 세상에는 좋은 것만 있는 것도, 그렇다고 나쁜 것만 있는 것도 아닙니다.

좋은 만큼 꼭 나쁜 것도 있습니다.

여름에 출발했지만 가을로 들어서면서 날씨가 추워졌습니다. 그러면서 불편한 것들이 생긴 반면 쌀쌀해진 덕분에 파리, 모기로부터 벗어날 수 있었습니다. 계절이 바뀌면서 그렇게 극성스럽게 따라오던 하루살이들도 더 이상 우리를 성가시게 하지 않았습니다.

이번 산행을 하며 무엇보다 힘들었던 것 중 하나는 물이라 하겠습니다.

우리는 야영 생활을 하면서 밥을 지어 먹어야 했고, 적어도 세면에 필요한 물과 하루 종일 능선을 걸으며 수분을 보충해 줄 물이 필요했습니다. 고로 대부분은 물이 있는 곳을 찾아 야영했고 운행 중 마실 필요한 양의 물만 지고 다녔습니다.

물론 어떤 날에는 이틀 낮과 하룻밤 치의 물을 지고 운행을 한 적도 있었습니다. 우리는 늘 각자 1리터의 물병과 2리터의 물주머니, 그리고 미숫가루 타 먹을 작은 물통 하나를 지고 다녔습니다. 한 번은 포암산 바위 구간을 지날 때였는데, 기범이의 1리터짜리 물통이 절벽으로 떨어지는 바람에 산에서 작은 생수병 두 개를 주워 사용한 적도 있습니다.

1박 2일 물을 지고 갔을 때에는 각자 3리터씩 총 6리터의 물로 살았던 적도 있습니다.

그럴 때에는 산행 중에도 마실 물을 아끼며 갈증을 참아야 했고, 밥 지어 먹는 것 이외에 물을 쓸 수는 없습니다. 다행인 것은 기범이도 나도 물을 그리 많이 마시는 체질이 아니라 그 정도의 물로

산행 중 만난 반가운 물.
고모샘에서 물 뜨기. 1
땀띠로 괴로움을 호소하는 기범. 2

버틸 수 있었는지도 모르겠습니다.

날이 밝아지는 시간에 출발해서 거의 해 떨어질 때까지 산행을 하기 때문에 이미 몸은 녹초가 되어 꼼짝도 하기 싫습니다. 그래서 밥도 먹지 않고, 그냥 텐트 치고 들어가서 자고 싶은 날들도 많았지만 물을 뜨기 위해 내려가야 했습니다.

지난해에 이어 올해에도 가뭄이 심했습니다. 물 표기가 되어있는 샘도 방울방울 떨어지는 곳은 그나마 나은 곳이었고, 아예 물이 말라 있는 곳도 종종 있었습니다. 그래서 한참을 더 내려가 물을 구해 올 때면 정말 녹초가 됩니다.

하루는 작은 차갓재였나 봅니다.

물을 길어 텐트로 돌아오자마자 너무 힘들어 옷도 갈아입지 못하고 겨우 밥만 해먹고 그냥 잠이 들어버렸습니다. 다음 날 기범이는 온몸에 땀띠가 나 고생을 했고, 나도 몸 여기저기에 붉은 반점이 생겼습니다. 그 때문에 한동안 가려움증으로 고생을 했습니다.

그 후 아무리 힘들어도 그날 산행이 끝나면 옷은 꼭 갈아입었습니다.

우리는 옷을 단 두 벌씩 가져갔는데 한 벌은 산행 중에 입고, 나머지 한 벌은 그날 산행이 끝나면 갈아입을 옷이었습니다. 그래서 산행이 끝나면 꼭 옷을 갈아입고 잤으며 운행 중 입었던 옷은 나뭇가지에 걸어 두고 그 다음 날 다시 갈아입었습니다.

바람이 전혀 없는 날, 나뭇가지에 걸어둔 옷은 이슬로 인해 더 많이 젖기도 했지만 약간의 바람이 있는 밤이면 옷이 조금 마르기도 합니다.

빨래는 민가에서 자는 날 목욕과 함께 하는데, 요즘 옷들은 하룻밤 사이에 다 말라 다음 날 바로 입어도 지장이 없었습니다. 빨래를 해 옷이 뽀송뽀송하면 정말 기분이 좋습니다.

많은 시간이 흐르면서 옷은 서서히 빛이 바래졌고, 우리 얼굴도 서서히 그을었습니다.

그렇게 물을 아껴가며 기범이는 물의 소중함을 온몸으로 배웠습니다. 물뿐만 아니라 그 어떤 것, 가령 평소 하찮게 여겼던 모든 것을 소중히 생각하게 되었습니다. 또한 사람이 살아가면서 꼭 필요한 것이 그다지 많지 않다는 것도 알았을 것입니다.

백두대간 길을 걷는 50여 일 동안에 꼭 필요 했던 것은, 우리가 지고 가는 것이 전부였습니다. 그 외에는 아무리 필요해도, 아무리 그리워도 우리 것이 될 수 없었습니다.

우리가 지고 간 것은 텐트 2인용 한 동, 침낭, 그라운드시트, 매트리스 그리고 코펠, 버너 두 개, 연료, 우모복과 갈아입을 옷 한 벌, 양말 두 켤레, 장갑, 헤드랜턴, 휴대폰, 카메라, 랜턴을 겸한 라디오, 필기구, 지도, 나침반, 시계, 주머니칼, 약간의 약품과 식량, 물통과 물주머니, 스틱 정도. 식량을 지원받은 첫날에는 25킬로그램 정도였고 식량을 다 소비하고 나면 배낭이 가볍게 느껴지는데, 거짓을 조금 보태자면 새끼손가락으로도 들 수 있을 것 같습니다.

기범이는 배낭 무게에 얼마나 민감한지 어쩌다 과일 한 알을 미처 얘기하지 않고 배낭에 넣어도 금방 알아냈습니다. 산에서 배낭 무게는 바로 산행할 수 있는 거리로 이어집니다.

 이번에 그러지는 않았지만 칫솔을 반으로 토막내 갔었던 지난 날의 산행 이야기를 두고두고 곱씹습니다. 그 정도로 짐의 무게가 중요한데, 가끔 지원을 받을 때 조금 욕심이 나서 더 챙기면 그날은 정말 힘든 날이 됩니다.

 배낭 무게도 중요하지만 부피도 중요해서 가능하면 부피를 줄입니다. 나는 배낭을 워낙 작게 잘 꾸리는 편입니다. 텐트나 침낭, 우모 복을 거의 반, 적어도 1/3정도를 줄여서 해당 주머니에 넣습니다. 그렇게 해서 배낭에 넣으면 배낭의 부피가 많이 줄어들게 됩니다. 다른 물건도 배낭 구석구석, 요소요소를 잘 비집어 넣기 때문에 배낭의 크기는 다른 사람들에 비해서 매우 작습니다. 기범이는 내가 배낭을 꾸리는 것을 보면, 배낭 꾸리는 귀재라고 합니다. 그럴 만합니다.

 산에서 만나는 사람들은 우리의 배낭을 보고 비박을 하며 다니느냐고 묻습니다. 그만큼 남들에 비해서 배낭이 작기 때문이겠지요. 보통 백두대간 종주자들이 85리터에서 100리터짜리 배낭을 지고 다닌다고 하는데 우리는 60~65리터 배낭을 사용했습니다. 그전에도 산에 다닐 때 배낭을 얼마나 악랄(?) 하게 꾸렸던지… 배낭의 크기는 남들보다 작지만 거의 돌덩어리 수준이었습니다. 그래도 없는 것 없이 필요하면 뭐든지 다 나오니까 사람들은 내 배낭을 요술 주머니 또는 백화점이라고 불렀습니다.

 어쨌든 우리가 지고 간 것으로 많이 부족했지만 그렇다고 못 견딜 만큼은 아니었습니다. 어쩔 수 없이 견딘 부분도 있었겠지만 말입니다.

모든 것이 풍요롭고 흔해, 이제는 뭐든 넘쳐나는 세상인 요즘. 아니, 너무 많아서 오히려 탈인 시대입니다. 과한 것은 부족하니만 못하다는 말도 있듯이 너무 과해 병들고 있는 요즘이 그런 시대인 것 같습니다. 나를 비롯한 기범이는 이번에 산행을 통해서 많은 것을 직접 체험하고, 또 확인하는, 새롭게 돌아보는 시간이 많았습니다.

어쨌든 넉넉하지 못한 엄마와 함께 50여 일을 24시간 동안 밀착해서 먹고 자고 싸고 걷고 하면서 서로를 많이 이해하는 시간을 보냈습니다.

한 대상을 이해한다는 것은 사랑과 존중 없이는 성립될 수 없다고 생각합니다. 내가 자연에 기대어 살면서 터득한 한 가지, 사랑하면 이해할 수 있다는 것입니다. 내가 어떤 사물을, 가령 꽃, 풀, 나무, 돌멩이, 자연 등을 사랑하게 되자 어느 순간 이해가 되더라는 것입니다.

이해란 그 어떤 책이나 훌륭한 스승, 위대한 학교에서 가르치는 것과는 다릅니다. 이해는 이론으로는 설명할 수 없는 서로의 나눔입니다. 깊은 사랑과 존중 없이는 그 어떤 사물도 제대로 이해할 수 없습니다.

나는 기범이를 사랑하지만 사실 이해할 수 없는 부분이 많았습니다. 지금도 완전히 이해했다고는 할 수 없지만, 이번 산행은 그동안 보지 못했던 것을 볼 수 있는 시간이었습니다.

 백두대간에서의 시간이 없었다면 절대 평생 알 수 없었던, 알지 못했을 것들을 알게 된 것입니다. 한 사람이 한 사람을 완전히 이해한다는 것은 어쩌면 불가능한 일일 수도 있습니다. 허나 그래도 그동안의 경험과는 전혀 다른 경험을 하며 좀 더 사랑하게 되었고, 좀 더 존중하게 되었으며, 좀 더 이해하게 되었다고 봅니다.

 또한 한 대상을 두고 어느 순간 똑같이 이해하는 공통점을 발견하며 행복했습니다.

 한때 산에서 야영하는 것이 소원이었던 꼬마는, 이제 엄마보다 한참은 더 큰 청소년이 되어서 원 없이, 어쩌면 지겨울 정도로 야영 생활을 할 수 있었던 시간을 보냈습니다.

 능숙한 솜씨로 텐트를 치고 짐 정리를 할 수 있게 되었고, 장비나 버너에 이상이 생겼을 때 나를 제치고 자신이 요리조리 살피고 고치는 기범이. 나는 그런 아이를 보며 마냥 흐뭇했습니다.

 어느새 훌쩍 자라서 나에게 힘이 되고 있다는 것이 무척 신기하기도 하고, 내 아들이기는 하지만 참 멋있는 사람이다 싶기도 해 기분이 좋습니다.

 그럴 때 나는 그냥 엄마입니다.

08
감사할 일, 욕할 일

살다 보면 본의 아니게 욕할 일이 많이 생깁니다.

산행도 하다 보면 욕할 일이 많습니다. 물론 감사할 일은 더 많지만 말입니다.

이번 백두대간 산행에서 가장 먼저 감사할 일은 기범이가 처음부터 끝까지 별 탈 없이 나와 동행했다는 것입니다. 직접 걷고, 눈으로 보고, 온몸으로 산과 만나고, 온 마음으로 나와 함께한 그 모든 과정을 잘 이겨냈습니다.

이번 산행은 당초 나 자신보다 기범이를 생각하며 시작한 산행이었습니다. 그래서 아이가 온몸으로 느끼는 체험을 하게 되어서, 또 온전히 자신만의 백두대간을 간직할 수 있는 계기가 된 것 같아 엄마인 나로서는 당연히 감사한 일입니다.

그리고 우리의 산행에 도움을 준 많은 사람들에게도 감사하고, 지도를 상세하게 만들어 준 사람들, 인터넷에 물을 구할 수 있는 곳을 상세하게 올려 둔 사람에게도 감사합니다.

산행 도중 만난 친절한 사람들, 우리의 불편을 덜어 준 많은 분들께도 감사합니다.

우리가 어디쯤 가고 있는지 별일은 없는지 관심을 가지고 문자로 안부를 물어온 많은 분들의 마음도 큰 힘이 되었습니다.

나는 참 행복한 사람입니다.

산행 중 우연히 연락이 닿은 지인들이 어디든 지원을 오겠다며, 여러 곳에서 고마운 전갈을 보내왔습니다. 실제 연락이 닿아 산으로 한 달음에 와 이것저것 챙겨 주고 갔으며, 산행 중 우연히 만난 인연의 도움을 받기도 했습니다. 모두 감사합니다.

그리고 다시 배낭을 메고 나설 용기를 가진 나에게도 감사합니다.

항상 백두대간에 대한 그리움만 있었지, 길 떠날 생각은 않고 있다가 어느 날 훌쩍 배낭을 꾸린 나 자신이 대견하고 고맙습니다.

아주 오랜만에 떠난 길이라 지난날의 패기와 체력에는 미치지 못했지만, 그래도 더 늦기 전에 다시 한번 밟아 본 대간에 감격하며 감사함을 느낍니다.

무명봉의 위치를 알리는
둘산악회의 친절한 표식.

 그토록 장엄하고 아름답고 수려한 백두대간을 간직한 우리 땅에 감사합니다.
 갈 길은 멀고 지쳐는 가는데 거리 표지판이 없어서 잘 가고 있는지 어디쯤 가고 있는지 궁금할 때가 있습니다. 그러다 발견한 작은 이정표, 누군가 만든 이정표를 나무에 붙여 두고는, '힘내세요.'라는 문구까지 써 둔 사람이 있었습니다.
 좀 막막하고 지루할 때 만나는 반가운 이정표는, 시원한 물 한 모금 마신 것처럼 개운하고 한 차례 부는 바람처럼 신선하기도 했습니다. 정말 감사합니다.
 감사할 일은 직접적인 것도 있지만 좀 추상적인 것이 많은 반면, 욕할 일은 참 현실적이고 직접적입니다. 산에 버려진 쓰레기를 보면 욕이 나옵니다.
 백두대간 산행을 하는 사람이라면 아주 당연한, 절대로 해서는 안 되는 일이 쓰레기 버리는 짓입니다. 자신이 가지고 가면 정말 얼마 되지 않을 쓰레기를 나 하나쯤이야 하는 안일한 생각으로 백두대간에 버린다는 것은 결코 사소한 일이 아닙니다.

그 사람의 양심이 버려진 것입니다.

또한 그것을 보면 누구나 욕이 나올 텐데 그 욕이 당사자 귀에 들리지 않는다고 해서 욕을 먹지 않는 것은 아닙니다. 발도 없는 욕은 좋지 않은 기운으로 그 사람에게 분명 돌아가게 되어 있습니다. 우리 산에 절대 쓰레기를 버려서는 안 됩니다.

직접 듣는 욕보다 더 나쁜 것이 그런 기운으로 전해지는 욕일 것입니다.

어떤 산에는 좁은 정상에 표지판, 표지석, 지도판까지 있어서 무척 불편했습니다. 이 높고 좁은 곳에 이물질 같은 구조물을 꼭 그렇게 만들어 놓아야만 하는지도 모르겠고, 더군다나 참으로 한심한 것은, 표기된 산의 높이가 서로 다르다는 겁니다.

당연히 욕 나옵니다.

기범이도 화가 났는지 사진으로 찍어서 남겨 놓습니다.

어른인 내가 아이에게 부끄러웠습니다.

사소한 것 하나라도 통일할 수 없으면, 차라리 구조물을 설치하지 않는 게 나을 것입니다. 욕먹고 싶어서 일부러 그러지는 않았을 텐데, 도대체 왜 그랬는지 궁금합니다.

국립 공원의 어느 대피소는 물을 구할 수 없었습니다. 대피소가 아니라 휴게소였는지 모르겠습니다. 대피소 안에서 음식을 파는데 마실 물을 구할 수는 없다는 겁니다. 음식은 어떤 물로 만들어서 팔고 있는지 이해가 되지 않았습니다.

필요하면 사 먹으라는 것인데, 산 위 대피소에 물이 없다면 제구실을 할 수나 있을까 싶습니다. 대피소가 아니라 휴게소라면 그럴 수도 있겠지만 말입니다.

역시 또 욕이 나옵니다.

우리나라는 나라 전체가 공사 중인 건지, 마을이 있는 산에서는 어디고 할 것 없이 자연을 파괴하는 소리가 들립니다. 땅을 파헤치는 중장비 소리서부터 나무 자르는 기계톱 소리, 풀 베는 기계 소리, 돌 깨는 소리, 거기에 총소리까지… 자주 듣다 보면 저절로 욕이 나옵니다.

그렇게 많은 집을 짓고, 그렇게 많은 길을 만들고, 터널을 뚫고, 다리를 놓고도 아직 더 해야 할 것도 만들어야 할 것도 많은 나라가 우리나라입니다.

백두대간만 해도 지난 20년 사이에 무슨 일이 있었는지 대간을 가로지르는 도로가 수없이 생겨났고 터널이 뚫렸습니다. 그런데 아직도 해야 될 일이 남았는지 파헤치는 소리가 어디서나 들리고 있었습니다.

무엇보다 슬펐던 것은 자병산이 없어진 것입니다.

자병산 이야기는 아무리 해도 이해할 수도, 용서할 수도 없습니다. 이는 나만의 생각은 아닐 것입니다.

이번에 그곳을 지나가면서 보니 산은 아예 없어져 버렸고 보기 흉한 꼴로 방치돼 있었습니다. 꼭 오장육부가 파헤쳐진 것처럼 처

높은 자병산이 사라지고 이제는 오장육부를 파헤치듯 석회석을 채굴하고 있다.

참했습니다. 아주 멀리서 눈으로는 볼 수 있었으나, 바삐 움직여야 하는 길가에서는 카메라로 잡을 수 없을 만큼 교묘하게 은폐되어 있는 느낌이 들었습니다. 옆을 지나는 길에는 아예 나무가 무성했습니다. 산을 하나 없애는 엄청난 일을 저지르고도, 주변이 나무로 은폐될까라는 생각을 하지는 않았는지… 하긴 그런 생각조차 하지 않았으니 이 같은 일이 벌어졌겠지만 말입니다.

자병산을 올라 본 적이 있는 나로서는 참 슬프고 기가 막혔습니다. 이제는 나를 포함한 어느 누구도 백두대간을 걸으며, 그 산을 볼 수 없을 것이라고 생각하니 뭐라 말조차 못하겠습니다. 아마 앞으로 백두대간을 걷는 사람들은 자병산 자체를 아예 모르거나, 공중에 떠 있는 산쯤으로 생각할지도 모르겠습니다. 그곳은 아직도 채굴 공사가 진행 중이었습니다.

옆으로 지나는데 무서운 기계 소리가 계속 나고 있어서 몹시 기분이 상했습니다.

산에서 만나는 이정표는 참 반갑고 고맙고, 어떤 때에는 많은 도움을 주기도 하지만, 어떤 것은 인상을 찌푸리게 하는 것도 있습니다. 그럴 때면 이정표가 누구를 위한 이정표인지 궁금해집니다.

문경 구간을 지나면 우리 백두대간 남쪽의 반을 지나게 됩니다.

백두대간 종주자라면 누구나 어디쯤이 남쪽의 반이라는 것을 짐작할 것입니다.

왜냐하면 백두대간 종주는 오로지 걸어야하므로, 구간 종주자이든 한꺼번에 이어서 하는 종주자이든, 자기가 얼마나 걸었고 또 앞으로 얼마나 걸어야 하는지 계산을 해야 하기 때문입니다. 굳이 남쪽 백두대간의 반이라는 표지판을 만들어서 세워야만 했을까 싶은데, 반이라는 표지물이 몇 킬로미터를 사이에 두고 두 개나 서 있습니다.

이유 없는 무덤 없듯, 각각 사연이 분명 있겠으나 그것을 봐야 하는 대간꾼들은 속이 썩 좋지 않습니다. 불편해 욕 나옵니다.

어떤 곳에는 이정표 기둥에 민박 안내 호객 글이 붙어 있습니다. 외국인을 위한 외국어가 아닌 우리가 다 읽을 수 있는 한글로 버젓이 말입니다. 공공 시설물이 개인 영업의 호객 판으로 쓰이는 걸 보니, 감히 그 용기에 감탄을 금할 길이 없었습니다. 참 안쓰러웠습니다. 함께 가며 그것을 본 어른인 내가 아들에게 또 부끄럽습니다.

숨이 차도록 급경사의 오르막 산을 올랐다가 또 그만큼의 산을 내려가는데 바로 앞에 엄청난 경사의 높은 산이 떡하니 버티고 있습니다.

내리막은 꼬꾸라질 정도로 급하고 어디까지 내려가는지 솔직히 저도 까마득합니다.

애써 높인 고도를 순식간에 잃는 것은 그렇다 치고, 코앞에 또 그만큼의 산이 버티고 있으니… 나도 모르게 기범이 눈치를 보게 됩니다.

산에는 분명 오르막과 내리막이 있는 것이 당연하지만, 그 상황이 너무 반복되면 괜히 아이에게 미안하고 민망해져 산을 원망합

남한의 백두대간 중간 지점이 문경 차갓재 근처, 다른 두 곳에 설치되어 있다.
내용도 다른 두 개의 백두대간 중간 지점 표석.

니다.

그래서 일부러 큰소리로 욕을 합니다.

"왜 이렇게 내려가고 지랄이야."

이렇게 내가 먼저 선수를 쳐 버리면 기범이는 아무리 힘들고 약이 올라도, 어쩔 수 없이 그냥 걷습니다. 때로는 그 말을 받아서 맞장구를 치기도 하지만, 이미 선수를 빼앗겨 버려 맥이 빠져 있습니다. 산은 그냥 여전히 그대로일 뿐인데 가끔 '지랄이야'라는 욕을 먹습니다. 산에게 미안합니다.

우리가 출발했을 때에는 아직 여름 막바지라 우리의 옷이며 장비는 모두 여름 것이었습니다.

지원대가 정해져 있지 않았고, 집에 아무도 없어서 옷이나 장비는 처음 출발할 때 가져간 것을 끝날 때까지 입고 썼습니다.

침낭만 여름용에서 가을용으로 바꿨습니다.

나중에 너무나 추워 장갑을 박기성 씨 편에 지원받기는 했습니다만, 옷이 여름용이라 오대산을 지나면서는 이미 서릿발이 선 산에서는 견디기 힘들었습니다. 특히 아침에 산길을 밟으면 서릿발이 밟히는 소리에 소름이 오스스 돋기도 했습니다. 실제 추위를 느끼는 것 이상의 추운 느낌이 마음으로 전해집니다. 벌써 설악산에는 눈이 내리고 얼음이 얼었다고 해서 마음은 급한데, 거의 하루 건너 한 번씩 비까지 내렸습니다.

지난 가을 날씨가 좀 이상했습니다. 저 밑의 땅에서도 그랬는지

백두대간 능선을 넘어가는 구름.

모르겠지만, 산에서는 항상 흐리거나 바람이 불거나 비가 내렸습니다.

비 맞으며 산행을 한 후에는 기범이가 아프고 해서, 비 올 때에는 산행을 하지 않기로 했습니다. 강원도에 들어가니 얼마나 자주 비가 오는지…. 비로 인해 쉬는 날이 많아지면서 운행에 지장이 생길 수밖에 없었습니다. 그래서 비가 오지 않는 날에는 어쩔 수 없이 무리 할 수밖에 없었습니다.

몸도 지치고 마음도 지치고, 무엇보다 입고 있는 옷은 여름옷인

백두대간이 거의 끝나는 마지막 구간의 상봉(1,241m)을 지나며.

데 (설악산 구간을 걸을 때에는 지원 온 지우의 옷을 하나씩—기범이는 파일 자켓, 나는 조끼를— 얻어 입어서 그나마 견딜 만했습니다.) 날씨는 자꾸만 추워지니, 빨리 끝내야겠다는 마음이 간절해졌습니다. 더불어 조급해졌습니다.

어떤 때에는 저녁까지 멀쩡하던 날씨가 밤이 되자 갑자기 비가 쏟아진 적도 여러 번 있었습니다. 그 때문에 다음 날을 걱정하느라 잠을 잘 수 없었습니다.

비 오는 날이 계속 반복되면서 불안하고 초조한 마음 때문에 불편하던 어느 날, 하루는 다음 날 날씨가 좋을 것 같아 일출을 볼까 싶어 물까지 지고 올라간 적이 있습니다. 그래서 설레는 마음으로 능선에 텐트를 쳤는데 또 밤에 비가 옵니다. 너무 약이 올라서 막 욕을 했습니다.

욕을 들어 줄 사람도 없어 별로 재미도 없었고, 욕 같지도 않아서 기범이가 일어날 때까지 큰소리로 몇 번을 더 했습니다.

내 욕에 놀라 깬 기범이는 어이없어 하면서도 걱정을 합니다. 욕하면 하늘이 노해 비를 더 많이, 더 자주 내리게 할 거라며… 단 한마디만 남기고 곧바로 다시 잠들었습니다.

하지만 계속되는 천재지변이 마냥 반가울 수 없는 나는 애꿎은 비에게, 또 바람에게 가끔 욕했습니다.

백두대간을 종주하며 욕쟁이가 되어 버린 듯하지만, 그것은 일종의 추임새가 아니었나 싶습니다. 그리고 무엇보다 나 혼자였다면 그 욕은 공허하게 다시 내게로 돌아왔겠지만 들어 주는 사람이 있으니, 재미까지 있었다고 하면 좀 이상할지는 모르지만 우리는 가끔 재미로도 욕을 했습니다.

고작 엄마와 아들이 욕을 하면 또 무슨 욕을 얼마나 하겠습니까마는….

평소에는 하지 않던 욕을 수시로 하면서 우리는 백두대간 욕쟁이라며 유쾌함도 느꼈습니다. 기범이로서는 평소의 내 모습과는 조금 다른, 욕도 하는 어머니를 본다는 것이 나쁘지는 않았나 봅니다. 또한 아무리 많은 욕을 했다 할지라도 감사한 마음에는 비

할 수 없었습니다.

이번 산행을 끝내고는 계속 감사하는 마음뿐입니다.

백두대간에 깃든 모든 것들에게, 백두대간을 순례하는 모자를 위해 직간접적으로 도움 준 많은 분들에게, 자신이 백두대간인 나에게, 또 다른 백두대간인 기범이에게 감사한 마음뿐입니다.

09
산의 소리들

　지난날 혼자했던 산행에서는 야영하고 아침에 막 출발할 때, 저 아랫동네에서 아스라이 들려오는 스피커 소리가 참 정겹다는 느낌이 들었습니다.
　정착한 사람들에 대한 부러움이 그 소리를 정겹게 만들었습니다. 나는 왜 저들처럼 정착하지 못하고 이렇게 떠돌기만 할까 하는 회의도 들었고, 오죽하면 한자리에서 평생을 보내는 나무들에게도 부러움을 느낄 정도였습니다.
　이번에도 여전히 아랫동네의 소리를 매일 들었습니다. 스피커 소리는 변함없는 울림으로 무언가를 전해 줍니다. 하지만 거의 대부분의 동네에서는 아침부터 저녁까지, 어떤 곳은 밤새도록 총소리가 났습니다. 처음에는 무슨 소리인가 싶었는데 자세히 들어 보니 총소리였습니다.

꽤나 규칙적으로 울렸던 걸로 기억됩니다.

며칠간 그 소리를 들으면서 나름대로 내린 결론은, 아마 멧돼지가 너무 많이 내려와서 농작물에 피해를 주기 때문일 것이라는 생각이었습니다. 그러니까 그 총소리는 직접 쏘는 소리가 아니고, 총소리를 녹음해서 밤낮으로 틀어 놓은 것 같았습니다.

그래서 멧돼지를 위협하기 위한 하나의 수단이 아닐까 하는.

나는 세상에서 총소리가 가장 듣기 싫은 소리라고 생각을 하고 있는데, 그 좋은 산행을 하며 밤낮없이 들어야 하는 총소리로 인해 참 거북하고 화가 치밀기도 했습니다.

동네마다 총소리가 들려오는 것은 아니었습니다. 어떤 동네는 총소리 대신 '으르릉', '어훙' 하는 호랑이나 기타 맹수 소리를 녹음해서 들려주는 곳도 있었습니다.

멧돼지로 인한 피해가 얼마나 심했으면 저렇게까지 할까 싶어 안타까웠습니다. 산골 농민들의 고충이 눈에 보이는 듯했습니다. 낮은 산에서는 더 크게 들렸고, 높은 산에서는 메아리로 들렸던 총소리는, 이유를 불문하고 들을 때마다 꽤나 거북했습니다.

세월이 흘러 백두대간도 웬만한 것은 예전과 많이 달라졌지만 그래도 변하지 않은 것이 있었습니다. 태백산 폭격기 소리였는데,

정말 놀랄 정도로 그대로였습니다.

26년 전이나, 20년 전이나, 지금이나 여전히 하나도 변하지 않았습니다.

변한 것이라면 옛날에는 경고 표지판이 낡고 희미했었는데, 지금은 선명하고 또렷한 표지판으로 바뀌었다는 겁니다. 아마 그 세월 동안 몇 번이나 바뀌었을지도 모를 일입니다.

어쨌든 태백산에 갈 때마다 총소리는 참 불편했습니다.

대간을 종주할 때에는 아니었지만 어느 해 태백산에 갔다가 길을 잘못 들어서 그만 그 폭격기 훈련장 주변에 들어가게 된 적이 있었습니다. 어디서 지켜보기나 한 듯 전투기가 아주 낮게, 머리 위를 쏜살같이 왔다 갔다 했습니다. 엄청 위협적인 소리에 질겁한 나는 앞뒤 잴 것 없이 줄행랑을 쳐 길도 아닌 곳으로 나가 겨우 다시 능선에 설 수 있었습니다.

능선에 선 몰골은 흡사 귀신에 홀려 가시밭길과 늪을 헤맨 꼴이었습니다.

예전 기억이 이렇듯 생생하여, 이번에는 경고 구역 안에 들어가지도 않았습니다. 그런데도 폭격기는 엄청난 소리로 날아다니며 위협을 하는 것입니다.

그럴 리야 없겠지만 꼭 우리가 봉우리에만 올라가면 폭격기가 다가왔고 비교적 나무에 가려진 곳에서는 그러지 않아 이상할 지경이었습니다.

기범이에게 지난날 이야기를 해 주며 혹시 그들이 나 몰래 내 몸

어딘가에 무슨 장치나 표시를 한 것은 아닐까 의심스럽다고까지 했습니다.

폭격기는 그냥 지나만 가는 것이 아니라 가로로 세로로, 또는 엄청 빨리, 소리 또한 날카롭게 냈기 때문입니다. 미친 생쇼를 하는 그곳을 빨리 벗어나고 싶은 마음밖에 없었습니다.

그동안 흐른 세월이 얼마인데 변함없는 것은 하필 시끄러운 소리라는 것이, 진한 슬픔으로 가슴을 훑고 지나갔습니다.

기범이가 태백산을 그 엄청나고 위협적인 기계와 소리로만 기억할까 걱정입니다. 밝고 큰 우리 민족의 영산을 굳이 전쟁의 한 도구로 삼아야 하는지 몹시 궁금합니다.

조금 다른 경우지만 역시 변하지 않은 소리가 또 있었습니다.

용문산 기도원 주변의 소리였는데, 예전에 종주할 때 듣고 봤던 것을 다시 지나쳤습니다.

우리보다 산중 생활을 더 오래한 듯 낡고 초라하며 빛바랜 이부자리와 차림, 쉬어 버린 목소리, 우리는 알아들을 수 없는 기도문과 노랫소리, 우리는 그분들의 기도 소리를 멀리에서도 들으며 갔습니다. 물론 무슨 소리인지는 모릅니다.

하루는 기범이가 몹시 힘겨워하면서 산행 자체에 회의가 느껴졌는지 눈물까지 보인 적이 있습니다. 그러고는 자신에게 생각할 시간이 필요하니 혼자 먼저 가라고 하더군요. 그래서 하는 수 없이 떨어지지 않는 발걸음으로 혼자 앞서 가는데 저 멀리 어딘가에서 목탁 소리가 들렸습니다.

아마 주변에 절이 있고 사시(巳時, 10시경) 불공 드리는 소리인가 싶었습니다. 점심에 저 절에 가서 공양 좀 할까 생각했는데 이상하게 소리가 점점 더 가까워지고 있는 것입니다. 사시 예불 소리가 아닌 단순히 목탁 두드리는 소리라는 것을 알았을 때 그들과 마주치게 되었습니다. 무슨 영문인지 모르는 한 무더기의 사람들이 지나가는데 그분들 역시 대간을 하는 것 같습니다. 제일 앞선 분이 목탁을 두드리며 전진을 하고, 뒤로 몇 명의 여자들이 질서 있게 따라갔습니다.

나는 말을 걸어 볼 엄두도 내지 못하고 그냥 지나쳤는데, 아마 그분들은 산에 있는 뭇짐승에게 목탁 소리 듣고 미리 피하라는 배려를 하는 것 같았습니다. 산에서 뭇짐승과 사람이 만나서 좋을 일은 없으니, 그 방법이 나름 좋아 보이고, 재미있어 보이기도 했습니다. 기범이가 노래를 지어 부를 때 이 부분도 노래 가사에 들어갔습니다.

26년 전 혼자 산행을 했을 때에는 하루 일정을 끝내고 텐트에 들어앉으면 버너 소리를 듣는 것이 유일한 낙이었습니다. 적어도 아무도 없는 첩첩산중에서는 그렇습니다.

버너 소리가 그 적막함을 밀어냈고, 바람이 심하게 부는 날에는 바람 소리를, 또 음산한 짐승 소리도 버너 소리가 막아 주었습니다.

그때에는 석유 버너를 썼으니 소리는 지금의 가스 버너에 비교할 수 없을 만큼 소리가 크고 경쾌하기까지 해서 위안이 되었지요. 하지만 석유를 많이 지고 다닐 수 없어 연료를 아껴야 했기 때

구룡산(1,346.7m)에서 바라본 눈 덮인 태백산(1,566.7m).

용문산(710m) 중간에 있는
섬뜩한 기도처.

문에 버너를 켜 두고 오랫동안 그 소리와 따뜻함을 즐길 수는 없었습니다.

버너 불을 끄고 나면 따뜻한 느낌도 금세 사라져 싸늘한 공기와 함께 적막함이 흐릅니다. 바람 소리가 너무 심해서, 약간의 바스락거림에도 외로움이 더욱 깊어지던 밤들이었습니다. 그때를 생각하면 지금도 가슴이 먹먹합니다.

이번에는 아들 기범이가 옆에 있어 파란 버너 불이 고맙고 예뻐 보이기는 했지만 소리는 없었다는 것을 나중에야 알았습니다.

아이가 처음에는 짐승 소리를 무서워했는데 나중에는 익숙해진 듯했습니다.

산에서 우리는 모든 감각이 예민해졌지만 특히 청각은 유난히 예민해져 아주 작고 사소한 소리도 놓치지 않게 되었습니다.

종주 산행 중 가장 듣기 좋은 소리는 흐르는 물소리가 아닐까 싶습니다.

능선 상에서는 물이 없이는 단 하루도 살 수가 없으니 항상 물에서 자유로울 수 없었기 때문입니다. 또한 땀을 많이 흘리는 힘든 산행이다 보니 물은 평상시보다 더 소중할 수밖에 없습니다.

요즘 지도에는 어디에 물이 있는지 표시가 되어 있고, 인터넷상에 백두대간 상에서 물을 구할 수 있는 전 구역을 올려놓은 사람도 있어 비교적 물 구하기가 수월했지만, 소리와는 무관했습니다. 몇몇 곳은 대간과 약 5분 거리에 있어서 축복처럼 원 없이 물소리를 듣는 밤도 있었습니다.

대간 마루금에서
아주 가까운
대미산(1,115m)의
눈물샘에서 물 긷기.

    넉넉지 못한 물 때문에 항상 물을 아껴야 했고, 어떤 곳에서는 물 몇 리터를 받기 위해서 많은 시간을 기다리며 모아야 할 때도 있었습니다.
    가끔 물이 넉넉한 곳을 만나면 무엇인가를 자꾸 해야 할 것 같아서 일이 없어도 이것저것 할 일을 찾기도 하며 고마워합니다.
    1984년 단독 산행 때 물소리가 얼마나 그리웠으면, 밤에 텐트를 두드리는 눈 소리를 물소리로 착각했을 정도였습니다. 무엇이든지 과하면 안 되지만(물로 엄청나게 당한 적도 있으므로) 지금도 내가 좋아하는 소리 중 물소리를 열손가락 안에 꼽습니다.
    또한 우리나라 산천이 아주 고마운 것은, 어떤 산에나 마실 수 있는 물이 어딘가에 꼭 있다는 겁니다. 이는 그 무엇보다 큰 축복이 아닐 수 없습니다.

  내가 우리나라 산을 좋아하는 이유 중 하나는, 아마 맑은 물이 많이 흐른다는 것 때문일 겁니다. 하루는 물을 아껴야만 하는데 그날따라 몹시 갈증이 났습니다. 그럴 때면 물 한 모금 마시는 것도 눈치가 보입니다.

  그리고 상대방 목으로 물 넘어가는 소리가 크게 들리기도 하는데, 그럴 때면 치사하게 속으로 가늠을 합니다.

  '물을 얼마나 마셨을까? 나는 소리도 없이 조금 마셨는데 목으로 물 넘어가는 소리가 날 정도면 나보다 더 많이 마신 것이 분명해.'라고.

  인간이 물 한 모금으로도 충분히 치사해질 수 있습니다.

  모자母子 사이라도 그럴 때가 있는 것입니다.

  우리는 만약을 대비해서 작은 라디오를 하나 가져갔는데 자주 듣지는 않았습니다.

  라디오를 듣기 위해서는 손으로 돌려 전력을 만들어내야 하는데, 소리를 내는 데다가 랜턴도 달려 있어서 별도의 건전지가 없어도 사용할 수 있겠다 싶어서 가져간 것입니다.

  산행 초창기에는 손으로 돌려서 라디오도 듣고 랜턴을 텐트에 걸어 두기도 했습니다. 하지만 산에서는 라디오가 잘 잡히지도 않을 뿐더러 방송을 듣자면 한참을 돌려도 들을 수 있는 것은 잠시뿐. 성가시기도 하고 그것까지 신경을 쓰고 힘을 쏟고 싶은 생각이 들지 않았습니다. 라디오를 자주 듣지 않고 랜턴으로만 사용하다가 결국 무겁다고 돌려보냈습니다.

그러다가도 텐트 주변에서 짐승 소리가 나면, 기범이가 몹시 불안해 했고, 라디오를 돌리며 심한 잡음이 나와도 열심히 들었습니다. 라디오를 충전하기 위해 돌리는 소리나 라디오에서 나오는 잡음도 당시 아이에게는 위안이 되었습니다. 그 소리가 짐승에게 전달되는 효과와 사람이 내는 소음으로 다른 소리를 들을 수 없다는 심리적 효과까지 있었습니다.

아이는 그때 라디오로 소리를 내 준 것을 두고두고 고마워했습니다.

날이 지나면서 짐승 소리에도 조금 익숙해져 처음보다는 긴장하지 않았습니다. 나 또한 밤에 짐승 소리를 들으면 기범이가 있어 안심이 되었습니다. 아마 이제는 나 혼자 하는 백두대간 종주는 꿈도 못 꿀 것 같습니다. 물론 혼자 떠날 마음도 없지만, 꼭 혼자 떠날 일이 생긴다고 해도 짐승들이 너무 많아서 무서울 것 같습니다.

산행이 여러 날 이어지면 누구나 그냥 스트레스를 받는데, 기범이도 답답한지 어느 날 맘껏 소리를 치고 싶다고 했습니다.

당시 변성기를 겪고 있던 터라 목을 많이 쓰면 안 됐고, 또 산에서 소리 지르는 사람을 꼴불견으로 봐온 나지만, 한번 원 없이 소리쳐 보라고 했습니다.

아이는 바위에 올라가서 나름대로 폼을 잡고 밑을 향해 온몸으로 소리칩니다. 변성기 특유의 소리가 주변에 맴돌았지만, 본인은

태백산(1,166.7m) 정상 바로 밑에 있는 천제단의 하단에서 마음과 몸을 활짝 여는 아이.

그것으로 답답함이 어느 정도 해소된 듯, 멋쩍게 웃으며 돌아봅니다. 자신이 듣기에도 객쩍게 들렸겠지요. 또 약간 부끄럽기도 했을 것입니다. 백두대간 산행이 끝난 후 기범이는 변성기도 지났습니다. 백두대간 어딘가에 기범이의 설익은 목소리가 메아리로 남아 있을 것 같습니다.

10
산의 거리, 인생의 거리

산에서는 숫자에 많이 민감해집니다.

산행의 전체 거리나 혹은 그날 가야만 하는 거리, 특히 산 높낮이에 민감합니다.

배낭 무게는 두말 할 것도 없습니다. 지원받은 첫날, 배낭 무게는 어쩔 수 없이 무거워 힘이 많이 듭니다. 하지만 부식과 연료가 거의 바닥이 날 즈음이 되면 새끼손가락으로도 배낭이 들릴 정도입니다.

물론 텐트나 침낭 등 막영구에 여벌의 옷 등 산행에 필요한 장비 또한 식량 무게 못지않지만, 산에서는 무게가 아주 조금만 줄어도 알 수 있고 (물론 무게가 조금 늘어나도 금방 압니다.) 1주일치 식량이 줄어든 배낭은 느낌상으로도 그만큼 가벼워졌다는 걸 알 수 있습니다.

실제로 태백산맥 산행 때에는 무게를 줄이기 위해 칫솔도 반으로 잘라서 가져갔을 정도였으니까 장기 산행을 할 때에는 배낭 무게에 민감할 수밖에 없습니다. 또한 시간에도 굉장히 민감해서 수시로 거리와 높이와 시간을 따지며 산행을 합니다. 어떤 때에는 1킬로미터가 너무나 멀게 느껴지기도 하고, 또 어떤 날에는 한 시간이 너무나 짧게 느껴지기도 합니다.

언제나 산의 높낮이와 거리는 그대로인데, 시간도 항상 갈 만큼만 가는데, 그때그때 상황에 따라서 사람이 그렇게 느낄 뿐입니다.

등산길에서는 도상 거리와 실제 거리라는 것이 있습니다.

도상 거리는 말 그대로 지도상의 거리를 말하는데, 지도는 항공 촬영 지도이고 평면 거리를 측정한 것이라고 합니다. 실제 거리는 오르고 내리고 구불거리는 거리가 포함된, 꼭 걸어야만 줄어드는 거리를 말합니다.

지형에 따라서 조금씩 차이는 있으나 보통 1/3 정도, 많게는 배 이상을 지도상 거리에 더 보태야만 실제 거리가 될 때도 있습니다.

보통 평지에서는 4킬로미터 정도를 한 시간에 걸어갈 수 있다는 계산이 나오는 반면, 산에서는 1킬로미터를 한 시간으로 계산하

앞에 나타난 산을 확인하고,
등산로를 점검하고 있는 필자.

는 이유가 그것입니다. 그리고 그날의 기분이나 컨디션에 따라 상상 거리까지 보태지면 산의 거리는 우리의 마음에 따라 고무줄 거리로 변하기도 합니다.

상상 거리는 물론 자신이 설정해 둔 거리로, 특히 몸이 많이 지치거나 빨리 산행을 끝내고 싶을 때 자신을 괴롭히는 요인이 됩니다.

산에 다녔던 사람들은 누구나 경험했을 법한데, 특히 가파른 오르막을 오를 때, 바로 앞에 보이는 봉우리가 목표한 봉우리라는 생각에 숨이 헉헉 차도록 올라갑니다. 그런데 올라가 보니 또 다른 봉우리가 나타납니다.

그렇게 몇 번을 반복하다 보면 마지막 남은 젖 먹던 힘까지 고갈되며 심한 짜증이 밀려옵니다. 등산 초보자에게는 자주 일어나는 일인데, 기범이도 어김없이 그런 일을 겪으며 힘들어 했습니다.

기범이 어록 중 "어머니, 산에 주름이 생겨요." "산이 늘어나요." "산이 멀어져요." "산이 뒤로 가요."라는 말로 힘들다는 표현을 했습니다. 얼마나 힘들었으면 산이 자꾸만 뒤로 가고 있는 것처럼 생각되었을까. 지금도 그때의 표정과 느낌이 고스란히 전해지는 듯해 짠합니다.

내가 조금만 다정한 엄마였다면 당시 따뜻하게 아이를 위로했을 텐데 나는 그러지 못했습니다. 대부분 무표정이거나 고작 동조한다는 것이 "그러게!"라는 짧은 한마디뿐.

산에 올라가 보면 정말 산밖에 없다는 말이 맞지 싶습니다. 온통 눈에는 산뿐이고, 가야 할 길은 아직도 까마득하니 힘든 것은 사실입니다.

이 정도 힘든 것쯤은 잘 알고, 그저 산이 좋아서 떠난 나조차도 어떤 때에는 맥이 빠지고 버거운데, 잘 알지 못하는 아이로서는 참 많이 힘들었을 것입니다.

평소 산행을 하다 보면 힘들게 올라오는 사람이 내려오는 사람에게 물어보는 것을 목격하곤 합니다.

매우 간절하게 "얼마나 남았어요?"라고. 실제로 산에서 거리감이 없는 사람들은 본인이 얼마나 걸었고 얼마나 가야 하는지 파악되지 않는 것이 사실입니다. 그렇다 보니 비교적 가볍게 내려오는, 이미 올라갔다 내려오는 다른 사람에게 묻는 것은 실제 거리나 시간을 묻는다기보다 자기 위안이 아닐까 싶습니다. 물음에 대한 답의 대부분은 역시 "조금만 가면 된다."입니다.

그 답은 정말 조금만 가면 된다기보다는 상대를 배려하는 마음도 있을 것이고, 또 본인이 하산을 하고 있기 때문에 실제로 감이 없어 그렇게 대답하는 경우도 있을 것입니다. 본인은 올라갔다가 내려오는 것이기 때문에 부담이 별로 없을 것이고 그렇다 보니 그런 것이 아닌가 싶습니다.

차이는 있지만 기범이도 힘들 때 누군가 내려오고 있었다면 그렇게 물어보았을 것입니다.

다행히 백두대간 상에는 사람이 많지 않았고 산행 일수가 늘어나면서 스스로 거리와 시간 계산 개념이 생겨납니다. 녀석의 상상속에 산이 늘어나거나 주름이 생기고 뒤로 물러나는 일은 점점 없어진 것입니다.

멀리서 볼 때에는 엄청나게 커 보이던 산도 가까이 가 보면 별로 커 보이지 않게 되었고, 고도가 500미터 정도 되도 가볍게 받아들였습니다.

그리고 힘들어 보이는 산이 나타나면, 힘겹게 지나온 산을 생각하며, '그 산도 올랐는데, 뭐.' 하며 힘들었던 산과 시간을 끌어내어, 지금 상황을 별 무리 없이 헤쳐 나갈 수 있다는 확신과 독려를 스스로에게 하기도 했습니다.

그렇게 기범이는 온몸으로 백두대간에게 배웠습니다.

도상 거리, 실제 거리, 상상 거리… 그렇다면 우리 인생에는 어떤 거리가 있을까?

내가 백두대간 산행을 처음 시작하면서 기범이에게 무수히 했던 말이 "백두대간 길은 인생길과 비슷해, 산에 오르막이 있고 내리막이 있듯이 인생도 그렇다. 산에 편안한 길도 있고 숨이 턱에 차게 힘든 길도 있듯이 앞으로 네가 살아가는 데 있어 그와 같은 길이 있을 것이다."라고 말입니다.

  나중에는 내가 그 말을 꺼낼라치면 기범이가 먼저 선수를 치기도 합니다.

  아이가 아직 겪어 보지도 못한 인생길을 백두대간 산행을 하며 예습한 것이라고 하면 너무 억지일까? 인생에서도 분명히 정해진 인생과 실제로 살아내야 할 인생, 그리고 본인이 상상하는 인생이 있을 텐데 말입니다.

  그리고 산행에 항상 즐거움만 있는 것이 아니듯 인생 또한 그럴 것이고, 산행이 항상 괴로움만 주는 것은 아니듯, 인생 또한 그럴 것입니다.

  이 세상에 영원한 것은 아무것도 없다고 했습니다. 영원히 올라가야만 할 것 같은 산도 어느새 다 오르게 되고, 또 내려가야 하듯이 인생 또한 그것과 다르지 않을 것입니다.

  그러므로 백두대간 산행이 곧 인생 공부인 셈입니다.

II
사람은 표지를 남긴다

　어쩔 수 없이 어떤 의미를 부여할 때나 무슨 일이 닥치면 나도 모르게 과거의 것과 비교하는 버릇이 있습니다. 이것이 나의 한계인지는 모르겠으나, 그것 때문에 손해를 많이 본 사람은 당연히 '기범'이었습니다.
　만약 기범이가 내가 아닌 다른 사람과 백두대간 종주를 했다면, 아마 훨씬 덜 힘들었을지도 모르겠다는 생각을 수도 없이 했습니다.
　그 무엇보다도 백두대간 상의 등산로가 얼마나 잘 나 있는지, 그러리라는 예상은 했었지만 저는 감히 고속도로라 말하고 싶습니다. 길이 무척 잘 뚫려 있어서 놀랍기도 했고, 씁쓸하기도 했지만 당장 걷기에는 좋으니 어쩌면 다행이기도 했습니다.

산행 초반에는 길이 매우 좋아 평안하기까지 했습니다. 거의 흥분이 될 정도였고, 아이에게 길이 이렇게 좋아졌으니, 일 년에 한 번씩 백두대간에 오겠다고 할 정도였습니다.

주변의 잡목까지 싹 정리된 뽀송뽀송한 흙길, 솔잎이 우단처럼 깔린 시원한 솔밭 길, 친절한 안내 문구가 있는 표지판들, 고갯마루에 내걸린 백두대간 지도판, 그런 길들은 내 상식으로 백두대간 길이 아니라 그냥 산책길 같은 느낌이었고 마냥 "룰루랄라" 노래하며 가볍게 소풍 다니는 길 같았습니다. 이만 한 길이 지리산 주변에 있다면, 우리 지리산 학교 숲길 걷기반 수업 장소로 그만이라며 복에 겨운 생각도 해 봅니다. 물론 일부 낮고 편안한 산일 때의 생각입니다.

내가 옛길만 생각하며 "길 좋다, 길 좋다."를 연발하니 예전 길을 알 수 없는 기범이는 도무지 납득할 수 없다는 얼굴이었습니다. 자기는 힘들어 죽겠는데 엄마라는 사람이 잘한다는 칭찬은 안 하고, 옛이야기만 하니 짜증이 날 만도 합니다. 또한 무슨 변수만 생기면 지난 일과 비교하며 지금은 아무것도 아니라는 반응을 보이는 엄마가 원망스러웠을 겁니다.

나 또한 기범이를 먼저 생각했어야 하는데 내 생각만 했던 모자라는 엄마였습니다.

사람은 표지를 남긴다

"룰루랄라" 노래가 나오는 부드럽고 아름다운 대간의 마루금. 1
꽃 치장을 한 대간의 마루금에서는 절로 흥이 난다. 2
발길을 재촉하는 비 내리는 대간길. 3

그러나 당장 걸어야 하는 우리에게 길이 잘 나 있어서 나쁠 것이 없다는 건 분명한 사실이었지요.

이번 산행을 하며 보니 지방 자치 단체 탓인지 지역마다 차이가 좀 있었습니다. 어떤 지방은 백두대간 길을 풀뿐만 아니라 나무와 주변의 산까지 정리를 많이 해 둔 곳이 있었고, 또 어떤 곳은 전혀 손대지 않은 곳도 있었습니다.

나는 숲이 정리되지 않았어도 길이 잘 나 있어 괜찮았는데 기범이는 잘 정리된 길만 가다가 그런 길이 나오면 잡목이 많다고 짜증을 냅니다. 더군다나 아침에 지나가면 이슬로 옷이 다 젖어 아이는 더 싫어합니다. 그러나 비가 오는 날에도 자기가 앞서 걷습니다.

앞서가며 풀잎에 맺힌 물방울을 털어내 뒤에 쫓아가는 나는 훨씬 덜 젖습니다.

참 멋진 사람입니다.

대부분의 산에는 표지판이 있어 덕분에 우리는 지도를 많이 꺼내보지 않고도 진행할 수 있었습니다. 그런데 이 표지판도 일관성이 없어 지자체에 따라 다른 것은 그렇다 쳐도, 유명한 산에는 너무 자주 있어 심하다 싶은데, 변방으로 갈수록 표지판은 점점 더 보기 힘들어집니다. 같은 국립 공원이라도 심하게 몰려 있는 곳은 100~200m에 하나씩 있는 곳도 있었지만 그렇지 않은 곳은 점점 멀어지다가 나중에는 아예 없는 곳도 있었습니다.

어느덧 표지판에 익숙해진 기범이는 표지판이 한동안 나타나지 않으면 불안해 하기도 하고, 지루해 하기도 하며 왜 그러냐고 대뜸 따집니다.

나 또한 지도와 나침반만으로 길을 찾던 일은 까마득한 일이 되어 버리고 표지판을 보는 것에 익숙해져 버렸습니다. 옛날과는 비교할 수 없이 아주 친절했지만, 매우 상세한 지도를 보고도 헷갈릴 때가 있었습니다.

무척 뚜렷하게 잘 나 있는 길과 친절하게 잘 안내하는 표지판들, 매우 상세하게 만들어진 지도들로 인해서 나침반을 한 번도 꺼내 보지 않고도 길 잃고 헤맨 적은 한두 번밖에 되지 않았습니다. 그래서 고맙기는 했지만 사람을 바보로 만들었습니다.

옛날에는 백두대간 종주하면 이런저런 것보다 가장 우선이었던 것이 독도법이었습니다. 독도법을 모르면 절대 백두대간 종주를 할 수 없었지요.

국립 지리원에서 나온 1/50,000 지도를 사서 백두대간을 따라 형광펜으로 선을 긋습니다. 그때에는 지도조차 함부로 구할 수 없었는데, 우리나라에서 유일하게 구할 수 있는 곳이 종로 1가 뒷골목 '중앙 지도사'였습니다.

그곳에 가서 주민등록증을 제시하고 인적사항을 적고 난 후에야 지도를 구입할 수 있었습니다. 군사 지도인 것입니다. 산의 높낮이는 등고선으로만 표기되어 있고 물은 가늘고 파란 선으로 계곡임을 표기한 난해한 지도! 그것만이 유일한 길잡이입니다.

그 지도를 마르고 닳도록 펼쳐 보며 날씨가 이상해 시야가 흐려지면, 나침반과 지도를 수도 없이 꺼냈다가 넣고는 했습니다.

길은 없고 보이는 것도 없을 때 독도를 못 하면 당연히 미아가 되는 것입니다.

요즘에는 전화번호가 모두 휴대폰에 저장되어 있어 번호를 기억해내지 못합니다. 그래서 전화기가 잘못되면 다른 아무런 방법이 없습니다. 노래방에서도 노래 가사가 다 나오니까 노래방 아니면 노래를 못 부른다고 합니다. 세상이, 과학이, 사람을 바보로 만들어 가고 있습니다.

적절한 비유일지는 모르겠지만 지도가 매우 상세하고, 길 좋고 표지판도 있으니 지도의 빽빽한 등고선 수를 세고 진북, 자북을 따지며 나침반을 돌리지 않아도 길 잃을 일이 없습니다. 우리 모두 바보가 되는, 아니 이 세상 모든 사람들이 바보가 되고 마는 것은 아닐까 모르겠습니다.

어쨌든 산행 중 많이 지치고 힘들 때 나타나는 표지판은 때로는 용기를 주었고 때로는 실망을 주었지만 우리에게 실제로 많은 도움을 주었습니다. 무엇보다 우리의 위치가 그때그때 파악되는 것이 좋았습니다.

그리고 거의 모든 산봉우리에는 정상 표석을 세웠는데 그것도 지자체에 따라 아담한 자연석도 있었고, 엄청 큰 돌에 어처구니없이 큰 글씨로 정상을 알리는 곳도 있었습니다.

정상 표석은 그렇다 치고 간간이 인공 간이 의자들이 있었는데,

가끔 우리도 앉아 쉬었지만 산 고갯마루도 아니고 굳이 산 위에까지 그렇게 시설물을 설치해야만 했을까 싶은 곳도 있었습니다.

산에 다니는 사람들 대부분은 개인 깔개를 가지고 다닙니다. 고로 쉴 때 본인의 깔개를 깔고 앉아 쉬다가 가면 되는데 굳이 비용을 들이고 자연환경을 무시하면서까지 그렇게 해야 하는지, 심지어 어떤 곳은 나무도 아닌 것이 정확하게 무엇인지는 모르겠지만, 쇠붙이나 스테인리스로 간이 의자를 설치해 둔 곳도 있었습니다.

산, 자연 그 속에 쇠붙이는 너무나 어울리지 않는 이물질로 보였고, 또한 산은 외롭고 추워 보였습니다.

짐작은 좀 했었지만 백두대간을 가로지르는 도로들, 정말 상상 이상으로 많았습니다.

예전에는 고작 몇 개, 그것도 포장되지 않은 옛길을 만나면 오히려 반가웠고 행여나 차가 지나갈까? 사람들이 올라올까? 기다릴 정도였습니다. 그런데 그 세월 동안 무엇이 얼마나 변했기에 그토록 많은 길들로, 꼭 산을 뚫어야만 했는지 모를 일입니다.

그리고 백두대간이 고갯마루를 지나가는 것이 엄청난 일거리인 양, 거대한 돌에 백두대간 무슨 '고개' 또는 '령'이라고 했는데 좋은 모습이 아니라 흉물로 보였습니다.

누가 누가 더 큰 돌에 백두대간을 새길까 내기라도 한 것일까, 아니면 그렇게 큰 돌에 광고하면 백두대간이 더 많은 무언가를 주기라도 한다는 말인지, 물론 나와 다른 생각을 하는 사람들도 많겠지만 너무 심하다 싶어서 즐겁지 않았습니다.

너무 커 나를 초라하게
만드는 표지석. 1
산에 어울리지 않는,
때로는 위험물로
돌변하는 시설물. 2
과유불급. 지나치게 많은
리본으로 터널을 이뤄
눈살을 찌푸리게 하는
표지기. 3

한때에는 그냥 백두대간이라는 낱말만으로도 감동할 때가 있었는데, 정말 아쉬웠습니다.

요즘에는 대간을 구간별로 종주하시는 분들이 많고, 그 사람들이 더 용이하게 이용하겠지만 많은 도로를 그렇게 빨리 내달려 우리는 더 행복해졌는지 묻고 싶었습니다.

물론 우리도 그 도로를 이용해 지원을 받았습니다. 그러면서도 마음이 불편한 것은 어쩔 수 없는 나의 한계인 것 같습니다.

이렇게 백두대간에 도로가 많이 뚫리고, 표지석도 엄청 많이 세웠고, 친절한 표지판도 많아서 이제는 누구나 시간 있고, 가고 싶은 마음만 있으면 쉽게 갈 수 있게 되었습니다. 단지 자신의 발로 한 발 한 발 걸어야만 가능합니다.

백두대간에는 그동안 종주한 많은 사람들이 표지기도 엄청 매달아 놨습니다.

어떤 나무는 표지기가 숫제 나뭇잎인 양 기존의 잎이 보이지 않을 정도로 많이 붙어 있습니다. 정말 이상한 것은 왜 사람들은 표지기를 남들이 붙여 둔 그곳에 계속 붙이는지 모르겠습니다.

표지기의 원래 용도는 본인이 그곳을 지나갔다는 걸 알리기보다 뒤에 오는 사람이 그 표지기를 본 후 길을 잃지 말라고 표시를 하기 위한 것으로 알고 있습니다.

1984년 등반 때에는 표지기 자체도 거의 없었지만, 어쩌다 빛바랜 표지기를 발견하면 마치 사람을 만난 것처럼 반가워 눈물을 흘린 적도 있었습니다.

눈 덮인 높이가 엉덩이를 넘는 산에서 어디가 길인지 파악하지도 못 한 채, 하염없이 눈밭을 헤매고 있을 때 어느 나뭇가지에 달려 바람에 흔들리는 빛바랜 표지기는 정말 반갑고 고마운 것이었습니다.

어떤 표지기는 붙인 지 오래 지나서 누구의 것인지도 알 수 없었지만 행여 나와 비슷한 고행을 한 후 힘겹게 표지기를 달았을 그 사람의 온기가 있지 않을까 싶어 만져 보면, 그냥 바스라져 버리기도 합니다. 그러면 나는 가슴이 아프다 못해 쓰리기까지 하곤 했던 기억이 생생합니다.

이제는 표지기가 길잡이 용이라기보다 본인이 다녀갔다는 전시용이 된 듯했습니다. 심지어는 사진을 코팅해서 걸어 둔 팀도 있었습니다. 산마다 약간 다른 사진을 걸어 두는 수고도 했습니다. 천에 인쇄를 해서 걸어 둔 팀도 있었습니다. 오랜 세월 동안 비바람에 시달려 코팅된 천이 삭아서 흉측하게 변한 것도 있었습니다.

호랑이는 죽어서 가죽을 남기고 사람은 죽어서 이름을 남긴다지만, 백두대간 종주가 그럴 만큼 대단한가를 다시 생각하게 합니다.

표지기의 문구는 세월과 함께 계속 변합니다.

1984년의 표지기 문구는 '반공 방첩', '산불 조심', '자연은 사람 보호, 사람은 자연 보호', '자기 쓰레기는 자기가 가져갑시다.' 등이었습니다. 1990년대에 들어서는 '학생에게 참교육을 교사에게 전교조를', '우리의 소원은 통일' 등 구체적으로 사회를 비판하거나 사회의 이슈가 주된 주제였는데, 이번에는 주로 산악회나 사람 이름이 나열 되어 있었습니다.

누구누구 몇 차 종주, 많게는 몇십 명씩의 이름도 산 위에서 부는 바람과 함께 흔들리고 있었습니다.

기범이가 산행 초반에 "우리도 표지기 붙일까요."라고 농담으로 물었고, 나는 흔쾌히 "그러자"고 했습니다. 문구는 '갱년기와 사춘기', 그래 놓고 우리는 한참을 웃었습니다.

기범이가 표지기에 관심을 보이며 노래를 지어서 부르기도 했고, 또 표지기가 한참 안 보이다가 다시 보이면 무척 반가워했습니다.

특히 자신이 다닌 학교와 비슷한 대안 학교인 '이우 학교'나 '마리 학교'의 표지기를 발견하고는 반가워했는데, '딸내미와 백두대간' 같은 것은 자신의 처지와 비슷했을 아이를 생각해서인지 안 보이면 궁금해 했습니다. 그 밖에 몇몇 표지기를 꾸준히 만나며 걸었습니다.

봉화산을 지나면서 물을 길으러 표지기를 따라갔다가 엄청나게 고생을 하기도 했습니다.

그 표지기는 지리산에서부터 봐 온 것으로, (오랫동안 따라오는 표지기는 우리도 모르게 익숙해지고 신뢰가 쌓입니다.) 그날도 낯익은 표지기를 별 생각 없이 무작정 따라갔습니다. 그러다 세 시간 정도 생고생을 하고 말았습니다.

아마 표지기의 주인들도 우리만큼 고생을 했을 텐데, 그날이 물 때문에 가장 심하게 고생한 날로 기록됩니다.

주로 야산에는 그동안 달아 둔 표지기가 집합소처럼 많이 있었는데, 국립 공원이나 기타 입산 통제 구역에서는 회수를 해 가지고 가는지 거의 찾아볼 수 없었습니다. 들은 이야기로는 그렇게 회수해 간 표지기가 몇 가마니씩 쌓인다고 합니다.

어떤 곳에서는 습관처럼 표지기만 보고 가다가 표지가 끊기면 약간 불안해지기도 하더군요.

그럴 리 없겠지만 행여나 26년 전에 붙인 나의 것이 남아 있나 싶어서 유심히 보기도 했습니다.

1984년 당시, 나도 표지기를 달면서 산행을 했었는데 너무 힘들어서 많이 달지는 못했습니다. 그 후 3년 정도 지나고, 미시령 부근 산 능에서 내 표지기를 발견하고 가슴 뭉클했던 적이 있었습니다. 그 세월 동안 빛은 많이 바랬지만 표지기를 보는 순간 고난의 날들과 땀과 눈물을 떠올리며 나도 모르게 눈물이 흘렀습니다.

또 어떤 곳에서는 길을 잘못 들고도 표지기를 달았는데 대표적인 곳이 통고산이었습니다.

그 당시 나를 지원했던 국토 순례회가 통고산에서 산제를 지내기로 해서 회원 모두 모이기로 돼 있었습니다. 그래서 평소보다 엄청 많은 수의 표지기를 달며 지나왔는데 지나고 보니 잘못 간 능선이었습니다. 다시 가서 회수할 수도 없고 어쩔 수 없었지만 혹시 그 후 누군가 그 표지기를 보며 길을 잘못 들었을까 봐 두고두고 걱정이 되었습니다.

그리고 진부령에 도착하면, 여러 종주자들을 위해 세운, 백두대

아이가 반가워한 대안 학교 이우 학생들의 첫 대간 종주 기념. 1
진부령의 백두대간 완주 비석 거리. 2

간 종주를 기념하기 위한 비석 거리가 있습니다. 그들로서는 비석을 세워서 길이 남길 만큼이나 대단한 일이었던 것이지요.

백두대간 종주가 말입니다.

나는 그렇다 치고 기범이는 참으로 대단한 일을 한 것입니다. 백두대간 종주 기념비를 보며 생각이 많아졌습니다.

남들이 한 일에 왈가왈부할 일은 아니지만 백두대간 종주가 비석을 세우고 기념할 정도의 일이구나 하며, 새삼 서러움과 약간의 당혹감을 느꼈습니다. 또 나는 모든 일을 매우 하찮게 생각하는 것은 아닐까 하는 생각도 들었습니다.

12
백두대간의 수많은 생명들

 이번 백두대간 산행에서는 예전에 비해서 많은 짐승을 만났습니다. 그동안 산길은 더 잘 정리되었고, 고갯마루로 찻길도 많이 개통되었는데 말입니다.
 출발 첫날, 지리산 초입에서 새끼 고라니 두 마리를 보았습니다. 세상에 태어난 지 얼마 되지 않은 듯, 작고 앙증맞은 두 놈이 어리둥절한 표정으로 사방을 두리번거리는 폼은 참 보기 좋았습니다. 마치 정글에라도 들어선 느낌이었습니다.
 녀석들은 순식간에 나무 사이로 숨어 다시는 모습을 보여 주지 않았지만, 산행 첫날에 만난 친구들이라 느낌이 아주 좋았습니다.

집을 나서며 많이 불안했던 마음에 애써 이번 산행이 잘될 거라는 기분 좋은 느낌을 더해 가며, 괜히 걱정스러웠던 마음에 위안이 되는 듯했습니다.

출발할 때부터 잔뜩 긴장이 되어 있던 기범이의 표정도 순간 밝아졌습니다.

그 후에도 산행 중 고라니를 두 번이나 더 보았는데, 한 번은 대덕산 부근에서 스치듯 지나가는 가족 몇 놈을 보았고, 또 한 번은 두 마리를 본 것, 합쳐서 세 번씩이나 보았습니다.

멧돼지를 보았을 때에는 좀 심각하다는 느낌을 받았습니다.

멧돼지를 직접 만난 것도 여러 번이었지만 온 산, 백두대간의 거의 모든 산을 온통 뒤집어 놓았다고 해도 과언이 아닙니다. 금방 뒤집어 놓은 곳을 수도 없이 지났습니다.

아마 멧돼지 숫자가 늘어나면서 먹이가 부족했던 탓인지, 산을 뒤져 나무뿌리나 풀뿌리를 캐서 먹었나 봅니다.

내가 1984년 처음 종주했을 때에는 눈 덮인 통고산 주변만 온통 뒤집어져 있었지, 나머지 산은 그렇지 않았습니다.

가끔 발자국은 있었지만 멧돼지를 만나지는 않았고 소리도 듣지 못했습니다.

1990년 종주 때에도 전보다 조금 더한 정도였는데, 이번에 산행을 하며 보니 좀 심각하다는 생각이 들었습니다.

사람이 많이 다녀서 단단하게 다져진 길도 쟁기로 밭을 갈아엎

잘 가꾸어진 멧돼지 농장.

은 듯이 보였습니다. 수없이 많은 곳에서 금방 땅을 파고 지나간 듯, 땅의 속살에 수분이 그대로 남아 있었고 방금 파헤친 땅의 냄새가 싱그럽기까지 합니다.

나무뿌리를 파내 나무가 반쯤 쓰러진 곳도 있었습니다.

국립 공원에 해당되는 큰 산이었는데, 사람들이 많이 다니는 산을 제외한 거의 대부분의 산이 조금 전에 파였거나 혹은 며칠 전, 또는 몇 달 전에 파헤쳐져 만신창이였습니다. 나중에 우리는 무감각해져 보통은 그냥 지나치거나 대수롭지 않은 농담까지 하게 되었습니다.

가령 "여기는 멧돼지 나이트클럽이었나 보다."

기범이는 멧돼지 나이트클럽에서 디스크자키를 할 테니 나보고는 무엇을 하겠느냐며 묻고, 음악 선곡에 고민을 하면서 자신이 알고 있는 댄스 음악을 골라서는 이 곡이면 멧돼지들이 더 열심히 춤을 출 거라고 농담을 합니다.

또는 "이제 멧돼지도 농사지으려나 보다, 밭갈이했네." 등 농담으로 하는 말이었지만 실제로 밭갈이를 한 듯해서 무슨 씨앗인가를 뿌리면 금방 싹이 돋아날 것처럼 땅의 속살이 드러났습니다.

좀 이해가 안 되는 것은 무소처럼 뿔이 있어서 그 딱딱한 땅을 밭 갈듯이 갈아엎을 수는 없었을 텐데, 어떻게 이렇게 했는지 궁금하기도 했습니다.

멧돼지는 고작 엄니로 땅을 갈아엎었을 텐데, 엄니가 어느 정도이기에 이렇게 땅을 갈아엎을 수 있었을까 상상이 되지 않았습니다. 꼭 무슨 연장을 이용한 것 같았습니다.

뭐 그렇다 할지라도 우리와 마주치지만 않는다면 좋겠다는 바람으로 부지런히 지나칩니다.

대덕산이었던가. 바람이 잠잠하던 어느 순간, 갑자기 심한 바람소리가 들리더니 숲이 움직이기 시작합니다. 처음에는 멋 모르고 어리둥절했지만 순식간에 알게 됩니다.

멧돼지 가족이 나들이를 간다는 것을.

불과 10여 미터 앞에서 우리도 멈추고 그들도 멈췄습니다.

우리는 그들을, 그들은 우리를 숨죽이고 서로 쳐다봅니다.

우리는 둘이고 그들은 여럿입니다.

제일 앞선 놈은 무리의 어미인 듯, 혹은 아비인 듯 엄청난 덩치를 가졌습니다. 뒤의 무리들도 작은 덩치는 아닙니다. 산은 정적에 휩싸입니다. 나뭇잎도 떨어지지 않고 새들도 움직이지 않고 바람도 불지 않습니다.

지난날, 산에서 짐승을 만나면 절대 눈을 돌리지도 말고 등도 보이지 말라는 말을 수도 없이 들어왔습니다. 등을 돌리는 순간 공격해 오기 때문에 눈싸움으로 짐승의 기선을 제압해야 한다는 겁니다. 사람 눈이 그 어떤 동물의 눈보다 무섭다고 했습니다. 그리고 동물의 입장에서 본다면 사람처럼 재수 없는 동물은 없을 겁니다.

사람이나 짐승이나 분명히 발이 네 개인데 두 발로 걷지, 그것도 엎드려서 걷지 않고 서서 걸어다니지, 자기들은 입지도 않는 이상하고 거추장스러운 것을 걸치고 있지, 온갖 잡식으로 인해 심하게 냄새나지, 등에는 크고 이상한 보따리를 멨지, 그 보따리에는 무엇이 숨겨져 있는지 모르지, 걸핏하면 무기 같은, 암튼 기타 이것저것으로 위협하지, 그래서 가능하면 사람과 부딪치는 것을 적극 피한답니다.

사람과 만나 봐야 그들에게는 이익보다는 손해가 더 많을 수 있기 때문입니다.

어쩔 수 없이 만났을 때 그들은 본능이 발달되어 있어서 순간적으로 상대에게 적의가 있는지 없는지, 공격성이 있는지 없는지 파악하다고 합니다.

　대부분의 사람들은 갑자기 산에서 짐승을 만나면 으레 놀라고, 겁도 날 테니 자신도 모르게 방어한답시고 무언가 행동을 취하려 할 것입니다. 그러면 상대는 자신을 공격하는 줄 알고 반격해 올 것입니다. 생각만 해도 아찔합니다.

　가능하면 산에서 짐승을 만나지 않으면 좋겠지만 우리는 이미 만나고 말았습니다.

　한동안 서로의 눈을 응시(?)했습니다. 우리가 공격성이 없다는 것을 알아주었으면 하는 마음에 가능하면 눈에 힘을 빼고 부드럽게 바라보려 노력합니다. 일절 움직임도 없습니다.

　눈은 그들에게서 떼지 않고 입만 작게 놀려서, 목소리도 거의 들리지 않게 기범이에게 눈을 돌리지 말라고 일러줍니다.

　나는 겁이 안 난 것은 아니나 기범이가 있어서 그런지 그리 심하지 않았던 것 같습니다.

　한참을 서로 마주 보다가, 어쩌면 찰나였는지도 모르겠습니다. 조금 시간이 길게 느껴졌습니다. 그들이 몸을 돌려 오던 길로 되돌아갔습니다.

　우리는 조금 안도의 숨을 쉴까 어쩔까 할 때 무리는 한 열 걸음쯤 갔을까 다시 멈춰 서서 한동안 우리를 쳐다보다가 슬며시 사라졌습니다.

　다시 돌아갈 때에는 더 이상 바람 소리는 없었습니다. 나무가 흔들리지도 않았습니다. 조용히 우리를 피해 갑니다.

우리도 당연히 걸음이 빨라졌습니다. 귀는 더 예민해졌고 일부러 목소리를 높여서 이야기하고 나오지도 않는 웃음 소리를 높여 웃기도 하며, 스틱으로 낼 수 있는 만큼의 소리를 만들어내며 이 산에 사람이 있다는 것을 알리려고 애를 썼습니다.

바로 옆에서 소리가 나거나 움직임이 포착된 경우는 여러 번 있었지만, 이처럼 정면으로 맞닥뜨린 것은 처음이었습니다. 그럴 때 우리는 서로의 스틱을 부딪쳐서 금속성 소리를 냈고 목소리를 높여 우리의 존재를 알렸습니다.

밤에 텐트 주변에서 씩씩대거나 쿵쿵거릴 때에는, 라디오 소리를 높이거나 라디오를 충전하려고 손으로 돌려 소리를 내기도 했습니다. 옆에 있는 기범이가 믿음직해집니다.

아마 아이가 없었다면 얼마나 무서웠을까 싶고, 밤에 혼자 텐트를 치고 잘 수 없을 거라는 생각이 들었습니다.

밤뿐만 아니라 낮에도 산에 멧돼지가 너무 많아 혼자는 무서울 거라는 생각이 들기도 했습니다. 산에 야생의 짐승이 많은 것이 좋은 일인지 어떤지는 잘 모르겠습니다.

최근 수년 사이 멧돼지 개체수가 갈수록 늘어나는 이유는 천적이 없어서라고 합니다. 더 이상 우리나라에 호랑이는 없다 하니, 멧돼지 천적이 없는 것이라고 본다면 갈수록 그 개체수는 늘어날 수밖에 없을 것입니다.

이제 산에서는 그렇다 치고 산 아래에서는 농가의 농작물을 망가뜨리고, 도시로 내려와서는 사람에게 피해를 준다고 하니 무슨 대책이 필요할 것 같은데, 어떤 대책이 있을지 걱정됩니다. 그렇다고 유일한 천적으로 남은 사람이 그 많은 멧돼지를 잡아먹을 수도 없고 말입니다.

아니 어쩌면 사람은 할 수 있을지도 모르겠습니다.

사람은 무슨 일이든 할 수 있으니까…….

가끔 우리 집 뒷산에 올라가면 멧돼지의 흔적이 많습니다. 자주 소리가 들리는 것은 물론이고, 몇 번 만나기까지 하니 집 뒷산인데도 혼자 가기가 꺼려지는 것이 사실입니다. 꼭 가야겠으면 호루라기나 방울을 하나 들고 가면서, 가끔 호루라기를 불거나 방울을 흔들며 혼자 실소를 하기도 합니다.

예전에 그렇게 혼자 산에 잘 다녔던 내가 멧돼지가 두려워서 작은 호루라기나 방울에 의지하다니…. 나 자신을 작은 물건으로 방어하려 한다는 것이 좀 우습기도 합니다.

인간은 그렇게 나약할 수도 있습니다.

나는 산에 가야 하고 그들은 산에 살아야하고, 무슨 좋은 방법이 있다면 좋겠습니다.

이제는 멧돼지가 우리 산천을 다 차지하고, 그들의 먹이 부족 또한 심각하다 하니 그것도 문제라고 생각됩니다.

들은 이야기로는 산골 농장에서 멧돼지를 퇴치하기 위해서 호랑이 똥을 구해다가 군데군데 놓아 둔다고 합니다. 멧돼지는 호랑이 똥 냄새만으로도 이미 겁을 먹기 때문입니다.

그렇기는 한데 단 한 번도 호랑이 똥 냄새를 맡아 보지 못한 멧돼지는 어떻게 그것이 무서운 호랑이 똥 냄새인지 알까 궁금합니다.

그 무섭다는 호랑이가 백두대간 어딘가에 있다면 좋겠다는 생각도 해 봅니다.

우리가 9월 초에 산행을 시작했기 때문에 뱀에게서 자유로울 수 없었습니다.

처음에 사람들은 산에서 먹고 자고 걷는다고 하니까 뱀은 어떻게 하느냐고 궁금해 합니다. 실제로 산행을 하며 뱀을 많이 만나지는 못했지만, 뱀을 만나는 날에는 이상하게 하루에 여러 번 만났습니다. 나는 평소 뱀을 좀 싫어하고 무서워하는데, 실제로 산행을 할 때에는 별로 대수롭게 생각지 않았습니다.

다른 긴박한 상황들이 많다 보니 뱀을 만나는 것은 아주 사소한 일에 속했기 때문입니다.

물론 뱀을 만나지 않으면 가장 좋겠지만 어쩔 수 없이 맞닥뜨렸을 때에는, 우리도 놀라지만 그놈이 더 놀라는 몸짓을 보였기 때문입니다.

물론 서로가 놀란 적도 있습니다. 급경사 오르막을 힘들게 올라가는데 마침 아래쪽을 향하고 있던 뱀이 있었나 봅니다. 놈은 우리의 기척을 느끼고는 몸을 틀어서 다른 곳으로 도망갈 겨를도 없이 있던 방향에서 마구 속도를 내서 내려오는 것입니다. 딴에는 도망가는 몸짓인 듯했지만, 사실 좁은 오르막에서 우리 또한 피할 곳이 없는데 말이지요.

앞서 올라가던 기범이가 먼저 보고 놀라서 소리소리를 지르며 어쩔 줄 몰라 하다가, 내가 옆으로 빨리 피하라는 소리를 하고서야 겨우 옆으로 피합니다. 그리고 뱀이 순식간에 기범이를 지나 이제 나를 향해 내려오는데 가속도까지 붙어 엄청나게 빨리 다가옵니다.

나 또한 소리소리를 치며 어쩔 줄 몰라 하다가 스틱으로 슬쩍, 그야말로 슬쩍 옆의 숲으로 그놈을 밀어 버립니다. 그새 온몸은 땀에 젖고 다리는 후들거리고 마음은 허탈합니다.

어쨌거나 숲으로 쫓겨난 그놈은 그 일로 간이 오그라들었을 것입니다.

하필 재수 없게도 우리를 향해 서 있는 바람에 어쩔 수 없이, 본의 아니게 공격 자세로 내려오게 되었지만 대부분 아니, 거의 모든 것들은 먼저 피하는 편이었습니다.

간혹 피하지 않고 똬리를 틀고 앉아서 위협하는 놈은 독사임이 분명합니다. 자기 딴엔 독이 있어 자신 있다는 건데, 다른 때 다른 곳에서 만났다면 엄청 무서웠겠지만 우리의 백두대간에서는 별것 아닌 듯 지나칠 수 있었습니다.

나중에는 길을 가로질러 길게 뻗어서는, 짧아진 햇살 바라기를 하는 먹구렁이를 보고도 "저것이 무엇인고?"라고 여유를 부리기까지 했습니다.

여유는 우리만 부리는 것이 아니라 먹구렁이도 마찬가지였습니다. 우리가 자기 옆을 지나가도 꿈쩍도 하지 않았습니다.

좀 더 재수 없는 한 놈은 이른 아침에 만났는데, 하필이면 우리가 가는 길 위에서 쥐를 잡아먹다가 우리와 맞닥뜨렸습니다.

쥐는 이미 3/5가량 뱀의 몸에 들어갔고, 나머지 2/5 정도만 보였는데, 그놈이 얼마나 놀랐는지, 글쎄 먹던 것을 토해내고 도망을 가버렸습니다.

몸 안에 들어갔던 부분은 이미 뱀 굵기만 하게 녹아 있어 우리는 못 볼꼴을 보고 말았습니다. 뱀은 아까운 먹이를 반 이상이나 먹다 놓치고 만 것입니다.

기범이는 그 현장 자체를 끔찍해 하기도 했지만, 뱀에게 먹히고 있는 쥐를 불쌍하게 생각했습니다.

나는 그것을 자연의 이치라고 하며 아이를 다독여 주었습니다.

우리가 먹어야 살 수 있듯이 이 세상의 모든 살아 있는 생명체도 먹어야만 살 수 있고, 약육강식 논리에 의해 이 세계가 돌아가고 있다고 이야기해 주었습니다.

아침의 그 뱀은 쥐 무리 중 조금 느리거나 조금 약한 한 놈을 잡았을 것이고, 개체수가 너무 많을지도 모르는 쥐 세상의 균형을 맞춰주는 것일 수도 있다고 말해 주었습니다.

오히려 쥐 세상을 도와주는 것일 수도 있고, 쥐 또한 자기보다 약한 무언가를 잡아먹으며 사는 것이 이 세상 자연의 이치라는 것을 이야기해 주었습니다.

충격을 받은 기범이는 그때부터 가능하면 앞에 서지 않아 어쩔 수 없이 내가 앞서가면서 수많은 거미줄에 걸려야 했습니다.

거미 입장에서 본다면 어처구니없게도 애를 씨서 쳐 둔 먹이 그

백두대간의 생태계에서 많은 것을 엿볼 수 있다. 귀여운 설치류는 뱀이 제일 좋아하는 놈이다. 1
꽃과 나무, 곤충과 새 그리고 짐승이 뛰노는 백두대간의 솔채꽃과 꿀벌. 2
홍단딱정벌레. 3
고된 산행 중 만난 두꺼비 녀석과의 축복 같은 만남. 4

물이 한순간에 와르르 무너져 버리는 사건이 생기는 것이니, 얼마나 억울하겠습니까만 우리는 그 길을 지나야만 하는 사람인지라 거미줄이 몹시 성가십니다.

　일직선으로 쳐 둔 것은 괜찮은데 길을 가로질러 얼굴 높이 정도에 거미줄이 있으면, 한순간 얼굴에 철퍼덕하고 붙어 버려 눈과 입에 수시로 달라붙습니다.

　거미줄에는 잡힌 먹이가 도망갈 수 없도록 약간의 끈끈이가 있습니다. 끈끈이 때문에 얼굴에 붙는 거미줄은 썩 좋은 느낌이 아닙니다.

　어떤 때에는 몸 앞 전체에 거미줄로 칠갑을 해서 햇볕에 반사되기라도 하면 등산복이 반짝이처럼 반짝반짝합니다.

　우리는 몹시 지치고 기분이 나쁠 때에는 거미줄 하나에 기분이 더 상해서 신경질을 내지만 기분이 좋으면 동화적인 이야기를 합니다.

　거미는 그물을 쳐 둔 후에 어딘가에 숨어서 먹이가 걸리기를 기다립니다. 하염없이 기다리던 어느 순간 우리가 나타납니다.

　"먹이가 온다, 온다, 저것이 걸리면 평생 먹고 살겠다, 아니 우리 자식들, 아니 10대, 20대, 100대 손들까지 먹을 만큼 엄청 크다, 엄청, 엄청, 어머! 어쩌지 저게 아닌데, 아닌데!"

　눈 깜짝할 사이에 자신이 그렇게 애써 쳐 둔 거미줄은 사라집니다.

　엄청 큰 먹이가 온다고 좋아한 자신의 몸을 봅니다. 그날따라 자신의 몸이 너무 작아 보입니다. 자신이 우리 몸처럼 크다면 더 굵은 거미줄을 쳐서 사람을 걸리게 할 텐데, 인간이 걸릴 정도의 거미줄은 어느 정도로 굵어야 할지 까마득합니다.

거미에게는 재수가 없는 아침이었습니다. 먹이는커녕 거미줄마저 날려 버린 겁니다.

이렇듯 사람이 지나가면 짐승이나 벌레들에게는 재수가 없습니다.

날파리도 우리에게 몹시 성가신 곤충입니다.

겨울이 아닌 계절에 산행을 해 본 대부분의 사람들은 누구나 느꼈겠지만, 어찌된 일인지 꼭 사람의 눈 주변에서만 날아다닙니다. 아니, 따로 훈련이라도 한 것처럼 아주 귀찮게 눈 주변에서 소리 내며 날아 다녀, 약이 바짝 올랐을 때에는 손뼉을 쳐서 잡기도 하고 쫓아 보내기도 하지만 그래도 악착 같습니다. 어찌나 성가시게 구는지 어떤 맹렬한 놈은 눈에 들어가기까지 합니다.

기범이 말로는 한 놈이 그날 하루 종일 따라왔다고, 그래서 분개하며 살의를 느낀다고 합니다. 여러 방법을 다 동원해서 쫓아 보다가 결국 방법 하나를 생각해냈습니다.

나뭇잎이 붙어 있는 작은 싸리나무 가지를 꺾어서 이마 위에다 고정시키고는 (스카프로 두건을 만들어서 쓰고 두건과 머리 사이에 나뭇가지를 끼워 넣습니다.) 눈 주변에 나뭇가지를 걸치니 나뭇잎이 흔들리면서 날파리들이 눈 주변에서 못 놀고 할 수 없이 입 주변으로 내려갑니다. 그래도 입은 눈 주변보다는 덜 성가십니다.

싸리나무 가지를 꺾어서 이마에 붙인 채 걸으면 자동으로 흔들려 날파리를 쫓을 수 있다.

 이는 어떤 방법보다 효과가 있어서 날파리가 몰려올 때마다 쓰는 방법인데, 더는 날파리를 죽이지 않게 되었습니다.
 나뭇가지를 꺾어 이마에 붙이는 것도 기범이는 모양을 냅니다. 좀 더 모양 좋게 하는 것이 당시 아이의 마음이었습니다. 산에서 우리의 변함없는 패션이 아닌 새로운 패션을 창조했는데 좀 더 보기 좋게 하겠다는 마음이 우습기도 하고, 재미있고 신기하며 부럽기도 했습니다.
 다행이었던 것은 계절이 여름을 지나 가을도 깊어지면서 기온이 점점 내려가 모기나 왕파리들은 줄어들었고, 날파리들도 어느 날부터 사라졌습니다.
 우리는 낮에 거의 움직였고 밤에는 멈춰 쉬거나 밥을 해 먹었습니다. 밤에는 기온이 많이 내려가서 춥기까지 했으니까 모기, 파리의 시달림은 피할 수 있었습니다.

　산에서의 여러 날 동안 우리가 만난 짐승이나 곤충들이 몇 종류가 안 된다는 것에 약간 의아함이 생겼습니다. 우리의 목적이 산행이다 보니 작은 짐승이나 곤충들이 눈에 보이기는 했을 텐데, 실제로는 보았다는 생각을 못한 것일 테지요.

　우리에게 직접적으로 겁을 주었거나 성가시게 했던 몇몇 것들 외에는 마음에 담아 둘 정도는 아니었기 때문입니다.

　만약 산행이 목적이 아니고 산짐승이나 곤충 관찰이 목적이었다면 무수히 많이 만날 수 있는 곳 또한 백두대간일 것입니다. 실제로 처음 본 곤충들이 신기해 사진도 찍고 했지만 우리 산행에 영향을 미치는 일은 아니었기 때문에 그때그때 그냥 지나쳤던 것입니다.

　실제로 산의 주인은 사람이 아닌 그들이라, 한 번씩 사람이 지나가면 오히려 그들이 많이 성가셨을 거라는 생각을 합니다.

　그리고 나도 그 한 사람입니다.

13
스틱의 고마움

내가 앞서 산에 다녔을 때에는 스틱 세대가 아니라 그것을 들고 다니지 않았습니다. 겨울 산행에도 무거운 배낭만 있을 뿐이지 손에 든 것은 없었습니다.

아! 있기는 했습니다.

저 옛날 사진을 보니까 손에 스틱이 아니라 샤프트가 긴 피켈이 손에 들려 있었습니다.

세월이 흐르고 장비가 발전해 산행은 그대로인데, 시대에 따라 사용했던 장비에 약간씩 차이가 있기 마련입니다.

예전 산행에서는 어떻게 스틱도 없이 그 긴 날들을 수없는 급경사의 오르막과 내리막, 끝도 없는 하얀 능선을 오르내릴 수 있었을까. 이번 산행을 하면서 수없이 생각했습니다.

이번 산행에 스틱이 급경사의 오르막과 내리막에 얼마나 도움을 주었는지, 돌투성이의 길이나 낙엽이 쌓여 있어 발 디딜 곳이 애매할 때, 미끄러운 젖은 길에 얼마나 보탬이 되는지 알았습니다.

다리나 발이 아플 때 발의 보호 역할을 한다는 것도 알았습니다. 그뿐만이 아니라 짐승들에게 미리 듣고 피하라고, 바위나 스틱끼리 두드려 소리를 내기도 했습니다. 예전에도 스틱이 있었으면 얼마나 큰 도움이 되었을까. 26년이 흐른 지금도 나는 아쉬워합니다.

그 26년 전으로 거슬러 올라가 보면, 산행 첫날 발을 삐어 동네 아주머니가 준 지게막대에 의지해서 절뚝거리는 내가 보입니다. 그때에는 그렇게 걸었습니다. 눈이 많은 강원도부터는 자루가 긴 피켈을 지원받아 그것으로 러셀을 했습니다. 내 몸을 보조하는 장비였고, 지팡이였으며, 얼음을 깰 때에도 사용했습니다.

피켈은 스틱과는 달라 사용 범위도 다르지만 무엇보다 길이를 줄이거나 늘일 수가 없습니다. 그냥 길이에 맞게 사용해야 합니다.

저의 『하얀 능선에 서면』 마지막 부분의 사진 속에는 내가 피켈을 한 손에 들고 거의 만신창이가 된 몰골로 있습니다. 그 사진을 보면 지금도 가슴이 찡합니다.

어떻게 그 나이에 열악한 장비로 그렇게 긴 겨울의 흰 능선을 걸었을까 싶어서입니다. 또 내 젊음의 방황과 열정이 안쓰럽기도 하

20대에 대간에서 스틱 대신 사용한 한 자루의 피켈.

고 대견스럽기도 합니다.

다시 스틱 얘기로 돌아가면, 당시 산행에서는 스틱이 있었어도 아마 지금처럼 유용하게 쓸 수는 없었을 것입니다.

상상할 수 없겠지만 사람이 많이 가는 유명한 산을 제외한 거의 대부분의 산들은 제대로 된 길이 없었고 잡목이 엄청 많아서 양손의 스틱이 곤란했을 것입니다. 양손은 항상 헤엄치듯이 나뭇가지를 헤쳐야 했기 때문입니다.

급경사의 내리막은 이 나무 저 나무에 기대어 몸에 중심을 잡으며 내려갔고, 오르막도 두 팔과 다리만으로 올랐습니다.

당시 그것은 아주 당연했고 누구나 그렇게 했습니다.

힘들면 나무를 꺾어 지팡이로 쓰기도 했습니다.

1990년 산행 사진을 보면 눈 산행 때 부분적으로 스틱이 사용되기도 했고, 나무로 지팡이를 만들어 들고 다니기도 했습니다. 당시에도 스틱이 있긴 했습니다만 가져가지 않고 왜 나무 지팡이를 짚었는지 지금은 이해할 수 없는 부분입니다.

지리산으로 내려온 후 산행이라 할 만한 것은 없었고, 한다 해도 옛날 방식대로 했습니다. 혹 산에서 만나는 사람들의 쌍지팡이를 보면 뭐 그리 요란하게 저럴까 싶은 마음이 없지 않았습니다.

그런데 이번에 스틱을 사용해 보니 정말로 많은 도움이 되더군요. 쌍지팡이가 없으면 양손이 허전해지는 스틱형 인간이 되어 버렸습니다.

나는 예전부터 올라가는 것보다 내려갈 때 더 힘들었는데, 이번 산행에서 기범이도 처음부터 무릎 관절이 아파 오르막보다 내리막을 더 힘겨워했습니다. 그때 스틱이 없었으면 아마 종주는 불가능했지 싶습니다.

나는 오르막을 오를 때, 그 오름을 걱정하는 것이 아니라 반대로 이 산길을 내려가는 사람이 얼마나 더 힘들까를 걱정합니다. 그것은 곧 내가 오르막을 다 올라가면 내리막이 나타날 테고, 그 오르막처럼 가파르고 험한 돌투성이가 아닐까 하는 걱정 때문입니다.

급경사의 내리막에서 스틱에 온 체중을 다 싣기도 하며, 길에 거슬리는 것이 있으면 스틱으로 슬쩍 밀어서 치우기도 하며, 급경사의 오르막에서는 또 다른 다리처럼 사용하기도 했으며, 최소한의 금속성 소리로 산의 뭇짐승에게 우리의 존재를 알리기도 했습니다.

그런 쌍지팡이가 고마웠습니다.

이번 산행으로 느끼게 된 고마움입니다.

14
내 사랑 설악산

설악산은 내게 참 특별한 산이었습니다.

한창 산에 다니던 지난날은 산과 사랑에 빠져 살았던 날들의 연속이었는데, 유난히 설악산을 더 사랑했습니다.

주말이면 항상 북한산 인수봉이나 도봉산 선인봉에 올랐지만, 조금만 시간이 나면 곧장 설악산으로 달려갔습니다.

이상하게 설악산은 가도 가도 애달픈, 갈증이 느껴지는 산이었습니다.

보고 있어도 그리운 산이었고, 오르고 또 올라도 무수히 오를 곳이 많은 산이었습니다.

　설악산 곳곳의 봉우리, 봉우리마다 나름의 이야기가 있었고 나만의 추억이 있는 곳이 많아 지리산에 살면서도 그리워합니다. 내 젊은 날의 한 부분을 차지했던 열정의 일부는 설악에 있었고, 나는 설악산에서 죽고 싶었습니다. 히말라야에 가서까지 이곳 히말라야에서 죽어도 좋겠지만 설악산에서 죽지 못하는 것을 아쉬워했던 기억이 납니다.

　산악인으로 살았던 내 젊은 날.

　일 년에 거의 1/5 정도 설악산에서 숨을 쉬었지만 더 많은 시간을 설악에서 머물기를 원했습니다. 나의 찬란했던 젊은 날은 설악과 함께였다고 해도 과언은 아닙니다.

　건강한 땀과 하늘을 찌를 듯한 열정, 우리들의 노랫소리와 웃음소리, 그리고 가슴 깊은 눈물까지 그곳에 있었습니다.

　때로는 서로 눈빛만으로도 모든 것을 알 수 있는 악우岳友들과 능선, 암벽, 빙벽, 암릉을 누비고 다녔습니다. 때로는 알 수 없는 갈등으로 서로를 미워하며 오르내리기도 했고, 어떤 때에는 희한한 구도의 경쟁에 휘말려 내키지 않는 땀을 쏟아가며 내달렸던 산입니다.

　무수히 많은 날들을 여럿이 혹은 혼자서 들고 나던 나의 산, 설악산.

　어떤 날에는 열병을 앓듯이 그리워해 마장동 터미널에서 첫차나 막차를 타고 설악으로 향하기도 했습니다. 또 빨리 가고 싶은 마음

내 사랑 설악산 | 299

대간 능선에서 보는 설악산(1,708m).

설악의 공룡 능선.

에 버스 안에서도 마음으로 달립니다. 그러면 신기하게도 더 빨리 만나는 것 같았습니다.

원통 즈음 차가 도착할 무렵이면 벌써 설악 냄새가 전신으로 퍼집니다.

금세 기분이 좋아지고 바로 설악에 들 수 있다는 안도감으로 즐거워한 적이 많았습니다.

온갖 장비들로 짐의 무게는 대단했습니다. 그러나 혼자 일어설 수조차 없는 배낭을 메고도 발걸음은 가벼웠습니다. 힘들고 난이도가 높은 코스일수록 성취감은 더했습니다.

나뿐만 아니라 전문 등반을 하는 대부분의 클라이머들이 설악을 즐겨 찾을 수밖에 없는 것도 우리가 원하는 모든 대상이 설악산 안에 다 있기 때문일 겁니다.

암릉도 있고 설릉도 있으며 계곡, 리지, 빙폭, 너덜, 암벽 등등.

2,000미터 이상의 산이 없는 우리나라에서 그나마 설악산이 있어 등반가들의 갈증이 해소되었습니다. 고난도 빙벽이나 암벽은 세계 어느 곳에도 뒤지지 않는다고 합니다.

젊은 날 그 품 안에서 참 많이도 행복해 하며 빠져 있었습니다.

1984년 태백 종주 때, 설악산이 보이자 참 많이 울었습니다.

오대산을 지나 약수산 부근에서 비로소 설악산을 보았을 겁니다. 저 멀리 하늘과 맞닿은 능선이 꿈에도 그리던 설악산이라는 것에 얼마나 눈물이 나오던지, 꼭 설악을 만나기 위해서 그 길고 긴 능선을 잡목과 싸우며, 눈을 헤치며, 고독을 이기며 온 것 같았

습니다. 하지만 설악은 아직도 멀고 험하기만 해 몇 날을 더 보내
야 닿을지 까마득했습니다.

그 해에는 눈이 많이 와서 3월이었음에도 산은 온통 하얀 세상
이었습니다. 흰 눈에 덮여서 혼자 눈을 헤치고 길을 만들며 앞으
로 나가기에는 너무나 힘겨운 여정이었습니다.

아무리 눈 위에서 몸부림을 쳐 봐도 길은 줄지 않고, 몸과 마음
은 지쳐만 갔습니다. 항상 제자리를 지키며 다가오지 않는 설악산
이 그때에는 조금 미웠습니다.

점봉산에서 하루 죽을 고생을 해 좁힌 거리가 겨우 3킬로미터밖
에 안 되었을 때, '혹시 내가 무엇에 홀린 것은 아닌가.'라는 생각
도 했습니다.

저 아래 오색의 질주하는 차 소리가 원망스럽기만 했습니다. 각
도 하나 변하지 않고 하염없이 그 자리에서 나를 기다리는 설악이
또 얼마나 원망스럽던지, 날아다니는 새가 얼마나 부러웠는지, 앞
에 설악을 두고 혼자 안달이 났던 시간이었습니다.

막상 어렵게 도착한 대청봉에서는 눈물을 흘릴 뿐이었습니다.
왜 그렇게 북받쳤는지 나도 모르게 대성통곡을 해 주변에 있었
던 사람들이 의아하게 봤습니다. 그때를 생각만 하면 지금도 눈물
이 나려고 합니다.

이미 두 달 이상의 산행으로 옷과 장비는 빛이 바래고 낡아서 너
덜거리고, 나는 지치고 힘겨워 쓰러질 것만 같았습니다. 얼굴은
까맣게 그을린 것도 모자라 퉁퉁 부었습니다.

입술은 곰보빵처럼 부풀었고, 머리칼은 산발을 했었지만 그래도 눈빛만은 반짝이는, 찬란한 청춘의 내 몰골이었습니다.

그 몰골로 점봉산, 정확히 단목령 부근을 지나며 참 고생 많이 했습니다.

3월에 접어들며 그 많은 눈이 낮에는 기온이 올라가서 조금씩 녹았지만 밤에는 기온이 내려가 겉에만 살짝 얼어 버립니다. 이런 눈 산행, 봄눈 산행이 사람을 거의 미치게 합니다. 봄눈은 수분이 많아서 무겁습니다.

산에는 온통 눈뿐입니다. 길은 없습니다. 설령 있다 해도 눈에 덮여 분간하기 어렵습니다.

눈이 없어도 주능선을 찾기가 쉽지 않은 능선인데, 그동안 쌓인 눈으로 더욱 펑퍼짐해져 어디가 주능선인지 알 수가 없었습니다.

그 산에 스물일곱 살 먹은 처녀 혼자 자기보다 더 큰 배낭을 메고 어쩌지 못해 난감해 하고 있습니다. 어디가 길인지, 어디로 가야 할지 몰라 고민하다가, 어느 나무 아래 눈이 조금 적게 쌓여 있는 거 같아 그 나무를 향해서 눈을 헤치며 갑니다.

눈은 위에만 크러스트 되어 있어서 처음에는 잘 무너지지 않지만 체중을 실으면 발이 눈 아래로 푹 빠집니다. 당연합니다. 내 체중에 배낭 무게까지 합한다면… 위에만 살짝 언 눈이 무너지지 않을 리가 없습니다.

한쪽 발이 눈 속에 빠지면 배낭 무게에 중심이 잡히지 않아 꼬꾸라집니다. 무거운 배낭은 머리 위나 어깨너머 한쪽으로 기우뚱해 중심을 잡기 위해서는 한참을 버둥거려야 합니다. 쌓인 눈 때문에 땅에 발이 닿지 않아 더 중심을 잡기 어렵습니다.

넘어지고 버둥거리며 위에만 얼어 있는 눈 위를 기어가기도(긴다는 것은 체중을 분산시키는 효과가 있습니다.) 합니다.

겨우 도착한 나무 아래에도 다른 곳과 마찬가지로 눈은 많기만 합니다.

눈이 온 지 조금 지난 곳은 나무 둘레의 눈이 녹아 있는 곳도 있습니다. 나무도 체온이 있어서 큰 나무 주변의 눈은 조금씩 녹기도 하지만 단목령 부근의 그때 그 눈은 너무 많이 쌓여서인지, 아니면 눈이 내린 지 오래되지 않아서 그랬는지 몰라도 녹지 않았습니다. 바로 능선길만 찾아가도 힘든데 이 나무 저 나무 자꾸 지그재그로 종잡을 수 없이 방황하다 보면 얼마 가지도 못하고 녹초가 됩니다.

갈 길은 먼데 거리는 줄지 않아 마음은 점점 더 조급해지고 무엇에 홀린 듯, 또 어느 나무 아래에는 눈이 조금 덜 쌓여 있는 것 같아서 다시 그 몸동작을 반복합니다.

속옷은 땀에 젖고 겉옷은 눈에 젖고, 얼굴은 땀인지 눈인지 눈물인지 모를 액체에 젖어 세상은 온통 흰빛으로 젖습니다.

나 자신에게 수도 없이 다짐하는 말이 "절대 조급해지지 말자!"인데 행동을 하는 순간 그 말은 어디로 증발해 버리는지 참으로 딱한 노릇입니다.

죽을 고생을 해 단목령에서 점봉산까지 단 6킬로미터를 꼬박 이

눈으로 꽉 찬 단목령. 나무 사이로 그리운 설악이 한눈에 들어온다.

틀에 걸친 고투 끝에 겨우 올랐습니다. 다시 올라 맞닥뜨린 설악은 여전히 나를 부르고 있었습니다.

손을 뻗으면 잡힐 듯. 사랑에 빠진 철없는 소녀처럼 마음은 다시 설렙니다.

점봉산 정상에서 설악과 마주하고 하룻밤을 보낸 후 아침을 맞으며, 또 한번 숨이 넘어갈 것 같은 감동을 맛봅니다.

동해 바다가 토해낸 찬란한 불덩어리는 설악을 넘어 내게로 왔고, 그 아름답고 황홀한 풍경에, 산행을 끝내고 점봉산에서 매일 설악을 바라보며 살아야지 하고 다짐을 합니다.

그 당시 내가 처한 현실이나 상황은 안중에도 없었습니다.

내가 설악을 보고 있다는, 설악산이 나를 기다린다는 것, 그것뿐이었습니다.

하지만 현실은 냉정합니다.

꽁꽁 언 텐트를 바람을 피해 겨우 정리한 다음 배낭에 넣으며, 다시 가야 할 능선을 보면 눈앞이 캄캄해졌습니다.

점봉산은 이제부터 많은 암릉까지 가지고 있는 능선입니다. 험한 많은 암릉을 넘어야만 겨우 설악의 품에 들 수 있습니다.

어쩐 일인지 다행히 전날보다 눈이 많지 않았고, 암릉에서도, 가지고 간 로프를 암각에 걸고 하강하며 부지런히 걸었습니다. 그날 한계령에서 만나기로 한 지원대가 마중 겸 올라와 줘서 늦게라도 한계령에 도착할 수 있었습니다.

한계령 휴게소에서 수고했다는 인사와 함께 산속에서는 맛볼 수 없었던 따뜻하고 푸짐한 음식으로 저녁 식사를 대접받았습니다. 그리고 한계루에 텐트를 쳤는데 반가운 소식이 있었습니다. 그날이 노동절(당시 노동절은 3월 10일)이라 단체 등산객들이 한계령을 출발해서 대청봉에 갔기 때문에 러셀이 다 되어 있을 거라는 겁니다.

러셀이 다 되어 있으면 산행은 일도 아닙니다. 그동안 혼자 러셀 하느라 진저리가 났는데, 나에게 러셀이 되어 있다는 말은 그 어떤 말보다 반가울 수밖에 없었습니다.

하지만 한밤중에 다시 눈이 오는 소리에 잠이 깼고, 3월의 눈은 야속하게도 너무나 많이 오고 있어 울고만 싶었습니다.

지겨운 러셀을 또 해야만 하기 때문입니다.

한계령 하면 그 악몽 같은 기억 말고도, 1991년 백두대간 종주

때(〈사람과 산〉과는 1년간 종주했기 때문에 1990년에 출발했지만 1991년으로 이어졌습니다.) 나는 직접 발로 걷는 종주자인 우리 팀과 백두대간 주변을 취재하는 동료들을 고갯마루에서 만나기로 했습니다. 한계령에 모인 우리들은 여전히 한계루에 텐트를 쳤고, 당연히 음주 가무를 즐기며 한계령에서 '한계령' 노래를 한 삼십 번은 부른 것 같습니다.

양희은 선배의 '한계령'은 산꾼들뿐만 아니라 일반인들도 많이 좋아하는 노래인데, 사람들은 그 노래가 내게 잘 어울린다고 합니다. 실은 나도 그 노래를 내 마음에 들게 잘 부르지는 못하는데 친구들은 나의 그 '한계령'을 듣고 싶어 했습니다. 어쩔 수 없이 내 십팔 번은 '한계령'이 되어버렸습니다.

지금도 라디오나 다른 곳에서 한계령 노래가 나오면 내 생각이 난다고 전화가 걸려오기도 합니다.

그날 한계령에서는 장소가 장소이니 만큼 내가 생각해도 썩 내게 어울리게 잘 불렀던 것 같았습니다. 적당한 풍류에 기분이 좋아진 우리 모두는 술에 취하고, 산에 취해, 또한 분위기에 취해서 계속 한계령을 부르고 또 불렀습니다.

그날 김홍성 시인은 내가 부른 '한계령'에 취해서 자꾸자꾸 부르라 하고, 나 또한 내가 부른 '한계령'에 취해 자꾸 부르고 테이프를 되감은 것처럼 '한계령'만 부르던 밤이었습니다.

그때 내가 부른 수많은 '한계령'은 메아리가 되어서 아직 설악을 떠돌지 않을까 모르겠습니다.

설악 대청봉에서 보는, 푸른 숲에 떠 있는 큰 함대 같은 장관의 울산바위. 1

설악의 두 봉우리가 한눈에. 좌로부터 중청봉, 대청봉. 2

중청대피소에서 설악의 최고봉에 오르는 길은 수많은 사람이 올라 상처투성이다 3

이번 산행에서 '한계령' 노래를 흥얼거려 보지만 정식으로 부르지는 못하고, 기범이에게 가르쳐 주며 몇 번 불러본 것이 고작이었습니다.

그럴 마음이 생기지 않은 나 자신이 조금 이상했습니다. 다소 주변이 어수선했지만 그래도 걷고 걸어서 도착한 한계령인데 당연히 그 노래를 하고 싶으리라 생각했기 때문입니다.

한계령에 도착해 보니 한창 단풍철이라 많은 상춘객으로 인해 부산하고 어수선한 느낌이었습니다.

표지석도 한계령 대신 '옛 오색령'으로 표기해 두어서 조금 서운하고 쓸쓸한 느낌이 들었습니다. 한계령을 빼앗긴 듯 허전한 마음이 들었습니다.

풍광은 여전히 변함이 없었으나 이상하게 변한 듯한 느낌이 들었고, 설악에 들어서도 한동안 그런 느낌이 들었습니다. 아마 2006년, 큰 비로 인해서 산의 흙이 많이 쓸려 가고 바위만 남아 있어 그런 것이 아닐까 싶었습니다. 아니면 내가 변한 것일 수도 있습니다.

지리산으로 간 이후 단 한 번도 설악산에 올라 보지 않고 가끔 초입에서 설악을 바라보기만 했습니다.

설악동에서 토왕폭을 아련한 눈으로 바라보기도 하고 미시령을 지나며 울산바위를 하염없이 바라보기도 했습니다.

이렇게 산행으로 설악에 들기는 그만큼 오랜만이었습니다. 더구나 백두대간을 걷고 걸어 도착한 설악산이 낯선 느낌이 들어 조금 당황스럽기까지 했습니다.

설악산에만 가면 모든 옛 추억이 떠올라서 가슴이 벅찰 것이라고 생각했는데, 왜 그랬는지 설악도 나도 덤덤한 편이었습니다.

우리의 사랑이 식은 탓인지, 설악이 나를 잊은 것인지, 아니면 내가 나이 들어 사랑을 느끼는 감정을 잊었는지, 도무지 알 수 없었습니다.

내가 설악에 드니 사방 천지가 다 설악입니다. 저 봉우리에 무엇이 있는지, 저 골짜기에는 또 무엇이 있는지, 나는 다 알고 있는데 왜 애틋한 마음이 생기지 않을까?

왜 설악 냄새가 강렬하게 나를 자극하지 않는지, 참 궁금하고도 생경한 느낌이었습니다.

"이제 우리는 사랑하지 않는 걸까"라고 수없이 혼자 되뇌었습니다. 내가 너무 많이 나이 들어 감정이 무뎌진 걸까? 설령 그럴지라도 '설악산인데 그럴 수는 없지!'라는 마음만 있었습니다.

설악산에는 그 전에도 바위가 많았지만 이 정도는 아니었습니다.

바윗길을 걸으며 조금 삭막해진 듯한 설악산을 밟고 조금 더 삭막한 나를 발견하자 많이 쓸쓸해졌습니다.

무엇인가 잃어버린 허전함이랄까. 사람도 자주 만나야 정이 두터워진다는데 산도 그런 것인가? 그동안 편안한 육산인 지리산에 익숙해져서 뾰족한 바위산에 낯가림을 하는 것인가?

나 자신도 어떻게 정의를 내려야 할지 몰라 내 마음을 유심히 들여다보고 산도 유심히 살펴봅니다.

저 능선 끝에는 무엇이 있고 저 산 중턱에는 무엇이 있으며, 저기 내 눈이 가 있는 곳은 토왕폭이 있는 곳이 아닌가.

저기 천화대, 아! 범봉, 눈앞에 용아장성릉이다.

저 왼쪽 귀떼기청봉, 봉정암도 보이네. 저기 중청, 그 위에는 대청봉, 애틋함은 없으나 그리움은 있어 눈 닿는 곳에는 이미 마음도 따라가 있습니다.

끊임없이 설악과 나와의 관계를 생각하며 발은 무의식적으로 움직입니다. 내 세계에 빠져들어 배낭을 내리고 쉬는 것도, 간식 먹는 것도 잊어버립니다. 하지만 오랫동안 내 세계에만 빠져 있을 수 없는 이유. 휴일도 아닌데 단풍철이라 등산객이 많이 올라오고 지나쳐 갔습니다.

산행 온 사람들에게 단풍은 이미 땅에 뒹구는 낙엽이었지만, 나는 그런 낙엽을 밟아도 즐겁습니다.

그런데 대청봉에 가까이 갈수록 사람들은 점점 더 많아져 혼잡스러웠고, 중청대피소 부근에는 시끄러운 헬기 소리와 그 헬기가 만든 바람으로 인해 한시도 머물고 싶지 않았습니다.

대청봉 주변은 듣고 걱정해 온 대로 간간이 그늘에 하얀 눈이 덮여 있기도 했습니다.

눈이라니! 우리는 여름에 출발해 아직 여름옷을 입고 있는데.

바람 부는 대청봉에 많은 사람들이 정상에 올라온 기념으로, 표지석과 함께 기념사진을 찍고자 북적이며 줄을 서 있었습니다. 우리도 대청봉에 올라선 기념을 해야 했기에 기다렸다 겨우 한 컷 찍어서 남겼습니다.

갈망하던 설악산의 품안에, 대청봉에서 기념 촬영으로 아들과 기록을 남기다.

　기범이에게도 설악산에 추억이 있습니다.
　작년 겨울방학 때 친구들끼리 오색으로 올라 대청봉을 지나, 중청 산장(대피소)에서 하룻밤 자고 천불동 계곡으로 내려갔었다고 합니다.
　중학교 2학년 남자 아이 다섯 명이 라면 몇 개와 햇반 몇 개를 코펠, 버너와 함께 지고 눈 산행을 한 겁니다. 그런데 아이들끼리 온 것이 장하고 기특하다며 중청대피소에 있던 어른들이 삼겹살에 소주를 한 잔씩 주었다고 자랑했습니다.
　그 산행으로 인해서 설악산은 기범이에게 더 이상 낯선 산이 아니었고, 그때 산행이 이번에 많은 도움이 되었다고 했습니다.
　내가 눈 쌓인 산에서 고생한 이야기를 하자 녀석도 질세라, 그날 산행 이야기를 하며 즐거워합니다. 같은 산 이야기는 지리산 이후 처음입니다. 하긴 기범이가 가 본 산은 지리산과 설악산뿐이었습니다.

대청봉에 올랐으니 희운각으로 가는데, 듣기로는 희운각에 물이 없다고 했습니다. 내 상식으로 설악산 희운각에 물이 없다는 건 말도 안 되는 이야기입니다.

아무리 가물어도 희운각의 계곡에는 물이 있어야 맞습니다. 실제 가 보니 정말 물이 없었습니다. 산천이 변한 겁니다. 어쩐 일인지 산천이 변하고 말았습니다. 희운각에 물이 없다니 도저히 믿기지가 않았습니다.

아마 2006년 큰 물난리가 나면서 물길이 바뀐 것이 아닐까 싶었습니다. 희운각으로 흘러오던 그 맑고 깨끗하고 맛있는 물은 어디로 갔는지 그것 또한 씁쓸했습니다.

산장 뒤에서 생수통을 쌓아 두고 등산객들에게 물을 팔고 있는 풍경은 슬프기까지 했습니다.

비가 엄청나게 와서 물난리가 났었다는 말은 들었는데, 이렇듯 설악산 곳곳에 생소한 너덜이 생긴 것도 아마 그때인 것 같습니다. 계곡이 뼈만 앙상히 남았다는 느낌이 든 것도 그래서인가 봅니다.

그리운 공룡 능선은 물난리 이후, 바위길을 정비해 둔 덕분에 오히려 산행은 지난날보다 좀 편한 듯했지만 바위에 쇠막대기를 박아서 만든 길을 걸을 때에는 마음이 썩 편치가 않았습니다.

무릎 관절 때문에 유난히 바위길에 약한 기범이는 끝도 없이 계속되는 바위길을 힘겨워하면서도 주변의 아름다운 풍광에는 연방 감탄을 합니다.

바위 능선을 두고 오른쪽으로 왼쪽으로, 교묘하게 사람이 겨우 다닐 수 있는 길이 나 있는 것을 보고, 길을 어떻게 이렇게 잘도 찾아 만들었는지 모르겠다면서 신기해 하고 감탄합니다. 기범이는 어머니 혼자 어떻게 이 길을 지나갔느냐며 정말 대단한 사람이라고 합니다.

진심으로 그렇게 생각하는 것 같았습니다.

아이에게는 길이 너무나 위험하고 힘들었기 때문에, 어머니 혼자 고생하며 걸었을 그 길을 보니 그런 생각을 했나 봅니다.

어느 순간 나는 나 자신도 모르게 바위에게, 옆에 서있는 나무에게, 또 설악에게 "나 기억하세요?"라고 물었습니다.

물론 그 바위와 나무가 내 기억에 남아 있지는 않지만, 그래도 내가 몇 번이나 지나갔을 그곳에 변함없이 앉아 있는 바위와 나무가, 나를 기억하고 있다는 느낌이 '확' 들었습니다.

그러자 간절히 바랐던 설악의 냄새가 코를 타고 전신으로 퍼져갔고, 설악이 나를 반가워한다는 느낌이 들었습니다.

비로소 내가 설악에 든 느낌이었고, 오랜만에 고향에 돌아온 듯한 감정에 행복했습니다.

오랜 산행으로 인해 육신은 많이 힘들었지만, 그래도 설악과의 특별한 느낌은 좋았습니다. 새롭게 들떴으며 행복했습니다. 그리고 주변을 더 유심히 살핍니다. 행여 내가 기억하고 있는 무엇이

2006년 여름, 설악산 지대를 휩쓴 폭풍으로 파괴된 한계령 길. 1

공룡 능선의 험한 코스에는 쇠줄길이 있다. 2

함한 공룡 능선에서 나를 반기는 나무와 바위. 3

더 있나 싶어서입니다.

　세월이 흘렀지만 바위는 그 자리에서 변함없이 멋진 풍경으로 작은 생명이라도 키워내기 위해 약간의 틈이나 습기가 있는 곳에 씨앗을 잉태했습니다. 작은 나무나 풀, 이끼라도 살리려 뿌리내린 듯 미동도 없습니다.

　뿌리 있는 나무들은 그 세월 동안 몰라보게 키를 키우고 몸을 살찌웠습니다. 개중에는 모진 비바람과 열악한 환경, 그리고 낮은 기온 탓에 몸을 많이 키우지 못하고 속절없이 나이만 먹은 나무도 있을 것입니다.

　나는 그 모든 것들과 20여 년 만에 다시 만났습니다. 그것도 처음에는 내내 느낌이 없다가 어느 순간 밀려드는 감정으로 인해 나는 안도했고, 반가운 마음이 컸습니다.

　설악도 나도 아직 여전한 것이 다행이다 싶었습니다. 다른 어떤 산보다 옛날 그대로의 모습을 찾을 수 있었으며, 오히려 옛날보다 조금 원시적으로 보존된 곳이 있어서 기뻤습니다.

　우리의 백두대간 산행도 설악을 지나면서 막바지에 접어들었고, 기범이에게는 그동안 살아온 날보다 더 길게 느껴졌을 산행이 끝나게 됩니다.

　아이는 자신이 생각해도 대견한 듯, 뿌듯한 표정이었고, 이제 며칠 후면 끝난다는 생각에 약간은 흥분했고, 또 홀가분해 보이는 듯한 기운을 감추지는 않았습니다.

　우리는 백두대간의 마지막 밤을 설악의 능선에서 보내며 동해 바다에서 일출을 볼 생각에 무거운 물도 가볍게 지고 암릉을 지나 텐트를 칩니다. 결국 간밤에 내린 비로 일출은 볼 수 없었지만, 그런들 어떻습니까. 설악의 품에서 하룻밤 지냈으니 아쉽지만 만족하기로 합니다.

사실 감회가 새로운 나로서는 무척이나 설레, 밤새 깊이 잠들지도 못했습니다. 물론 날씨 때문이기도 했지만 설악에서 얼마 만에 자보는지, 혹여 내가 꿈을 꾸는 건 아닌지, 한창 때인 26년 전의 내가 이곳에 누워 있는 듯, 그저 비몽사몽 하룻밤을 보냈습니다.

26년 전 이곳을 지날 때에는 여전히 눈이 덮여 있었습니다. 그리고 당시 공룡 능선은 러셀이 되어 있었습니다. 희운각에서 하룻밤 자고 출발했는데, 며칠 전 대학생 한 명이 공룡 능선 부근에서 실종되어 구조대가 수색을 하느라 능선에 러셀이 되어 있던 것입니다.

이미 러셀이 된 길은 비교적 쉽게 지나갔지만, 자식을 애타게 찾고 있을 부모님 생각에 가슴이 아팠던 기억이 납니다.

공룡 능선은 암릉으로, 평소에도 시간이 많이 걸리는데 눈까지 쌓여 있으면 어떤 상황이 벌어질지 모르는 곳입니다. 엄청나게 쌓인 눈이 러셀로 뚫려 오히려 눈이 없을 때보다 더 좋은 길이 되었습니다. 눈길은 그렇습니다. 러셀이 되었고 안 되었고의 차이는 엄청납니다.

눈길에서는 암릉이 더 쉬워진다는 것을 그때 처음 알았습니다. 당시 러셀은 마등령 부근까지만 되어 있어서 그 후 다시 러셀을 해야 했지만 공룡 능선을 쉽게 지나온 것은 내게 엄청난 보너스였

백두대간 완주를 축하하러 마산(1,051.9m)까지 마중 나온 언니, 형부와 함께. 1

백두대간 남쪽의 기점이자 종점인 진부령(520m)의 표석에서 대간 완주의 감사와 보람을 자랑스럽게 가슴 깊이 새긴다. 2

던 것입니다.

  마등령 너덜 지대에서 하룻밤 자고 지원대가 기다리는 미시령을 향해 얼마나 기를 쓰고 눈길을 헤쳤던지 밤 아홉 시를 넘겨서야 겨우 도착했습니다. 이제 나의 도착을 포기하고 잠자리에 든 지원대 텐트를 발견하고는, 비틀비틀 들어가서 쓰러졌던 기억이 있습니다.

  지금은 도로에, 휴게소에, 아래는 터널까지 다 뚫려 있지만, 당시에는 길은 열려 있었으나 군사 도로라는 이름으로 차는 다니지 않았고, 지원대는 용대리에서부터 걸어 올라와야만 했습니다.

  세찬 밤바람이 부는 미시령에 도착한 나는 이미 쳐 둔 텐트에 눕습니다. 나를 위해 저녁 준비를 하느라 한없이 눈을 녹이던 지원대 정옥이의 모습이 한 풍경으로 남아 있습니다.

  정옥이와 함께 왔던 한국일보 사진 기자 김종구 형은 이미 저 세상에 간 지 15년이나 지났고, 중늙은이가 된 나는 열여섯 살 먹은 아들을 앞세워 다시 그 자리에 섰습니다.

  또 한번 세상을 느끼게 합니다. 그때 함께했던 사람들 중 일부는 이 세상 어디에도 없듯이, 주변의 풍광 어디에서도 옛것은 남아 있지 않았습니다.

  망부석처럼 하루 종일 우리가 내려올 능선을 바라보며 끝없이 기다렸던 언니와 형부, 국립 공원의 문제 등으로 어수선한 와중에도 그때의 풍경이 떠올라 마음이 복잡합니다.

  이렇게 내 사랑하는 백두대간 설악산에 다녀왔습니다.

15
지리산에 안기다

　지리산은 설악산과는 달리 내게 있어 삶의 산입니다.
　설악산이 등산의 산이었다면 지리산은 입산의 산입니다.
　도시에서 등반가로 살 때에는 수시로 설악산을 다니느라 지리산에 갈 기회는 많지 않았습니다. 몇 번 가기는 했는데 백두대간 산행을 시작하기 위해서 몇 번 간 것과 혼자 종주한 것을 합해도 열 번을 넘기지 못했습니다.
　설악산에 빠져 있는 날들의 연속이었고, 지리산을 비롯한 그 밖의 산들은 전문 등반가가 된 후에도 갈 만한 여유가 없었습니다.

처음 지리산에 왔을 때에는 혼자였고 밤기차로 구례구역에 도착해서 화엄사를 지나 코재를 거쳐 노고단에 올랐습니다. 노고단에서 생전 처음 운해를 봤는데 얼마나 멋진 풍경이었는지 말로 표현하기 어려울 정도였습니다.

발 아래로 깔린 하얀 구름은 그냥 뛰어내리면 받아줄 것 같은, 그야말로 구름 바다였습니다. 그 후 그만 한 운해를 한 번도 만나보지 못했습니다.

운해뿐만 아니라 지리산은 그동안 봐 왔던 산과 달리 참 웅장했고, 편안했으며 많은 생명을 살리는 산이라는 느낌을 받았습니다.

지금처럼 주능선의 길이 닳아서 파인 상태가 아닌 온전한 흙길이었고, 그 주변으로는 야생화가 천상의 화원을 만들고 있었으며 꽃의 종류도 다양했었다는 기억이 있습니다. 까마득한 옛일이라 기억이 잘 나지 않지만 20대 초반이었던 나는 큰 지리산의 품에서 조금 울었던 것 같습니다.

뭐, 울었던 것이 특별한 이유가 있어서라기보다 어느 순간 이유 없이 눈물이 나왔던 것입니다.

그때 나의 옷차림과 연두색 배낭도 기억이 납니다.

당시에는 여자 혼자 산에 오르는 일이 드물었던 때라, 시도 때도 없이 "여자냐?", "혼자 왔냐?"라는 질문을 받았던 기억이 있습니다.

사람은 많지 않았지만 인심이 좋아서 일행이 아니어도 밥을 함께 해 먹고 스스럼없이 이야기를 주고받기도 했으며, 나중에 다시 만나자고 연락처를 주고받은 듯도 합니다.

산이 큰 만큼 엄청 걸어야만 했던 기억도 있고, 사람 살기 좋을 것 같다는 생각을 한 듯한데 나중에 내가 지리산에 와서 살게 될 줄은 꿈에도 몰랐습니다.

그 후 겨울에 다시 지리산에 가게 되었는데, 그 겨울 산행이 산악회에 가입하는 계기가 되었습니다.

나는 항상 혼자 산에 다녀 도봉산 선인봉이나 우이암에 매달려 있는 사람들을 하염없이 바라봤습니다. 손에 땀이 날 정도로 조마조마한 그들의 오름짓을 몰두해서 바라보며, 나는 언제 저런 등반을 할 수 있을까 생각만 했습니다.

내가 그곳을 오른다고 생각하니 몸이 졸아서 나도 모르게 긴장이 되기도 했습니다.

숫기가 없고 낯가림이 심한 나는 어떤 방법으로, 어떻게 그들이 하는 등반을 해야 하는지 몰라서 그저 바라만 볼 뿐이었습니다.

그런데 우연히 지리산에서 만난 사람들과 인연을 맺게 되어 산악회에 들어가게 된 겁니다.

그때 내가 눈 쌓인 지리산을 얼마나 잘 걸었던지 웬만큼 잘 걷는다는 남자들이 혀를 내두를 정도였습니다. 어떤 남자분이 자기보다 잘 걷는 사람은 처음 만났다며 내게 관심을 보였습니다. 몇 달후 도봉산에 혼자 갔다가 집에 돌아오는 길에, 전철역에서 우연히 지리산의 그 사람들을 만났고 나는 그들의 권유로 그 산악회에 입회, 비로소 암벽 등반이라는 것을 맛보게 됩니다. 그리고 강렬한

꽃의 낙원인
지리산(1,915m)
노고단(1,507m).

노고단에서 만나는
고산식물의 아름다움.

골잎원추리	동자꽃	모시대	참취
도라지	얼레지비추	곰취	둥근이질풀
붓꽃	산오이풀	흰대려	물레나물
술패랭이	물봉선	산꿩의다리	하늘말나리

몸짓에 그만 온전히 마음을 빼앗기고 말았습니다.

빨리 암벽 등반 기술을 배워 더 난이도 높은 코스를 올라 보고 싶은 욕망에 등산 학교에 들어갑니다. 그곳에서 본격적으로 기초부터 차근차근 암벽 등반 기술을 익히며, 조금이라도 더 많이 암벽을 오르고자 조바심을 냈습니다.

나의 어디에 숨어 있었는지 암벽에의 열정은 휴일만 기다리기에는 몸살이 날 정도였고, 눈을 감아도 무슨 일을 해도 온통 암벽 생각뿐인 때였습니다.

큐피드의 화살에 맞아 사랑에 빠져 버린 사람처럼 바위와 사랑에 빠져 버린 나는, 매주 바위와 사랑을 하며 행복해 했습니다.

바위에서 난 상처는 사랑의 상처였고, 무릎에 생긴 멍 자국은 영광의 자국이었습니다.

무릎의 멍은 다양한 색깔이었는데 처음에는 푸르게 멍이 들었다가 조금 시간이 지나면 노란색을 띠었다가 나중에는 보라색으로 변했다 서서히 옅어집니다.

그 당시 내 무릎은 항상 파랑, 노랑, 보라의 천연색이었는데, 조금 벗겨지기라도 하면 붉은색이 더 추가됩니다.

나의 등반 몸짓은 썩 우아하지는 않지만 열정만큼은 으뜸이었다고 자부합니다.

사람이 모이는 곳에는 항상 이런저런 말들이 많기 마련인지라, 그 산악회도 주장이 다른 사람들이 자기 색깔만 주장하다가 결국에는 갈라지고 말았습니다.

그때 갈라진 한 무리의 사람들이 모여서 만든 산악회가 지금의 '록 파티 산악회'입니다.

지금 생각해 보니 서로 조금씩만 양보를 했다면 좋았을 것을 그러지 못한 것이 아쉽기도 합니다.

다시 새로 정비한 산악회에서 열심히 암벽을 오르내렸습니다.

그러다가 하룻밤 꿈을 잘못 꾼 것인지, 겨울에 혼자 76일 동안이나 태백산맥을 종주해야만 하는 일에 선택되었고(태백산맥이 나를 선택했는지? 내가 태백산맥을 선택했는지?), 나는 그 산행으로 세상이 인정하는 산악인이 되었습니다.

그 후로 산의 세계가 넓어져 히말라야에도 다녀왔고, 빙벽에도 암벽에 버금가는 열정을 쏟으며 매달렸지요. 오로지 등산만이 내 길인 양 돌아보지 않고 산에만 다녔습니다.

좋아서 오른 산이지만, 내게 영광만 있지는 않았습니다. 빙벽 등반 중 추락해서 다치기도 하고, 동료의 죽음을 눈앞에서 지켜봐야 했으며, 산으로 가는 준비 과정에서 나의 능력 부족과 타의에 의한 상처뿐인 과정도 거쳤습니다.

그러다가 어쩐 일인지 산이 나를 밀어내는 것 같은 시점이 왔습니다.

그동안 산에 오르는 것 이외에는 아무것도 할 수 없는 사람이 되어 버린 나는, 나를 밀어내는 산에 더 이상 갈 수 없게 되자 할 일이 없어졌습니다.

커다란 상실감에서 헤어나지 못했을 때 지푸라기라도 잡아 보자는 심산으로, 내게는 전혀 어울릴 것 같지 않은 결혼이라는 굴레 안에 성큼 들어섰고, 임신과 출산을 거치면서 산악인으로서의 삶이 아니라 엄마로서의 삶을 살게 되었습니다.

그렇게 자연스레 지리산이 내게 품을 내주었습니다.

산에만 올라 다닐 때에는 다가오지 않았던 지리산이 비로소 내게 입산을 허락했습니다.

민족의 어머니 품, 지리산에서 한 아이의 어머니로서 나는 그동안의 삶과는 전혀 다른 삶을 살게 되었습니다.

뾰족한 암벽과 수직의 빙벽, 히말라야를 숨 가쁘게 오르던 나는 아기에게 젖을 물리고 기저귀를 빨며, 아이에게 동화책을 읽어 주는 엄마가 된 것입니다.

산의 높이에 눈을 맞추던 나는 아이와 눈을 맞추고 싶어 안달이 났었습니다.

아이가 웃으면 함께 웃고 아이가 아프면 함께 아픈, 아이를 웃기기 위해서 온갖 재롱을 부리고 아이의 재롱을 보며 행복해 했습니다. 그동안 단 한 번도 내본 적 없는 부드러운 목소리로 아이를 부르고, 단 한 번도 지어본 적이 없는 표정으로 아이를 바라봅니다. 또 그동안 단 한 번도 해본 적 없는 행동으로 아이를 안고, 모든 것을 별 무리 없이 하고 있는 나를 보며 신기해 했고, 나보다 오히려 주변 사람들이 신기해 했습니다.

모든 것을 받아 주는 어머니의 품 지리산에서, 아이의 모든 것을 받아 주는 어머니로 살면서 행복했고 그동안 올랐던 산은 점점 과

거의 산이 되어 버렸습니다.

　아이를 업고 산에 들어가서 나물도 캐고 열매도 주우며, 비로소 산 위가 아닌 발 아래를 내려다보게 되었습니다. 아래에는 그동안 보지 못한 무수히 많은 것들, 키 작은 나무부터 시작해서 이름을 알 수 없는 풀, 땅 꽃, 작은 돌멩이, 떨어져 뒹구는 나뭇잎, 작고 앙중맞은 곤충들, 빛깔이 화려한 버섯, 기다림의 진수를 보여 주는 이끼 등.

　그 많은 것들을 키워내고 머물게 하는 산이 보였습니다.

　산은 사람이 올라가기 위해서 존재하는 것이 아니라는 것을 그때 알았습니다.

　산은 무수히 많은 요소를 가진, 우리 인간이 생각하는 것보다 훨씬 더 많은 무언가를 간직하고 있지만, 우리가 산에서 할 수 있는 일은 극히 적다는 것을 알았습니다.

　우리가 산에 올라가는 것이 그저 아주 작은 일이라는 것, 우리가 산에 올라가는 것 말고도 다른 것이 있다는 것, 그런 것들을 알아가면서 산에 기대서 살 수 있는 것이 얼마나 큰 행운인지 알았습니다.

　지리산 아래 살면서 더 이상 산을 향한 갈증은 없었고 항상 산이 그립기는 했으나 조바심은 나지 않았습니다. 왜냐하면 언제나 편안하게 산을 만날 수 있었으며 어디에 가나 있는 산 자체가 좋았습니다.

　기범이가 내 안에 있을 때부터는 지리산 자락의 왕시루봉에서 지냈습니다. 그러면서 매일 일출을 만나는 짧은 산행을 했고, 그곳에서 나고 자라는 봄나물로 배를 채우기도 했습니다. 그 이후에는 세상에 나온 어린아이를 업고 아이의 뺨이 긁히는지도 모른 채 나물을 찾아 넝쿨을 헤매기도 했습니다. 남들이 미처 발견하지 못한 고사리 밭이나 더덕 밭을 발견해서 환호하면 등에 업힌 아이는 멋도 모르고 함께 깔깔거립니다.

지리산의 별은 유난히도 많아서 아이를 업고, 별을 헤기도 합니다. 머루와 다래를 찾아 산 깊숙이까지 들어갔다가 비를 만나는 바람에 아이도, 나도 흠뻑 젖은 적이 있습니다.

계곡물에 빨래를 하면 비누를 쓰지 않아도 빨래가 깨끗이 되어 기분 좋았습니다. 빨래를 햇볕에 널어 두면 맑고 투명한 햇살이 상쾌하게 빨래를 말립니다.

한낮에 이불을 밖에 내다가 햇볕을 쏘인 뒤 잘 때 덮으면, 이불에서 햇살 냄새가 나서 기분이 좋습니다. 도시에 살면 만날 수 없는 것들을 나는 매일매일 만나며 온몸으로 지리산과 함께 살았습니다.

부지런한 새소리에 잠이 깨면 산도 깨어납니다.

산 안에 있는 모든 것을 깨우며 하루가 시작되고 각자 자기 일에 열중합니다.

낮 동안의 산은 움직임이 많고 조금 수선스럽다면, 해질녘의 산은 아주 매혹적입니다.

실루엣으로 산의 형태만 보여 주는데 믿음직한 능선과 봉우리는 언제 봐도 수려하고 멋있습니다.

언젠가 소설가 서영은 선생님께서 우리 집에 오셨다가 그 시각의 산을 보시며 "난희 씨는 외롭지 않겠어. 오늘은 첫 번째 남자, 내일은 두 번째 남자, 보이는 모든 능선이 다 난희 씨 거잖아. 남편보다 훨씬 더 든든하겠어."라고 하셨습니다.

저렇게 믿음직한 산이 버티고 있으니 남편을 필요로 하지 않는다는 겁니다.

우리 집 마당에서 보이는 풍경은 능선이 겹겹이 흘러내리고 있어서 어떤 때에는 다섯 개의 능선이 보였다가, 날씨나 시간에 따라 여섯 개 능선으로 실루엣이 보일 때도 있습니다.

산을 남성으로 비유한 소설가다운 말에 모두 웃었지만, 실제 앞뒤로 산이 없었다면 많이 외롭기는 했을 겁니다.

지난날 설악산이 그랬습니다. 안 가면 가고 싶고, 봐도 봐도 또 보고 싶고 그 안에 들어가 있어도 갈증이 났었던 것 같습니다. 물론 젊은 날의 열정으로 인해서 몸이 달았겠으나 산의 매력 또한 무시할 수 없었을 것입니다. 그 매력 속에서 헤어나지 못하고 불꽃처럼 타올랐었다면 지리산은 안 봐도 궁금하지 않았을 것입니다.

오래된 믿음직한 애인처럼, 언제나 그곳에서 나를 기다려 주는 사람처럼.

별로 내세울 것은 없지만 변덕스럽지 않고, 묵묵히 자기 일을 하는 사람처럼.

한동안 다른 곳에 있다가 돌아와도 어제 만난 가족 같은 그런 지

서영은 작가가 부러워한 내 보금자리 화개 집에서의
일몰 그리고 능선들. 1
방에서 내다보는 한 폭의 그림 같은 풍광. 2

리산입니다.

　백두대간 산행을 두 달이나 하고 돌아왔을 때에도 "잘하고 왔어? 나의 형제 능선들은 잘 있던가?" 하고 덤덤히 묻는 것 같은, 하지만 내가 오면 언제나 반가워하는, 무슨 일이 생겨도 변할 것 같지 않은 지리산입니다.

　지리산은 워낙 품이 넓어서 안 가본 곳이 더 많지만 일부러 가고 싶은 마음은 없습니다.

　기회가 있으면 가겠지만 내가 가 본 곳만으로도 좋고 우리 집 주변만으로도 충분히 좋습니다. 동네를 조금만 벗어나도 산은 금방 깊어져 호젓한 산길을 찾아 걸을 수 있습니다. 오히려 주변의 산들은 사람의 발길이 닿지 않아 땅은 향기롭고 숲은 울창합니다.

　꼭 가야 할 일이 아니면 지리산 주능선에는 가지 않습니다. 너무 많은 등산객들로 인해 산이 많이 아파하고 있습니다. 산길에 흙이 쓸려 버려 바위만 앙상하게 드러나 있거나 계단이 만들어졌습니다. 사람의 발길이 조금이라도 덜 미쳐야 하는 주능선, 그곳에 나라도 걸음을 줄여야 산이 덜 아플 것 같습니다.

　꼭 가야만 하는 때는 이번처럼 백두대간 종주 산행이나 기범이네 학교 학생들이 지리산 종주를 할 때 등, 그 밖에 피할 수 없는 일정 말고는 주능선에 가지 않습니다.

　물론 주능선이 주는 맛도 좋지만, 주변의 산도 충분히 좋습니다.

　느릿느릿 산보하듯 걷다가, 전망이 좋은 곳에서 느긋이 쉬었다가, 동네가 보이면 누구의 집이 어디에 있는지 찾아봅니다.

영원한 보금자리 화개의 백두대간. 1
풍요가 넘치는 우리 집. 2
백두대간을 널리 알리는 전도사 '남난희'. 3

때 맞춰 피어난 꽃들과 눈을 맞추기도 하고 산짐승을 만나면 서로 놀라기도 했다가, 내려오고 싶을 때 내려오면 됩니다. 벚꽃이 피는 철에는 관광객이 너무 많이 몰려 아래 세상이 시끄러우면 오르던 산에서 내려와 집에 옵니다.

이렇듯 지리산은 나와 함께하는 나의 일상입니다.

이곳에 지난날의 강렬한 추억은 없지만 현재의 삶이 있습니다.

나는 지리산에 삽니다.

사랑해서 함께한 백두대간

ⓒ남난희, 2011

초판 1쇄 인쇄 | 2011년 5월 30일
초판 1쇄 발행 | 2011년 6월 7일

지 은 이 | 남난희
펴 낸 이 | 이수용
펴 낸 곳 | 수문출판사
주　　소 | 132-890 서울시 도봉구 삼양로 628(쌍문동)
전　　화 | 02-904-4774
팩　　스 | 02-906-0707
이 메 일 | smmount@chol.com
카　　페 | cafe.naver.com/smmount 수문출판사
인쇄 제본 | (주)상지사P&B
등　　록 | 1988년 2월 15일 제7-35호
편집디자인 | 조동욱

ISBN 978-89-7301-419-4 (03810)

※ 파본은 바꾸어 드립니다.

산의 영혼

프랭크 스마이드 지음 / 안정효 옮김

프랭크 스마이드의 「산의 영혼」은 현대인의 생활 속에서 마음이 따스하고 감성을 풍부하게 해준다.
법정 스님도 스마이드를 '산을 걷는 명상가'라고 극찬!

'무소유'로 우리에게 새로운 삶을 일깨워준 법정 스님은 "책 읽는 즐거움이 없었다면 무슨 재미로 살았을까"라며, "책을 읽으면서 눈이 열리고 귀가 트인다"고 했다. 또한 "좋은 책을 읽으면 그 좋은 책의 내용이 나 자신의 삶으로 이어져야 한다"고 했다.

스님의 책상 위에는 두 권의 책이 놓여 있었다고 한다. 그 중 한 권이 프랭크 스마이드의 「산의 영혼」인데, "등산을 운동이나 도전으로 생각하지 않고 명상하기 위한 산책"이라며, 법정 스님은 스마이드를 '산을 걷는 명상가'라고 극찬했다.

이 「산의 영혼」은 자연이 인간에게 쓴 한 권의 철학책이 아닌가 하는 생각이 들 정도로 깊이 있고 사색적이다. 삶이 무기력하고 무언가 허전하다고 느낄 때 이 책 한 권을 들고 가까운 숲이나 산에 오른다면 그동안 잊고 있었던, 혹은 무심하게 놓치고 있었던 자연이 주는 무언의 선물을 양손 가득히 가지고 내려오게 될 것이다.

법정 스님이 그토록 극찬한 「산의 영혼」.

수문 — 숲과 문화총서
1 소나무와 우리문화 전영우 편
2 숲과 휴양 박봉우 편
3 참나무와 우리문화 임주훈 편
4 문화와 숲 이천용 편
5 숲과 음악 김기원 편
6 숲과 자연교육 탁광일 편
7 숲과 종교 신원섭 편
8 숲과 임업 배상원 편
9 숲과 미술 송형섭 편
10 산과 우리문화 김종성 편
11 숲과 물 그리고 문화 이성필 편
12 우리 겨레의 삶과 소나무
　　배상원 편

수문 — 숲 관련도서
숲과 한국문화 전영우 편
숲 체험 프로그램 전영우 외 3명
숲과 자연환경해설안내
　　한국산림휴양학회
숲과 시민사회 전영우
숲과 녹색문화 전영우
자연환경해설 개론 조계중
숲 자연 문화유산 해설 프리만
　　틸든 지음 / 조계중 옮김
숲길 정비 매뉴얼 오구균 외 4명
산 그리고 인간과의 만남 이용직
숲을 걷다 김영도 외 24인
아름다운 숲 찾아가기
　　숲과문화연구회

수문 어린이도서
— 자연아, 환경아 놀자!
1 깊은산속 운동회
　　이종은 글 / 유혜광 그림
2 산양 똥만큼 사랑해
　　이옥경 글 / 박호재 그림
3 산불 소방관
　　이용직 글 / 박호재 그림
4 황새는 어디로 갔을까
　　환경애벌레 / 조미영 그림

숲과 자연환경 산악도서 전문출판 **수문출판사**

132-890 서울 도봉구 쌍문1동 512-23 │ 전화 02-904-4677 │ 이메일 smmount@chol.com